高等院校"十三五"规划教材

企业模拟经营实训教程

主　编　沈克颖　丁　锋
副主编　丁婉娟　常尚新
主　审　曹会勇

东南大学出版社
·南京·

内容简介

本书融合了作者多年从事企业工作的经验、ERP沙盘模拟教学的实践经验和参加用友新道举办的全国ERP沙盘竞赛的心得体会，理论联系实践，过程与案例结合。全书分为四篇，企业管理知识体系概述、ERP沙盘模拟过程、ERP沙盘竞赛安全与实战策略、模拟实训。本书可以帮助读者梳理整个企业管理知识体系，指导进行ERP沙盘模拟训练，总结ERP竞赛获胜策略以及与学生模拟实践教学相结合。通过本书和ERP沙盘模拟实训，读者可以真正体会到市场竞争的残酷、战略计划的精妙以及运作过程的细腻，并通过学生亲身的模拟实践，获得管理知识与实践能力的全面提升。

图书在版编目（CIP）数据

企业模拟经营实训教程 / 沈克颖，丁锋主编. —南京：东南大学出版社，2017.7
 ISBN 978-7-5641-7211-4

Ⅰ. ①企⋯ Ⅱ. ①沈⋯ ②丁⋯ Ⅲ. 企业管理—计算机管理系统—教材 Ⅳ. ①F270.7

中国版本图书馆CIP数据核字(2017)第132330号

企业模拟经营实训教程

出版发行：	东南大学出版社
社　　址：	南京市四牌楼2号　邮编：210096
出 版 人：	江建中
责任编辑：	史建农　戴坚敏
网　　址：	http://www.seupress.com
电子邮箱：	press@seupress.com
经　　销：	全国各地新华书店
印　　刷：	常州市武进第三印刷有限公司
开　　本：	787mm×1092mm　1/16
印　　张：	14.25
字　　数：	361千字
版　　次：	2017年7月第1版
印　　次：	2017年7月第1次印刷
书　　号：	ISBN 978-7-5641-7211-4
印　　数：	1—3000册
定　　价：	38.00元

本社图书若有印装质量问题，请直接与营销部联系。电话：025-83791830

前言

我们对管理理论的理解和管理理念的融会贯通都需要与实践相结合,但出于商业机密或其他原因,多数企业不愿意提供场所供学生进行管理实践,学校的工商管理教学和培训面临与实际脱节的困境。引入沙盘道具,将企业的主要部门和工作对象制作成类似的实物模型,将企业运行过程设计为运作规则,由训练者组成模拟公司,通过模拟公司的运作,让训练者理解和领悟企业经营管理过程,深刻体会市场竞争的残酷、战略计划的精妙、运作过程的细腻。这种训练方式受到了老师和学生的普遍欢迎,越来越多的学校将管理沙盘作为培养学生的重要工具。

本书融合了作者多年从事 ERP 沙盘模拟教学的经验以及参加全省 ERP 沙盘大赛的心得,理论联系实践,过程与案例相结合。本书围绕高校应用型本科人才培养目标和教学模式改革的发展方向,重点介绍了企业经营过程中,企业战略策划、物流管理、市场营销、财务管理与结算的实务讲解,并在每章后附有思考题和案例分析,突出实用性。本书结合江西省教改课题"应用型高校'市场营销模拟实践教学模式'的建设研究",和"基于 ERP 沙盘'翻转课堂式'教学模式的研究"的课题研究,可以作为各类院校 ERP 沙盘实训课程的教材和参考书。

全书共分四篇。第一篇包括第 1、2 章,概括了企业管理的理论基础,帮助读者完成企业管理知识的分类整理和理论总结,构建企业管理知识框架。第二篇包括第 3 至第 8 章共六章,详细解说了沙盘模拟的思想,结合用友 ERP 沙盘介绍了沙盘模拟的构成和运行规则,解决如何进行沙盘模拟的问题。第三篇包括第 9、10 章,是作者根据多年用友 ERP 沙盘模拟大赛的经验写成的案例和实战策略,这部分内容可供实际竞赛者参考。第四篇包括第 11、12 章,概括了创建模拟公司及相关制度的建设,使读者对公司创立及相关制度有比较清楚的认识和了解,构建了新公司创建理论基础与流程。

本书由沈克颖、丁锋主编。第 1、2、3 章由丁婉娟编写,第 4、5、6、7、8 章由沈克颖编写,第 10、11 章由丁锋编写,第 9、12 章及附录由常尚新编写,最后由曹会勇对全书进行统稿。

企业管理 ERP 沙盘模拟是管理实践教学的巨大进步,作者希望通过本书与广大老师和读者一起分享企业管理 ERP 沙盘模拟的学习体会,为高校管理实践教学尽一份薄力。因时间仓促,难免有疏漏之处,望诸位批评指正。

当然,本书在编写过程中参考了大量的资料,引用了不少专家学者的研究成果,在此向这些专家学者表示衷心的感谢。可能有的引用资料未注明出处,在此表示歉意。

编者

2017 年 5 月

目 录

第一篇 企业管理知识体系概述 ··· 1
  第1章 制造型企业管理概述 ··· 1
    1.1 企业组织 ··· 1
    1.2 企业的组织架构 ··· 8
    1.3 企业主要部门的职责 ·· 12
    1.4 市场竞争和企业战略 ·· 14
  第2章 企业主要管理过程 ··· 26
    2.1 企业财务管理过程 ·· 26
    2.2 企业直接生产过程 ·· 33
    2.3 企业市场营销管理 ·· 35
    2.4 企业采购管理 ·· 37

第二篇 ERP沙盘模拟过程 ·· 40
  第3章 企业模拟和ERP沙盘设计 ···································· 40
    3.1 企业管理沙盘模拟简介 ······································ 40
    3.2 企业管理模拟沙盘设计 ······································ 43
    3.3 企业管理模拟 ·· 47
  第4章 ERP沙盘模拟实战准备 ······································ 48
    4.1 实战准备 ·· 48
    4.2 模拟角色与人员分工 ·· 51
    4.3 模拟实战运营流程 ·· 54
  第5章 模拟企业情况 ··· 57
    5.1 模拟企业介绍 ·· 57
  第6章 模拟运营规则 ··· 60
    6.1 筹资 ·· 60
    6.2 投资 ·· 62
    6.3 生产管理 ·· 67
    6.4 营销管理 ·· 68
    6.5 综合费用和税金规则 ·· 72
    6.6 运行记录 ·· 72
    6.7 破产规则 ·· 73

  6.8 竞赛评比及扣分规则 ·········· 73
  6.9 总成绩计算规则 ·········· 74
  【本章小结】 ·········· 75
  【复习思考题】 ·········· 75
 第7章 ERP模拟运营实战 ·········· 75
  7.1 年初工作 ·········· 76
  7.2 沙盘模拟日常运行 ·········· 85
  7.3 沙盘企业年末工作 ·········· 94
  【本章小结】 ·········· 100
  【复习思考题】 ·········· 100
 第8章 经营成果分析 ·········· 100
  8.1 基本的财务指标 ·········· 100
  8.2 综合财务分析 ·········· 104
  8.3 企业发展潜力分析 ·········· 112
  【本章小结】 ·········· 119
  【复习思考题】 ·········· 119

第三篇 ERP沙盘竞赛案例与实战策略 ·········· 120
 第9章 ERP沙盘实战案例 ·········· 120
  9.1 案例基本情况介绍 ·········· 120
  9.2 各组运营情况展示 ·········· 124
  9.3 经营策略分析 ·········· 127
  9.4 ERP沙盘实战案例 ·········· 134
 第10章 企业经营成功之道 ·········· 151
  10.1 战略规划 ·········· 152
  10.2 财务预算 ·········· 155
  10.3 资金筹集 ·········· 156
  10.4 市场营销 ·········· 157
  10.5 生产制造 ·········· 161
  10.6 材料采购 ·········· 162
  【本章小结】 ·········· 163
  【复习思考题】 ·········· 166

第四篇 实训项目 ·········· 164
 实训项目一:模拟公司系列实训之一——组建模拟公司 ·········· 164
 实训项目二:市场调查与立项 ·········· 164
 实训项目三:注册公司名称、制订公司章程 ·········· 175
 实训项目四:建立组织结构与公司制度 ·········· 177
 实训项目五:人员模拟招聘 ·········· 178

实训项目六:市场营销策划书 …………………………………………… 179
实训项目七:融资方案 …………………………………………………… 180
实训项目八:商务谈判及流程 …………………………………………… 185
实训项目九:招标与标书制作 …………………………………………… 188

参考文献 ………………………………………………………………………… 220

第一篇

企业管理知识体系概述

本篇概述企业管理的理论知识,主要介绍企业的组织架构和运行机制,包括认识企业运作的环境、组织架构、主要职能部门的职责,企业的竞争战略和企业的运作过程。通过本篇的学习,可以帮助学习者完成企业管理知识的分类整理和理论总结,构建企业管理知识的框架。

第1章 制造型企业管理概述

从外在表象看,企业是千姿百态的。有的企业烟囱耸立,机器轰鸣;有的企业厂房规整安静,员工有条不紊;企业产品有的是汽车,有的是电器,或者是家具、衣服。但从管理的角度看,它们表现出了一致性:管理架构相同,管理过程一样,运作模式类似。因此我们需要透过企业的表象,深入理解企业的内部,从企业的含义、组织架构、运作过程去理解企业。

理解企业可以从两个方面着手,一是企业的组织架构,再一个就是企业的运行机制。本章作为企业模拟课程的开篇,从企业的含义开始,概括性地介绍企业的组织架构,涉及企业战略和企业运作及其绩效的关系,市场竞争和发展策略,资金筹措和运用,生产计划管理,销售和采购管理等方面,力图为读者展示出一个企业运作的概貌,为进一步模拟企业运作过程奠定基础。

【本章重点】

- 企业管理的含义和基本过程
- 企业组织结构和企业市场竞争战略

1.1 企业组织

现代企业是在手工作坊基础上,为了适应社会化大生产和专业化分工的需要而发展起来的社会组织。

企业是人与人之间共同协作,目的性、计划性与社会环境适应性都非常强的组织形态。

1.1.1 企业的含义

人类社会是由各种不同的组织构成的。

在劳动专业化分工的推动下,人类社会已经形成了三大类社会组织:政府组织、营利性组织和非营利性组织。党政机关、国家行政权力机构(政府机关、人民代表大会、法院、检察院)属于政府组织;基础教育、公立医院、社会保障和社会福利等属于非营利性组织;而企业则是营利性组织。从过程管理的角度看,所有的组织都承担了将输入转变为输出的职能。输出是这些社会组织对社会作出的贡献,也是社会组织存在的根本。输入则是社会组织为提供输出所必需的资源。

输入到输出的中间转化过程就是社会组织的功能,这种转换是生产运作过程。表1.1列出了典型的社会组织输入、输出的转换过程。

表1.1 典型的社会组织

类 型	社会组织	主要输入	转换	主要输出
营利性组织	制造工厂 运输公司 咨询公司	原材料 运输车辆 情报	加工制造 位移 咨询	有形产品 货物运输服务 建议方案,诊断报告
非营利性组织	医院 学校 红十字会	病人 学生 捐献资金	诊断治疗 教育 帮助	恢复健康的人 人才 社会救助
政府组织	政府机关 人民代表大会	社会情况 立法需要	管理 立法	服务 法律

营利性组织包括两类最重要的组织形式:制造业和服务业。制造业和服务业的区别主要体现在产品上。

制造业提供的产品是有形的,可触摸的,产品一般存在时间长,不会瞬间消失,可以储存。而服务业提供的产品则完全相反,是无形的,不可触摸的,产品生产和消费一般是同时进行的,所以服务业提供的产品就被称为服务。服务业包括的范围很广,商品贸易、银行、交通运输、通信、餐饮、旅游等都属于服务行业,并且社会越发达,服务业在整个国民经济中的比重越大。

据世界银行公布的统计材料,1980—1998年,全世界农业和制造业占世界生产总值的比重分别从7%和25%下降到5%和20%,而服务业却从56%上升到61%。在发达国家,服务业占国内生产总值的比重已升到70%左右,服务业就业人数占总就业人数的比重大多在70%以上;相对不发达的中国,2001年服务业占GDP的比重为33%,服务业从业人数占全社会就业人员的比重为27%。虽然制造业在总国民经济中的比重一直下降,被称为夕阳工业(源自美国未来学家托夫勒),但制造业为我们提供了衣食住行等物质资料,是整个国民经济的物质基础。

制造业提供的产品一般都需要通过加工制造改变加工对象的物理或化学性质,如食品、药品、衣服、汽车、楼房、电脑等。这就需要有投资相对多的厂房等固定设施,需要有产品的制造加工技术,需要在市场上采购原材料,这些都是制造业的特征。

企业是从法律角度对营利性组织的称谓。企业定义为以营利为目的独立从事生产经营活动或服务性业务的经济组织。具有以下特征:

1. 企业是一种社会组织

企业需要采取一定的组织形式,将人、财、物等生产要素有机地结合起来,从而进行生产加工、服务等活动,形成一个组织。

2. 企业具有盈利性

企业是专门从事生产经营活动或服务性业务的社会组织,具有营利性。企业组织人、财、物等各种生产要素,从事生产、流通、服务等业务或者活动,为社会提供产品或服务,其目的在于追求自身的经济效益,是为了获得尽可能多的利润,并使投资者因此获得经济利益,其他社会组织则不具备营利性的特征。这是企业的基本属性,是企业区别于其他社会组织的基本特征。其他社会组织,如行政机构、事业单位、社会团体等不具备这一特征。属于行政机构的各级人民政府虽然具有复杂和完备的组织形式,但是它不从事经营活动,不具有营利性,所以不是企业;而组织形式非常简单的理发店,由于它是通过为顾客提供服务来获取利润,具有营利性,所以是企业。

企业通过产品销售获取利润的前提有两个:

一是产品能够在功能质量、款式花色、价格等方面满足消费者的需要,有市场需求。

二是产品销售价格 P 大于产品成本 C,这个差价就是企业提供单位产品获得的利润,而企业的总利润 R 就是单位产品利润乘以产品销售量 Q,即 $R=(P-C)\times Q$。所以,一个企业产品销售价格越高,成本越低,销售量越大,利润就越高。一般而言,企业内部管理水平越高,相对成本就越低,销售价格和销售量与企业在市场上的地位和营销力度有关。

3. 企业是独立的经济组织

(1) 企业是独立的经济组织,具有独立性,这表现在:

① 企业必须依法登记注册,取得法律关系主体资格,以企业自身的名义从事生产经营活动。

② 企业实行独立核算。企业对其生产经营过程及其结果独立地进行全面系统的会计核算,独立计算盈亏。

一家在工商行政部门登记的公司,具有了上述两个特征,它就是一个企业。而在这家公司内部的各个部门,如下属的各个工厂、各个职能部门(财务、销售、人力资源、公共关系部门等),虽然看上去也具有较为完整的组织形式和独立的职能,但由于没有独立的法律关系主体资格、不实行独立核算,不论其规模多大,都不能算是一个企业。

(2) 企业根据法律形态,可以划分为:

① 全民所有制工业企业(具有法人资格的、企业的全部财产归全民所有的、依法自主经营、自负盈亏、独立核算的企业)。

② 城镇集体所有制企业(具有法人资格的、企业的财产归城镇劳动群众集体所有的企业)。

③ 乡镇集体所有制企业(企业的财产归乡村农民集体所有的企业,具有法人资格)。

④ 中外合资经营企业(由中国的公司、企业或者其他经济组织与外国的公司、企业、其他经济组织或个人共同出资在我国境内设立的中国企业,具有中国法人资格,依法采取有限责任公司的形式)。

⑤ 中外合作经营企业(由中国的企业、其他经济组织与外国的企业、经济组织或者个人共同出资在我国境内设立的,具有中国法人资格,依法采取有限责任公司形式的合作企业)。

⑥ 外资企业(在我国境内设立的、全部资本由外国投资者投资的中国企业,具有法人资格、采取有限责任公司的形式,但不包括外国企业和其他经济组织在中国境内设立的分支机构)。

⑦ 有限责任公司(股东以其出资额为限对公司承担责任,公司以其全部资产对公司的债务承担责任的企业法人,公司依法设立股东会、董事会或者执行董事、经理和监事会或者监事)。

⑧ 国有独资公司(由国家授权投资的机构或者国家授权的部门单独投资设立的有限责任公司,国有独资公司不设股东会,依法设立董事会和监事会)。

⑨ 股份有限公司(其全部资本分为等额股份,股东以其所持股份为限对公司承担责任,公司以其全部资产对公司的债务承担责任的企业法人。公司依法设立股东大会、董事会、经理和监事会)。

⑩ 合伙企业(在中国境内设立的由各合伙人订立合伙协议,共同出资、合伙经营、共享收益、共担风险,合伙人对合伙企业的债务承担无限责任的营利性组织。企业不具有法人资格,各合伙人对企业的债务承担无限连带责任)。

⑪ 个人独资企业(由一个自然人投资,财产为投资人个人所有,投资人以其个人财产对企业债务承担无限责任的经营实体,不具有法人资格)。

企业和公司的定义既有联系又有区别,但在人们的日常概念中常常混淆使用。

1.1.2　企业的环境

进入20世纪后,科学技术迅猛发展,生产力水平快速提高,到20世纪后期,世界经济进入了一个全新的局面,物质达到相对丰富的水平,市场进入到了买方市场。据统计,我国市场上95%的商品供大于求,4%的商品供求平衡,只有不到1%的商品供不应求。在这个形势下,企业的环境发生了翻天覆地的变化,企业整个的经营管理观念和方式都发生了根本性的变革。

1. 经济全球化

经济全球化又叫世界经济国际化,是指世界各国经济在生产、分配、交换和消费环节的全球趋同化趋势。表现在以下几个方面:

(1) 生产全球化

跨国公司越来越成为世界经济的主导力量,信息技术和现代交通的发展为跨国公司在世界范围内进行资源配置提供了可能。一个企业可能总部在美国,原材料在南美洲采购,在中国加工制造零部件,在新加坡组装,最后形成产品。

(2) 市场全球化

国际贸易迅速发展,国际贸易成为世界经济的火车头,世界经济一体化也成为世界经济发展的潮流,世界贸易组织(WTO)、欧盟(EU)、北美自由贸易协定等都是这种潮流的突出表现。

(3) 资金全球化

国际金融迅速发展,巨额资金在各国之间自由流动。

(4) 科技开发和应用的全球化

全球科技合作在国家间科研项目中随处可见,全球性产品研发更是跨国企业利用全球科研资源和人才的一种普遍形式。集成开发、异地协同研发、并行作业等成为产品研发的有效形式。

(5) 信息传播的全球化

手机和互联网的发展为今天的信息传播提供及时、快速、方便和便宜的通道。计算机和网络更是为信息数据的处理、储存、利用提供了高效的工具。

经济全球化是一把双刃剑。一方面,它为发展中国家提供了难得的发展机遇,有利于吸收外资,弥补国内建设资金不足;有利于引进技术和设备,实现技术发展的跨越;有利于学习先进的管理经验,培养高素质的管理人才;有利于发挥比较优势,开拓国际市场。另一方面,随着世界经济全球化和一体化的发展,市场竞争更加激烈,适者生存、优胜劣汰将是企业不得不面对的现实。企业应该坚定不移地实行对外开放政策,适应经济全球化趋势,积极参与国际经济合作与竞争,充分利用经济全球化带来的各种有利条件和机遇;同时企业又要对经济全球化带来的风险保持清醒的认识,坚持独立自主原则,加强防范工作,增强抵御和化解能力,切实维护国家经济安全,更好地发展和壮大自己。

2. 产品更新换代更快

20世纪是人类历史上发展最为迅速的时期,这100年间,科学技术取得的成果胜过了人类以前所取得成果的总和,科学技术大发展将生产力水平提高到空前的程度。人类开发出了各种不同的产品,并且开发一个产品的时间越来越短。西方国家工业产品的寿命周期,在二战前平均达30年以上,战后平均不到10年。

在20世纪30年代,新型汽车从概念设计到汽车正式出厂需要6~7年,而到了80年代,这个时间降到4~5年,90年代为3年,然后是1~2年。信息产品更新换代的时间更短,著名的摩尔定律就指出计算机的芯片性能每18个月提高一倍,其价格会下降50%。在IT市场,一个主流产品的维持时间不超过3个月,3个月以后这个产品就沦为过时淘汰的产品。现在每年都有大量的新产品进入市场。搞好新产品、新品种、新花色的开发工作,实现产品的更新换代,是提高企业市场应变能力,提高企业生产技术水平和经济效益的重要途径。为了搞好产品的更新换代,企业就要加强科学研究工作,经常分析当前产品处于寿命期的哪个阶段以及市场的动向,作出科学的预测与判断。这就要求企业不断地投入人力和物力,去开发新产品占领市场,否则就会被市场淘汰。

3. 激烈的市场竞争环境

一个企业、一个国家的竞争能力不取决于能生产多少产品,而取决于能生产多少适销商品,取决于能将多少商品顺利地销售出去,取决于市场能力,市场已成为经济运行的先导力量。

随着生产力水平的提高,人类物质基础不断壮大。人类社会已经跨越了物质短缺的年代,进入到物质相对丰富的时代。市场供大于求是企业普遍面临的问题,在供大于求的情况下,消费者掌握了市场的主动权,形成了买方市场的格局。消费者的要求越来越高,对产品功能、款式、花色和质量越来越挑剔,追求个性化成为普遍的消费行为。

加入WTO后,我国企业是在全球范围内参与国际竞争与合作,中国的市场竞争和世界市场接轨。竞争的焦点也将由生产能力的竞争转向技术、市场的竞争,由产品的竞争转向品牌的竞争,由单纯追求市场份额的竞争转向对市场快速反应能力的竞争,由价格战、广告战等单一形式的竞争转向提升产品技术含量和附加值的高层次竞争。

4. 市场的全球化

近年来,各国都把经济结构调整的范围扩大到整个世界,使企业之间的并购、重组、整合大都在全球同一水平基础上进行。过去"大鱼吃小鱼、小鱼吃虾米、虾米吃河泥"或"活鱼吃休克鱼"的竞争方式被"大鱼吃大鱼、活鱼吃活鱼"的"鲸吞"式竞争方式所替代。过去单个企业之间的竞争,变成了一个跨国集团与另一个跨国集团之间的竞争,一个供应链与另一个供应链之间的竞争,一个连锁流通组织与另一个连锁流通组织之间的竞争,一个物流配送体系与另一个物流配送体系之间的竞争。一个企业所参与的群体规模越大,运行效率越高,运行成本越低,企业的竞争力就越强。

在这种竞争情形下,企业需要更新观念,在全球范围内配置资源,围绕核心产品或核心技术,建立一套基于国际分工协作的高效生产经营体制。根据不同地区技术发展水平、优势、金融风险和企业需要来组织技术开发、资本配置和人力资源,建立各种形式的海内外生产基地和面向全球的国际市场营销体系,迅速准确地把握市场信息,快速提供市场所需要的产品。

制造企业的生产方式,以管理信息系统(MIS)为基础,采用计算机辅助设计与制造(CAD/CAM),建立计算机集成制造系统(CIMS),特别是利用发展相对成熟的 ERP 管理软件和体系,实现采购、库存、生产和销售的精细化管理,实现生产经营信息的实时、快速处理,达到高效、快速的市场反应,已成为企业生产经营管理的潮流。此外,企业还采用集开发、生产和实物分销于一体的适时生产(JIT),不断消除浪费的精细生产(Lean Production),供应链管理中的快速响应和敏捷制造(Agile Manufacturing),无污染的清洁生产和绿色制造(Green Manufacturing),以及通过网络协调设计与生产的并行工程(Concurrent Engineering)等。这些新的生产方式把信息技术革命和管理进一步融为一体,大幅提高了管理的效率和水平。

信息技术和现代管理理论与实践的发展,同样冲击着企业的组织结构。过去,大型企业多层次的管理结构,容易产生"公司内部的官僚主义"和管理低效率。随着经营和销售方式的改变,企业通过社会化协作和契约关系、外包非核心零部件生产和认证零部件质量的可靠性,使企业的中间管理组织设置变得简单,侧重向两头发展,公司组织结构从"橄榄形"向"哑铃形"变化。管理组织的扁平化、信息化削减了中间层次,使决策层贴近执行层。业务流程再造(Business Process Reengineering)和信息系统集成基础上的企业经营过程重组(BPR)为企业组织的变革提供了方法和途径。

企业面对的是不断变化的竞争环境,充分利用现代科学技术,开发新产品和提高管理水平,在很大的程度上决定了企业的竞争地位和发展前景。所以,企业如何利用新技术、新方法,不断地改造自己,适应市场和竞争的需要,成为企业发展的生命线。

1.1.3 科技开发和应用的全球化

制造型企业的基本职能是为社会提供产品和服务,包括一个"投入—转换—产出"的过程,如图 1.1 所示。

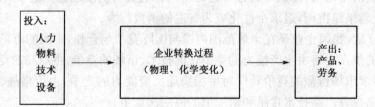

图 1.1 企业生产经营过程图

企业股东(投资人)发起建立企业,然后在原材料市场上获取人力、物料、技术、设备,通过企业生产制造(物理、化学变化),生产出产品,投放到产品市场。这个转化过程中,市场是重要的影响因素。在生产资料市场上,企业必须按照自身的需求获得相应的人才、技术和设备;在原材料市场上,企业需要用最低的价格及时获得原材料;在产品市场上,企业的产品必须适销对路,满足消费者的需要,有足够大的需求订单。当然,在企业内部的转化过程中,生产过程必须是高效的,就是说企业生产必须能够在最低成本代价下提供市场需要数量的、满足质量要求的产品。

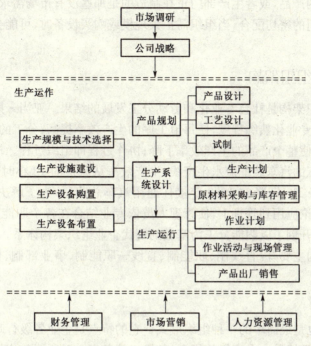

图1.2 企业运作过程

企业运作管理的目标为:

(1) 质量。质量被誉为企业生存的前提,企业发展的基石。没有产品质量,就没有市场,也就没有企业存在的必要。如何保证和提高质量,包括产品的设计质量、制造质量和服务质量,是现代企业生产经营的任务之一。

(2) 交货期。在现代化大生产中,生产所涉及的人员、物料、设备、资金等资源成千上万。如何将全部资源要素在需要的时候组织起来,筹措到位,按照生产进度要求准时、适量地生产,是一项十分复杂的问题,这也是目前生产管理需要解决的主要问题。

(3) 成本。使产品价格既为顾客接受,又为企业带来一定利润,就需要最大可能地降低成本,它涉及人、物料、设备、能源、土地等资源的合理配置和利用,也涉及如何提高生产效率的问题。

为实现企业的职能,从原材料输入到产品输出的转化功能包括了很多过程,如图1.2所示。企业根据市场调研的情况,制定整个公司的战略,决定经营什么、生产什么,通过产品规划和生产系统设计,建设生产用的厂房和生产设施;然后需要准备资金,即企业的财务计划和管理职能;接着需要研制和设计产品以及工艺,进行技术活动,设计完成后即开始日常的运行,购买物料和加工制造;产品生产出来以后,需要通过销售使价值得以实现,即进行营销活动;销售以后得到的收入进行分配,其中一部分作为下一轮的生产资金,进入下一个循环。

在整个过程中有三个关键的职能过程:①市场营销、引导新的需求、获得产品的订单是企业发展的源头;②生产运作,即创造产品的过程;③财务会计,即跟踪组织运作的状况,支付账单及收取贷款。这些过程和活动对企业的经营来说都是必不可少的。每项职能对企业目标的实现都起着重要作用。通常一个企业的成功不仅依赖于各个职能发挥得如何,而且还依赖于这些职能相互间的协调程度。例如,除非生产部门与营销部门相互配合,否则营销部门推销的可能是那些非营利的产品,或者生产部门正在制造的是那些没有市场需求的产品。同样,若无财务部门与市场部门的密切配合,当组织需扩大规模或购买设备时,可能会因资金无着落而难以实现。

1.2 企业的组织架构

现代企业的组织架构是社会专业化和劳动分工发展的结果。亚当·斯密在《国富论》中就指出:分工可以提高专业化熟练程度,使每道工序的生产效率提高;分工的同时必然需要协作,否则将导致混乱,而使整个产品的生产效率下降;协作过程即组织过程。福特汽车公司首先使用了基于专业化分工的汽车装配流水生产线,生产效率从原来的 12 小时一辆,提高到每小时 30 辆。艾尔弗雷德·P·斯隆在 1920 年接任通用汽车总裁后,为了解决通用公司的管理问题,将劳动分工的理论应用到管理上,使管理人员依专业结合在各个职能部门,建立了面向职能分工的管理架构,开创了以职能分工为基础的现代企业组织架构体系。

企业的组织架构主要有:直线制、职能制、直线—职能制、事业部制、模拟分权制、矩阵结构等。

1.2.1 直线制

直线制是最早也是最简单的一种组织形式。它的特点是企业各级行政单位从上到下实行垂直领导,下属部门只接受一个上级的指令,各级主管负责人对所属单位的一切问题负责。厂部不另设职能机构(可设职能人员协助主管人工作),一切管理职能基本上都由行政主管自己执行。如图 1.3 所示,直线制组织结构比较简单,责任分明,命令统一,但要求行政负责人通晓多种知识和技能,亲自处理各种业务。在业务比较复杂、企业规模比较大的情况下,把所有管理职能都集中到最高主管一人身上,显然是难以持续的。因此,直线制只适用于规模较小、生产技术比较简单的企业。

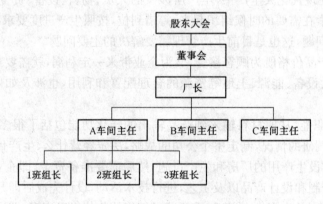

图 1.3 直线制组织架构

1.2.2 职能制

职能制组织结构是除主管负责人外,各级行政单位还相应地设立一些职能机构。如在厂长下面设立职能机构和人员,协助厂长从事职能管理工作。这种结构要求行政主管把相应的管理职责和权力交给相关的职能机构,各职能机构就有权在自己业务范围内向下级行政单位发号施令。因此,下级行政负责人除了接受上级行政主管的指挥外,还必须接受上级各职能机构的领导,其结构形式如图1.4所示。职能制能适应现代化工业企业生产技术比较复杂、管理工作比较精细的特点,能充分发挥职能机构的专业管理作用,减轻直线领导人员的工作负担,但也会妨碍必要的集中领导和统一指挥,形成了多头领导,不利于建立和健全各级行政负责人和职能科室的责任制。另外,在上级行政领导和职能机构的指导和命令发生矛盾时,下级就无所适从,影响工作的正常进行。

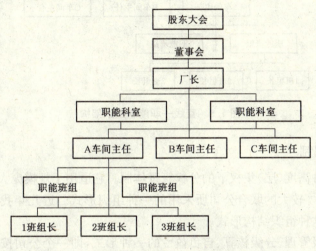

图1.4 职能制组织架构

1.2.3 直线—职能制

直线—职能制也叫生产区域制或直线参谋制。它是在直线制和职能制的基础上取长补短,吸取这两种形式的优点而建立起来的。目前,绝大多数企业都采用这种组织结构形式。这种组织结构形式是把企业管理机构和人员分为两类,一类是直线领导机构和人员,按命令统一原则对各级组织行使指挥权;另一类是职能机构和人员,按专业化原则从事组织的各项职能管理工作。直线领导机构和人员在自己的职责范围内有一定的决定权和对所属下级的指挥权,并对自己部门的工作负全部责任。而职能机构和人员,则是直线指挥人员的参谋,不能对直接部门发号施令,只能进行业务指导。直线—职能制组织结构如图1.5所示。

实际企业中有三种职能部门:顾问性的、控制性的、服务性的。顾问性的职能部门权力较小,它是针对特定范围的问题研究出解决办法的、以专家为主的小组,为企业领导充当顾问;控制性的部门拥有组织中贯彻执行其特殊职能的权力,如生产、计划、人事、财务、销售等部门;服务性部门是为实现某些特殊职责而设立的部门,没有控制性实权,只有提供某些特殊条件的作用,如实验、采购、运输、机修等部门。

直线—职能制既保证了企业管理体系的集中统一,又可以在各级行政负责人的领导下充分发挥各专业管理机构的作用。缺点是职能部门之间的协作和配合性较差,职能部门的许多工作要直接向上层领导报告请示才能处理,这在一方面加重了上层领导的工作负担,另一方面也造成办事效率低。

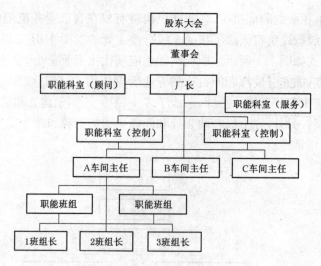

图 1.5 直线—职能制组织架构

1.2.4 事业部制

事业部制是一种高度(层)集权下的分权管理体制。它适用于规模庞大、品种繁多、技术复杂的大型企业,是国外较大的联合公司所采用的一种组织形式。近几年我国一些大型企业集团或公司也引进了这种组织结构形式。

事业部制是分级管理、分级核算、自负盈亏的一种形式,即一个公司按地区或产品类别分成若干个事业部,从产品的设计、原料采购、成本核算、产品制造,一直到产品销售,均由事业部及所属工厂负责,实行单独核算、独立经营,公司总部只保留人事决策、预算控制和监督大权,并通过利润等指标对事业部进行控制。也有的事业部只负责指挥和组织生产,不负责采购和销售,实行生产和供销分立,但这种事业部正在被产品事业部所取代。产品事业部是以企业所生产的产品为基础,将生产某一产品有关的活动完全置于同一产品部门内,再在产品部门内细分职能部门,进行生产该产品的工作。这种结构形态在设计中往往将一些共用的职能集中,由上级委派以辅助各产品部门,做到资源共享。

其组织结构如图 1.6 所示。

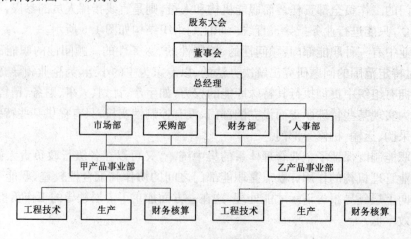

图 1.6 产品事业部组织架构

区域事业部则是把某个地区或区域内的业务工作集中起来,委派一位经理来主管其事。按地区划分部门,特别适用于规模大的公司,尤其是跨国公司。这种组织结构形态在设计上往往设有中央服务部门,如采购、人事、财务、广告等,向各区域提供专业性的服务,如图 1.7 所示。

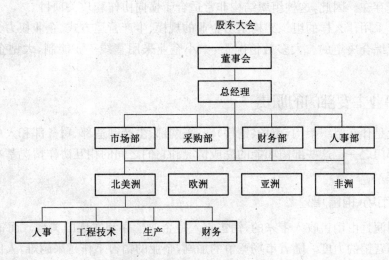

图 1.7 区域事业部组织架构

事业部制的好处是:总公司领导可以摆脱日常事务,集中精力考虑全局问题;事业部实行独立核算,更能发挥经营管理的积极性,更有利于组织专业化生产和实现企业的内部协作;各事业部之间有比较、有竞争,这种比较和竞争有利于企业的发展;事业部内部的供、产、销之间容易协调,不像在直线职能制下需要高层管理部门过问。事业部制的缺点是:公司与事业部的职能机构重叠,造成管理人员浪费;事业部实行独立核算,导致各事业部只考虑自身的利益,影响事业部之间的协作,一些业务联系与沟通往往被经济关系所替代,甚至连总部的职能机构为事业部提供决策咨询服务时,也要事业部支付咨询服务费。

1.2.5 矩阵制

矩阵制组织是为了改进直线职能制横向联系差、缺乏弹性的缺点而形成的一种组织形式。既有按职能划分的垂直领导系统,又有按产品(项目)划分的横向领导关系结构,因此被称为矩阵组织结构,如图 1.8 所示。

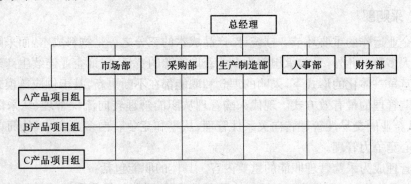

图 1.8 矩阵制组织架构

围绕某项专门任务成立跨职能部门的专门机构,例如组成一个专门的产品(项目)小组去从事新产品开发工作,在研究、设计、试验、制造各个不同阶段,由有关部门派人参加,力图做到条块结合,以协调有关部门的活动,保证任务的完成。这种组织结构形式是固定的,人员却是变动的、临时的。项目小组和负责人也是临时组织和委任的,当任务完成后,人员离开,甚至整个组织都不复存在。因此,这种组织结构非常适合于横向协作和攻关项目。

一个企业采用什么样的组织架构是由企业的规模、生产营运方式、企业权力分配方式和管理文化等因素综合决定的。大多数情况下,中小企业采用直线—职能制,大型企业采用事业部制。

1.3 企业主要部门的职责

不论企业是什么组织架构,市场(销售)部、采购部、生产制造部、财务部和人事部是最基本和最重要的部门之一。这些部门职能的完成情况和它们之间的相互协作情况基本上决定了整个企业的绩效。

1.3.1 市场(销售)部

企业的利润是由销售收入带来的,销售收入是企业生存和发展的关键。而销售订单的取得依赖于市场营销的力度。随着市场竞争的加剧,企业的销售工作越来越难,人们发现单靠销售部门努力去推销很难实现企业的目标,必需靠营销结合才能不断推动企业的销售工作,实现企业的战略目标。市场营销包括的主要职能如下:

(1) 产品开发。负责公司新产品的发展战略,即根据市场的需要,决定未来几年企业向市场提供什么有价值的新产品,其工作重点是发现创新的源泉,完成新产品的需求定义。

(2) 市场开发。负责现有产品的定位和市场推广战略,包括产品定位和价格策略,要给市场明确的信息,即我们的产品与竞争对手相比其价值体现在哪里。

(3) 市场宣传。负责新老产品的具体宣传活动,如广告、促销活动、产品介绍等。它的作用是树立品牌,激发市场需求,与市场有效地沟通。

(4) 销售支持。向销售渠道,如自己的销售队伍、代理商、零售商等提供支持,包括产品培训、竞争分析、销售技巧、销售工具等。

(5) 产品销售。主要是完成销售订单的处理、产品发货,以及货款的回收,也包括客户的联系。在现代营销体系中,市场部门是为实现企业的经营目标制订策略的部门,而销售部门则是执行策略的部门。

1.3.2 采购部

采购是企业运作的重要环节。据统计,产品成本的三分之一是物料成本,而采购价格是物料成本的绝大多数。此外,采购承担着为企业获取资源的责任,保证企业连续生产运作。在信息化和市场竞争一体化的形式下,采购的理念和职能都在不断更新,基于供应链模式来完成采购职能是采购管理的最有效方式。现代采购管理从职能管理转向流程管理、从采购管理转向供应管理、从企业间交易性管理转向关系性管理、从零和竞争转向多赢竞争、从简单的多元化经营转向核心竞争力管理。

供应商管理成为采购管理职能的重要内容。具体的职能包括:

(1) 负责采购物料,以满足生产任务的需要。遵循"同等条件看质量,同等质量看价格,同等价格看信誉,同等信誉看远近"的比价原则,适时(Right Time)、适量(Right Quantity)、适质(Right Quality)、适价(Right Price)、适地(Right Place)提供企业所需要的物料。所谓适时,就是要用的时候,物料及时供应,不断料;适量就是采购的数量刚好能满足企业的需要,过多的采购意味着物料的积压,采购成本的上升;适质就是物料品质符合标准;适价即采购价格合理,与供应商之间能够达到双赢,有利于建立长期协作关系;适地指选择物料的购进地,最好是距离近、材料好、原产地的物料。

(2) 负责采购物资的验收入库、储存、防护和交付投产。

(3) 组织评价合格供方,建立合格供方名单。与供应商建立长期协作关系。

(4) 建立合格供方质量记录,对供方实施动态管理,发挥供方的参与作用,确保采购产品质量受控。

1.3.3 生产制造部

生产制造是企业价值创造的主要承担者,承担企业产品形成的功能。现代企业的生产要求及时快速地生产出市场需要的产品,而且成本要求越来越低,质量要求越来越高,生产管理在方法上不断创新,ERP、JIT、全面质量管理以及 ISO 9000 质量管理体系在企业生产管理中得到广泛应用,生产制造部门承担的职责不断强化,计划的准确性不断提高,企业精细化集成管理时代已经到来。

生产部门的职责包括:

(1) 生产计划管理。根据市场的订单需要制订企业的产品、零部件生产计划,做好生产进度安排和生产能力的平衡调度,保证按时提供市场需要数量的产品。

(2) 负责质量控制和管理,保证企业产品的质量。

(3) 控制生产过程成本要素,最大程度降低生产成本。

(4) 做好生产设施的更新改造,保证生产能力能够满足生产的需要。

此外,生产制造通常还承担着安全、保卫和现场管理等职能,是企业资源使用最多、管理最复杂的部门。

1.3.4 财务部

财务部包括企业财务和会计的职能,是企业资金运转和利用效率的管理者。

1. 财务部的主要任务

(1) 以企业战略目标为基础,利用最佳方式筹集企业所需的资金,实现资金筹集的合理化。

(2) 根据企业战略计划的要求有效分配和调度资金,确定合理的资金结构,确保资金调度的合理化和财务结构的健全化。

(3) 在企业战略经营过程中,采取各种必要措施,利用适当的财务计划与控制方法,配合各个职能部门,充分有效地利用各种资金,加速资金周转,追求资金运用的效率,促进企业的成长。

(4) 制订和实施财务战略计划,确定长期和短期财务目标,在合理筹集、分配和运用资金的同时,力求实现资金收益的最大化。

2. 财务部相应的职责

(1) 资金的筹集、管理,做好现金预算,管好、用好资金。

(2) 企业日常收支和各项费用的记账、核算，特别是生产成本数据的收集、分类整理和计算。

(3) 财务报表和财务分析、经营成果分析。给决策者提供企业经营的经济效果以及问题的相关数据信息，促进企业改善管理方法，提高资源利用效率，达到整个企业经济效益的提高。

1.3.5

人力资源是企业最重要的竞争资本。人力资源的管理也成为现代企业管理的最重要方面，人力资源管理职能体现在如下方面：

(1) 建立并执行合理的人事管理制度，特别是绩效考评制度，激发员工的积极性，提高员工的绩效，为企业的发展提供动力。

(2) 倡导积极向上的企业文化，构建和谐的工作环境，为员工发挥才能提供良好的环境。

(3) 挖掘员工的才干，不断为员工能力提高提供学习环境和机会。

当然，除这些重要部门以外，还有产品开发设计部门、仓储部门、运输部门等，企业可以根据自身的情况细化设置更多的部门。

1.4 市场竞争和企业战略

在竞争环境下，企业成功的奥秘在于高效的生产运作和高质量的产品。这些企业强大的竞争力不仅来自产品的高质量、低成本及优质的售后服务，而且还在于其市场竞争战略、新产品开发战略和企业经营战略的正确实施。不谋全局者不足谋一隅，全局的成功在于各个方面的谋划。

1.4.1 企业战略的含义

"战略"原本是一个军事术语，军事上对战略的定义是："对战争全局的策划和指导。依据国际、国内形势和敌对双方政治、经济、军事、科学技术、地理等因素来确定。"但现在这个词已非常广泛地运用在经营管理中。一般意义下，战略"泛指重大的、带全局性的或决定全局的谋划"。企业战略是指决定和揭示企业的目的和目标，提出实现目的的重大方针与计划，确定企业应该从事的经营业务，明确企业的经营类型与人文组织类型，以及企业应对员工、顾客和社会作出的经济与非经济的贡献(资源配置)。

在大型企业中，企业战略一般可以分为三层：公司级经营战略、部门(业务)级战略和职能级战略，如图1.9所示。

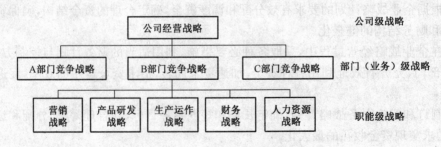

图1.9 企业战略层次

1. 公司级经营战略

公司级经营战略的任务是决定企业组织的使命,不断注视动态变化的外界环境,并据此调整自己的长期计划。这样的决策将从根本上影响一个组织的生存和未来的发展道路。主要内容就是选择企业的经营业务类型和长远目标:我们经营哪些业务?我们的经营目标是什么?即决定企业经营业务的数量、种类与相关性。公司应建立部门(业务)级战略竞争单位,并决定配置资源战略。

2. 部门(业务)级经营战略

部门(业务)单元通常指的是公司中一个相对独立的并拥有自己总体管理阶层的经营实体和利润中心。部门(业务)战略是企业某一独立核算单位或具有相对独立的经济利益的经营单位对自己的生存和发展作出的谋划,它要把公司经营战略中规定的方向和意见具体化,成为更加明确的针对各项经营事业的目标和战略。主要应对如下问题:给定企业的经营范围,在某一个具体的行业或市场中,一个业务单元如何去竞争并获取竞争优势?美国哈佛商学院教授迈克尔·波特(Michael E. Porter)在其《竞争战略》中提出了取得竞争优势的三种基本竞争战略:总成本领先战略(Overall Cost Leadership)、差异化战略(Differentiation Strategy)和目标集聚战略(Market Focus Strategy)。

总成本领先战略,即企业在提供相同的产品或服务时,其成本或费用明显低于行业平均水平或主要竞争对手的竞争战略。或者说,企业在一定时期内为用户创造价值的全部活动的累计总成本低于行业平均水平或主要竞争对手的水平。它的意义是通过成本优势使企业在相同的规模经济下取得更大的盈利,或积累更多的发展基金,或在不利的经营环境中具有更强的生存能力。

较低成本虽然不是每个企业都热心追求的竞争战略,但却是企业整个战略的主题。低成本生产者在行业中具有明显的优势:对于竞争者,低成本生产者可以以低价为基础在竞争中处于有利地位,采用扩大销售、打击对手的竞争战略,获得超额利润;对于供应商,低成本生产者能比其竞争对手更独立于强大的供应商,因为它更能承受原材料采购价格的上涨;对于潜在的进入者,低成本生产者将处于有利的竞争地位,较低的成本不仅可以作为进入障碍,而且可以保持已有的市场;对替代商品,低成本生产者可以通过削价比其对手具有更强的防卫能力。

总之,低成本可以使企业承受较低的价格,同时获得较高的利润,可以争取较多的客户,尤其是可使企业在决定行业价格水平中具有较大的左右能力。

差异化的战略是指企业通过向用户提供与众不同的产品和服务以取得竞争优势。这种战略要求企业在产品设计、品牌设计、生产技术、顾客服务、销售渠道等方面增加企业产品和服务的竞争优势。由于产品或服务的独特性增加了对顾客的吸引力,建立起顾客对企业的品牌或形式产生偏好或忠诚,甚至使客户愿意为之支付较高的价格。这种战略体现在企业的产品价格与成本的差额,不仅可以给企业带来高于同行竞争对手的利润率,同时,也避开了激烈的价格竞争。实行产品差异可采取许多形式:不同的风格、独特的性质、卓越的服务、便捷的配件、可靠的产品、非凡的质量、良好的企业形象等。

目标集聚战略是指企业的某一经营领域主攻某个狭窄的特殊顾客群——某一产品系列的一个细分范围或一个地区市场,在这个狭窄的领域内实施或是低成本或是差异化,或是二者兼而有之的竞争战略。它通过抓住特定客户群体的特殊需要,通过集中力量于有限地区的市场或者产品的某种用途,来建立竞争优势和市场地位。它的思想基础是企业在有限目标市场更具效率,或者比普通摊开的竞争对手更有效率。这是对小型企业非常适用的发展战略,可以使小企业和规模庞大的企业展开成本竞争。集中重点战略使企业在实现有限市场目标中获得优势,使企业足可应付其他竞争力量,在其目标市场上,竞争对手不可能具有相同的能力,进入者将受其竞争优势的阻碍,替代产品也难于立足,客户将因不愿意把其他业务转移到不能提供同等服务的其他企业而削弱谈判力,供应商则很可能面临买方市场。集中化战略便于集中使用整个企业的力量和资源更好地服务于某一特定的目标;将目标集中于特定的部分市场,企业可以更好地调查研究与产品有关的技术、市场、顾客以及竞争对手等各方面的情况,做到"知彼";战略目标集中明确,经济效果易于评价,战略管理过程也容易控制,从而带来管理上的简便。

这三种竞争战略的关系如表1.2所示。

表1.2 三种竞争战略的关系

战略目标 \ 战略优势	低成本地位	独特性
整个产业范围	总成本领先战略	差异化战略
特定细分市场	成本聚焦战略	差异化聚焦战略

如果某一企业只从事一种业务的经营,没有事业部门的划分,公司级战略与部门级战略则是同一种战略。

3. 职能级战略

职能级战略指一个业务单元中不同职能部门的战略,其主旨在于为业务单元的竞争战略服务。职能级战略是企业中的各个职能部门(营销、产品研发、生产运作、财务、人力资源)对自身的战略定位。职能级战略解决如下问题:我们职能部门(比如市场营销)如何为业务单元的(低成本或差异化)战略选择和实施作出相应的贡献?如何实现这些贡献?

企业职能级战略一般可分为市场战略、财务战略、研究与开发战略、生产战略、人力资源战略等。

职能级战略是公司战略、竞争战略与实际达成预期战略目标之间的一座桥梁。职能级战略的制订受企业整体战略和目标的制约和影响。进一步来说,各职能级目标所强调的重点不同、不一致,影响的作用方向也同样是不一致的。例如,营销部门往往希望多品种小批量生产,以适应市场需求的多样化特点;而生产部门也许希望生产尽量安定、少变化,提高系列化、标准化以及通用化水平,以利于提高劳动生产率,降低生产成本。又如,生产部门为了保持生产的稳定性和连续性,希望保持一定数量的原材料及在制品库存;而财务部门为了保持资金周转,可能希望尽量减少库存,等等。职能级战略的制订需要考虑到这些相互作用、相互冲突的战略和目标,权衡利弊,使职能级战略能最大限度地保障企业整体战略和目标的实现。表1.3给出企业竞争战略和职能战略的比较。

表1.3 企业竞争战略和职能级战略的协同比较

	成本领先战略	差异化战略
	价格敏感 成熟市场 高容量 标准化	产品特色敏感 新兴市场 低容量 客户定制产品
企业竞争战略	产品模仿	产品创新战略
营销战略	低风险 低利润	高风险 高利润
运作战略	强调成熟产品的低成本 先进工艺 刚性自动化 规模经济 变化的反应较慢	强调开发新产品的灵活性 优良品种 柔性自动化 差异化能力 变化的反应较快

1.4.2 市场战略

市场营销是企业最重要的职能战略,有效的市场营销战略是企业成功的基础。市场营销活动涉及市场调研和预测、分析市场需求、确定目标市场、制订营销战略、实施和控制具体营销战略的全过程。其中,高层营销战略决定市场营销的主要活动和主要方向。其基本内容包括:市场细分战略、市场选择战略、市场进入战略、市场营销竞争战略和市场营销组合战略。

1. 市场细分战略

市场细分就是根据购买者对产品或营销组合的不同需要,将市场划分为不同的小的子目标市场,并且针对子目标市场的共性,调整和配合适当的营销战略,以更有效地满足消费者需求,实现企业使命、目标和战略的过程。市场细分的实质是需求的细分。细分的市场可以使用不同的变量,这些变量大体可分为地理细分、人口细分、心理细分、行为细分。

2. 市场选择战略

一般而言,企业有如下目标市场选择模式:

(1) 单一市场集中化,这是最简单的一种模式,企业只选择一个细分市场进行集中营销。

(2) 选择性专业化,这是指企业有选择性地进入几个不同的具有吸引力且符合企业目标和资源水平的细分市场。

(3) 产品专业化,这是指企业同时向几个细分市场销售同一产品。

(4) 市场专业化。

(5) 全面进入,这是企业意图为所有的顾客群提供他们所需要的所有产品。

(6) 大规模定制,是指按照每个用户的要求大量生产产品,产品之间的差别可以具体到每个基本元件。

3. 市场进入战略

对于市场进入战略,根据不同情况和条件,可以采用不同的战略方式:

(1) 强化营销。

(2) 一体化营销。

(3) 多元化经营。

一般来说,企业进入市场,一次最好只进入一个细分市场,并隐藏自己的全盘计划,这样,竞争对手就无法知道企业要进入的下一个细分市场,从而有利于企业整个进入战略的实现。

4. 市场营销竞争战略

按照企业所处的竞争地位,企业在目标市场上可以"扮演"四种不同的角色,即市场领导者、市场挑战者、市场追随者和市场补缺者,每种不同的角色都要求企业有不同的竞争战略。

(1) 市场领导者。市场领导者是指在市场上占有最大的市场份额,并在价格变动、新产品开发、分销渠道和促销力度等方面均居领导地位的公司。要想继续保持领先地位,市场领导者必须在三个方面采取行动:开发整个市场、保持现有市场份额、扩大市场份额。

(2) 市场挑战者。市场挑战者是指其市场地位仅次于领导者,为取得更大的市场份额而向领先者和其他竞争对手发起攻击和挑战的企业。企业可以选择五种进攻策略之一:正面进攻、侧翼进攻、包围进攻、迂回进攻、游击式进攻。

(3) 市场追随者。市场追随者是指满足于现有的市场地位,只是跟随领先者的战略变化而作出相应战略调整的企业。有几种追随策略可供选择:寄生者、有限模仿者、改进者。

(4) 市场补缺者。市场补缺者是指市场营销能力薄弱、为求得生存而拾遗补缺的企业。其竞争战略应以避实就虚、集中力量为原则,将目标市场指向竞争对手力量相对不足或未注意到的细分市场上,可以是单一补缺,也可以是多种补缺。

5. 市场营销组合战略

市场营销组合战略是企业对自己可控制的各种营销战略的优化组合和综合运用,这些营销战略包括产品战略、定价战略、分销战略和促销战略。

(1) 产品战略

企业在制定产品战略时,必须考虑如何使产品组合最佳化,以应付竞争,获得利润;重视产品生命周期发展,适时推出新产品,或改进现有产品;配合名牌、包装等决策,使企业经营维持稳定,求得发展。可以采用的战略有:

① 产品组合战略。产品组合是指企业向市场提供的全部产品线和产品项目的组合或搭配,它表明企业经营范围和结构。

② 新产品开发战略。新产品主要是指能给顾客带来某种新满足、新利益的产品。大体上可分为新发明、革新后的产品、改进后的产品、新牌号的产品四种类型。

③ 产品生命周期战略。具体可见"1.4.4 产品战略"一节。

④ 品牌策略。品牌是指企业为自己的产品规定的商业名称,它包括两个部分:一是品牌名称,即品牌中可用语言表达的部分,如"康佳""松下""索尼"等名称;二是品牌标志,即品牌中不能用语言表达的符号、图案、特殊色彩或字体等。

(2) 定价战略

定价战略的优劣影响营销组合的成败,因此,适当的定价目标必须配合营销组合目标的要求。企业定价目标一般有生存、当期利润最大化、当期收入最大化、销售增长率最大化、市场利润最大化、产品质量领先、应付或避免竞争等。考虑外部环境因素限制和内部经营能力和经营目标的需求,企业可以采取如下定价策略:

① 新产品定价策略

新产品定价分为受专利保护的创新产品的定价和仿制新产品的定价。就前者而言,有两种定价策略可供选择,即撇脂定价和渗透定价。撇脂定价是指,当生产厂家把新产品推向市场时,利用一部分消费者的求新心理,定一个高价,像撇取牛奶中的脂肪层那样先从他们那里取得一部分高额利润,然后再把价格降下来,以适应大众的消费水平。渗透定价与撇脂定价策略相反,是指在新产品上市初期把价位定得很低,待产品渗入市场,销路打开后,再提高价格。

对于仿制新产品而言,企业有九种定价策略可供选择,即优质高价、优质中价、优质低价、中质高价、中质中价、中质低价、低质高价、低质中价、低质低价。

② 产品组合定价策略

当企业生产的系列产品存在需求和成本的内在关联性时,为了充分发挥这种内在关联性的积极效应,可采用产品线定价策略。

③ 折扣与折让策略

企业为了鼓励顾客及早付清货款及大量购买、淡季购买,还可以酌情降低其基本价格。这种价格调整叫做价格折扣与折让。价格折扣与折让有现金折扣、数量折扣、功能折扣、季节折扣与让价折扣五种类型。

④ 差别定价策略

差别定价策略,也称为价格歧视,是指企业按照两种或两种以上不反映成本费用的比例差异的价格销售某种产品或劳务。差别定价有顾客差别、产品差别、地点差别和时间差别四种类型。

⑤ 心理定价策略

心理定价策略包括声望定价、尾数定价和招徕定价三种类型。

(3) 分销战略

分销渠道是指产品从生产者向消费者或用户转移过程中经过的中介商业组织和个人。分销渠道包括:批发商、代理商、零售商、商业服务机构(交易所、广告公司、市场调研公司、银行和保险公司)。企业根据产品的特点、经营能力和条件、市场容量大小和需求面的宽窄,可以选择不同的销售渠道和分销策略,如独家分销、密集分销、选择性分销等。

(4) 促销战略

所谓促销,就是企业将自己产品的信息通过各种方式传递给消费者和用户的行为。促销组合就是企业为达到预期的促销效果,有目的、有计划地把广告、宣传、报道、营业推广、人员推销等促销工具配合起来应用的策略。促销策略主要有以下两种形式:推式策略、拉式策略。

1.4.3 财务战略

所谓财务战略,就是根据公司战略、竞争战略和其他职能级战略的要求,对企业资金进行筹集、运用、分配,以取得最大经济效益的战略。包括资金筹集战略、资金运用战略和利润分配战略。

1. 资金筹集战略

资金筹集战略是关于企业从什么渠道、以什么方式获取企业所需资金,如何以较低代价、较低风险筹集较多资金,以支持企业经济发展的战略。按照资金的时间特点,可以分为短期资金和长期资金。长期资金是指企业使用期在一年或一个经营周期以上的资金。从资本市场看,企业长期资金来源主要有普通股、优先股、公司债券三种。三种资金来源在收益、风险与控制方面各有利弊。短期资金是指企业短期(一般在一年以内)使用的资金。短期资金的筹集来源较多,通常有以下三种方式:商业信用、银行信用、应付费用。

2. 资金运用战略

资金运用战略是决定企业资金投放方向、投放规模,以提高资金运用效果的战略,包括长期投资战略和短期投资战略。长期投资战略是对有一定限度的资金来源在长期投放上,规定其合理、有利和有效运用的战略;短期投资战略是指企业资金在短期投放上规定其合理、有利和有效运用的战略。对于企业来说,往往是长期和短期投资混合运用,这就是投资组合战略。投资组合也称为长短期投资结构,是指企业的投资中有多少资金应投于长期资产,多少资金应投于短期资产,两者保持什么样的比例。

3. 利润分配战略

利润分配是利用价值形式对社会剩余产品所进行的分配。企业的利润分配战略应遵循既有利于股东又有利于企业的原则。具体来说,有如下几点:

(1) 要满足企业利润的再投资。以利润作为资本来源,使企业自强自富,解除企业长期负债的苦衷。

(2) 稳定的股利战略。稳定股利战略有利于稳定现有股东队伍,稳定股价。在正常的股市,人们多从投资角度购买股票,而不是把它视做一种投机。

(3) 合理的股利基金。在利润多的年份,拿出部分利润作为股利基金,既不分给股东,也不做其他的投资,以弥补未来股利的减少和企业的亏损,有利于塑造企业良好的信誉。

1.4.4 产品战略

产品研究与开发战略是指决定企业新产品或新服务项目的引进、现有产品的改良或改组,以及过时产品的淘汰。这是企业生产经营管理中一项永远不会完结的经常性工作,特别是当今市场需求日益多变、技术进步日新月异,这个问题变得更为重要。今天的市场上几乎没有几十年一成不变的产品,产品每隔几年、几个月就必须更新换代。与此同时,飞速发展的技术进步也使得新产品和新生产技术源源不断地产生。所以企业必须不断地、及时地选择能够满足市场新需求的产品。对于企业来说,这是经营成功的至关重要的一环。据统计,西方一些企业每年花在引进新产品和改进现有产品上的资金占其销售额的10%以上,可见这些企业对新产品研究与开发的重视。

而在新产品开发、现有产品改良以及过时产品淘汰等不同的产品计划中,最重要的是考虑新产品开发。对企业和市场来说,新产品包括:

(1) 全新产品。即具有新原理、新技术、新结构、新工艺、新材料等特征,与现有任何产品毫无共同之处的产品。全新产品是科学技术上的新发明,在生产中的新应用。

(2) 改进新产品。对现有产品改进性能,提高质量,或者因规格型号的扩展,款式花色的变化而产生的新品种。

(3) 换代新产品。主要是指适合新用途、满足新需要、在原有产品的基础上部分采用新技术、新材料、新元件而制造出来的产品。如从一般电扇到遥控电扇,再到人工智能控制电扇。

(4) 本企业新产品。指对本企业来说是新的,但对市场来说并不新的产品,但通常企业不会完全仿照市场上的已有产品,而是在造型、外观、零部件等方面做部分改动或改进后推向市场。

进行产品决策时,需要从市场条件、生产运作条件以及财务条件三个方面去考虑。其中,市场条件主要是指该新产品市场的产品寿命周期、市场需求的响应程度、售后服务需要、企业的流通销售渠道、企业在市场中的竞争能力等;生产运作条件是指该新产品的技术可行性、与现有工艺的相似性,企业人员及设备能力、物料供应商的情况等;财务条件是指该新产品开发、生产所需要的投资、其风险程度、预计的销售额及利润等。市场条件主要关系到未来的营业额,而生产运作条件将主要决定产品的成本,财务条件则综合考虑二者。有时还应有一些其他的考虑,例如,环境与社会伦理。前者是指注意不要生产出人类和社会所不希望的副产品,如污染;后者是指新产品选择必须考虑到不违背健康的社会伦理,如不能选择赌博业、淫秽音像制品等。

一种产品进入市场后,它的销售量和利润都会随时间推移而改变,呈现一个由少到多、再由多到少的过程,就如同人的生命一样,由诞生、成长到成熟,最终走向衰亡,这就是产品的生命周期现象,也就是产品从进入市场开始,直到最终退出市场为止所经历的市场生命循环过程。产品只有经过研究开发、试销,然后进入市场,它的市场生命周期才算开始。产品退出市场,则标志着生命周期的结束。

典型的产品生命周期一般可分为四个阶段,即介绍期(或引入期)、成长期、成熟期和衰退期,如图1.10所示。

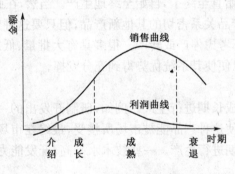

图1.10 产品生命周期图

(1) 介绍(投入)期

销售量很低。为了扩展销路,需要大量的促销费用,对产品进行宣传。在这一阶段,由于技术方面的原因,产品不能大批量生产,因而成本高,销售额增长缓慢,企业不但得不到利润,反而可能亏损。产品也有待进一步完善。

(2) 成长期

这时顾客对产品已经熟悉,大量的新顾客开始购买,市场逐步扩大。产品大批量生产,生产成本相对降低,企业的销售额迅速上升,利润也迅速增长。竞争者看到有利可图,将纷纷进入市场参与竞争,使同类产品供给量增加,价格随之下降,企业利润增长速度逐步减慢,最后达到生命周期利润的最高点。

(3) 成熟期

市场需求趋向饱和,潜在的顾客已经很少,销售额增长缓慢直至转而下降,标志着产品进入了成熟期。在这一阶段,竞争逐渐加剧,产品售价降低,促销费用增加,企业利润下降。

(4) 衰退期

随着科学技术的发展,新产品或新的代用品出现,将使顾客的消费习惯发生改变,转向其他产品,从而使原来产品的销售额和利润额迅速下降。于是,产品进入了衰退期。

产品生命周期的四个阶段呈现出不同的市场特征,对处于不同阶段的产品,企业的产品策略也会不同。一般可以采取三种产品策略:早进晚出、早进早出、晚进晚出,如图1.11所示。

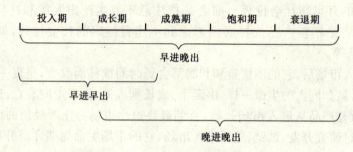

图1.11 产品生命周期与产品开发战略

(1) 早进晚出

从产品的生命周期开始直至终了,自始至终地生产。当然,在此期间内可以进行产品型号的改换,也可以投入与该产品关系密切的其他新产品,但只要这种产品在市场上还能够存在,即"寿命"还没有到期,就不考虑停产或转产。很多具有大批量、低成本生产系统的企业,往往采用这种产品进出策略,以便使其系统优势得到充分发挥。

(2) 早进早出

只在产品的投入期和成长期进行生产。例如,研制开发出的一种新产品,刚刚投入市场,尚未得到充分的成长。为使这种产品能被市场所接受,最终在市场上站稳、成长起来,开发这种产品的企业可能会在初期进行生产。一些技术水平高,开发能力较强的科技型中小企业往往采用这种策略。

(3) 晚进晚出

在一种产品的市场已经被开发、产品已进入成长期或接近于成熟期以后,才开始进行生产。采用这种策略的企业通常是技术革新能力与研究开发能力较弱,但是拥有较优越的制造能力、生产应变能力和销售能力。

如以直销著名的Dell公司就是采用这种策略,Dell的优势在于市场和渠道,Dell投入研发的费用很少,介入一种产品都是在成长期或者成熟期。

当然,这种策略可以避免进行新产品开发的风险。但反过来,开发这种新产品的企业既然开发这种产品,就不可能不对未来市场的控制有所考虑,所以,等产品在市场上安定以后才开始进行生产、投放市场,不一定能有很强的竞争力。

企业一旦选定了某一新产品或改良产品,以及产品组合,接下来要做的事情就是产品设计。它包括确定产品的基本结构、性能参数和技术指标,以及产品的制造工艺。产品设计完成后,接下来需要考虑生产该产品所需的技术、方法、设备、人员以及这些资源要素的组合方式,即进行生产战略的选择和设计。

1.4.5 生产系统选择战略

生产是制造企业的基本职能,投入转化为产出的过程,是制造企业最重要的过程,没有生产就没有整个企业存在的必要,也就根本不需要企业的其他职能战略。生产战略主要是规划企业的生产技术和生产能力,以及生产流程和设备。

1. 生产技术

从企业应用角度来讲,技术是指制造一种产品或提供一项服务的系统知识,这种知识可能是一项产品或工艺的发明、一项外形设计、一种实用新型产品,也可能是一种设计、生产、维修和管理的专门技能。技术按功能可以划分为以下三类。

(1) 产品技术

产品技术,指技术被用来改变一项产品的特性。这既可能是一个全新产品的发明,也可能是局部产品设计的改进。

(2) 生产技术

生产技术,指技术被用于产品的制造过程,如新工艺、新流程、新测试手段、新加工设备等。

(3) 管理技术

管理技术,指组织研究、开发、生产、销售和服务等全部的活动和过程。

企业生产技术的选择基本上决定了企业的生产流程、设备的配置、生产效率和生产成本,以及未来企业运行的效率,是企业本身的素质,是"先天性"的竞争能力。生产技术具有相对稳定性,也就是说企业选定使用的生产技术会持续一定时间,不可能立即更新改造。所以企业生产技术的选择对实现企业的整体经营计划有重要的作用。如企业的整体战略是低成本战略,则要求生产技术选择能够实现大批量的规模生产;如果企业整体战略追求的是差异化,则生产技术的选择就是实现柔性能力,以便适合小批量多品种的生产。生产技术的选择除了要与企业的整体经营战略保持一致外,还需要考虑市场的需求和整个生产系统运行的经济效益。

2. 生产自动化

生产技术一个重要方面的体现就是生产线的自动化程度。生产线按人工参与生产控制的程度可以分为手工生产线、半自动生产线、全自动生产线;按生产线转产的灵活程度又分为刚性生产线和柔性生产线。一般情况下,手工生产线需要的生产设备最少,生产效率最低,全自动生产线生产效率最高,生产设备使用最多,但全自动线的投资也最大,手工生产线投资则最小。此外,全自动生产线由于使用了大量的专用设备,从一种产品转到生产另一种产品需要调整的设备多,需要的时间长,所以全自动生产线的柔性比手工生产线差。现在一些企业为了适应小批量多品种的生产需要,专门应用多功能设备,专门设计柔性自动化生产线,这种生产线的设备使用多、投资大,但生产效率基本与全自动生产线相同,而生产线的柔性得到了大幅度提升。

3. 生产技术方案的规模经济

选择不同的生产技术方案可以为企业带来不同的生产运行环境和竞争优势,这可以用单位产品的生产成本进行评价。

企业生产总成本为固定成本和变动成本之和,即 $C=C_f+C_v$。固定成本 C_f 就是生产厂房、生产设备等固定资产的折旧费用和其他费用之和,是一个相对的常数,不会随着生产产量变化;而变动成本主要是构成产品的直接材料和人工费用,是一个相对变化数,随着生产产量的增加而增加。所以,单位产品成本 $C_e=C_f/Q+C_v/Q=C_f/Q+D$,生产规模越大,产量越高,单位产品的成本就越低。但是当面临对资金占用多的生产线(全自动化生产线)和资金占用少的手工线的选择时,需要考虑总成本,产量是决定性的因素,如图1.12所示。

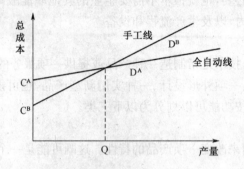

图1.12　生产线选择的经济分析

自动生产线A,自动化程度高,投资大,固定成本 C_f^A 高,生产效率高,直接人工占用少,所以变动成本 D^A 比较小;手工线B,自动化程度低,投资小,固定成本 C_f^B 小,生产效率不高,直接人工占用多,所以变动成本 D^B 比较大。两条线的交叉点为产量Q。从图上可以直观地看到,当市场对企业的产量需求小于Q时,C^B 总成本较小,选择投资少的手工生产线就是经济的。反之,市场对企业的产量需求大于Q时,则应选择自动化生产线。

所以,对规模经济原理的一般理解是:生产规模(或设施规模)越大,产出的平均成本越低。因为规模越大,固定成本和最初的投资费用可分摊到越多的产品中,从而成本越低。此外,大规模生产在制造、工艺方面还有很多可减少成本的机会,例如学习效应、不需要很多作业交换时间、可采用高效专用设备、中间库存减少等。但实际上也并不完全如此。当规模扩大到一定程度时,管理、协调的复杂性急剧增加,从而引起间接成本(内部管理成本)的急剧增加,组织的注意力会分散,生产效率也有可能降低(部门之间的摩擦、信息传递耗费时间等),从而使总成本又变高。因此,要有一个"适度规模"。当然,在给定的设施规模下,还存在一个最优的生产运作水平问题,必须有周密的计划安排才能发挥生产设施的效率。

4. 企业生产能力规划

企业生产能力,是指整个企业的最大产出能力(产量)。除主要与生产设施的能力有关以外,还受到操作人员的能力和管理水平的影响。但一般概念上的企业生产能力指生产设施的能力。企业生产能力满足市场需求的程度是企业能力规划考虑的中心问题。如果生产能力不能满足市场需求,可能导致客户需求不能及时满足,客户满意度下降。严重的生产能力不足,不能按时交货,还会遭到客户索赔,当然就不能提高市场占有率,企业难以获得发展。但反过来,生产运作能力过大,又会导致设施闲置、资金浪费,导致企业损失。

生产能力规划的另外一个问题就是能力调整的时间。生产能力调整就像企业生产产品一样,也需要时间来完成。何时扩大能力,扩大多少,有两种极端的策略:积极策略和消极策略。如图1.13所示,积极策略中的能力扩大时间超前于需求,每次扩大的规模较大,但两次扩大之间的时间间隔较长;而在消极策略中,能力的扩大时间滞后于需求,每次扩大的规模较小,但扩大次数较多,即两次扩大之间的时间间隔较短。还有位于二者之间的中间策略,如图1.13(c)所示。

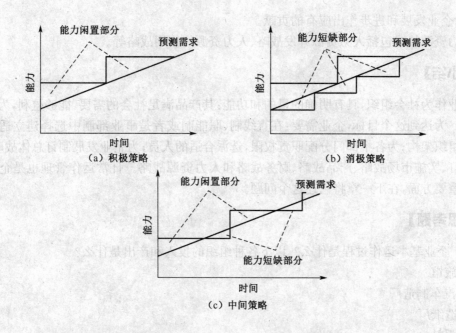

图 1.13 生产能力调整的策略

积极策略的能力扩大时间超前于需求，因此会带来较大的缓冲，可以减少由于能力不足而引起的机会损失。消极策略的能力扩大时间滞后于需求，能力不足部分可以采取加班加点、雇用临时工、任务外包、动用安全库存等措施来补救，但这些措施都有其不利的一面。例如，加班需要支付高于正常水平的工资，工作时间过长容易引起生产率降低等。在组织的素质比较高、学习效应比较强、规模经济有其优势时，积极策略就是很有利的，它可以使企业降低成本，取得价格上的竞争优势，还可以扩大市场占有率。消极策略是一种保守型、稳妥型策略，其风险性较小。例如，对需求过于乐观的估计、技术的重大变化使现有设备报废，以及其他难以预测的因素会带来一定的风险，消极策略可使这样的风险变小。有很多企业，尤其是中小企业不愿意冒风险，它们只是通过追随其他成功企业的做法，多利用上述列举的各种临时措施、尽量提高投资回收率等方法来维持企业的生存和稳步发展，但这种方法会导致市场占有率的降低。

1.4.6 人力资源战略

人力资源战略是指根据企业总体战略的要求，为适应企业生存和发展的需要，对企业人力资源进行开发，提高职工队伍的整体素质，从中发现和培养一大批优秀人才所进行的长远性谋划和方略。人力资源战略是为实现企业总体战略服务的，因此，必须依据企业总体战略的要求来确定人力资源战略的目标。这些目标包括：

(1) 根据企业中长期发展的要求，保证其对人力资源总量的需要。
(2) 优化人力资源结构，形成合理的人才结构，满足企业各层次、各专业对人才的需要。
(3) 提高每个劳动者的素质，使之与其岗位工作的要求相适应，提高职工队伍的整体素质，发挥人力资源的整体效能。
(4) 努力把人力转化为人才，促进每个劳动者都能成才，发挥他们的积极性、进取性和创造性,为企业发展和进步作出应有的贡献。

人力资源战略包括人力资源开发战略、人力资源的使用战略等。

【本章小结】

企业作为社会组织,具有明确的目的和功能:其产品满足社会的需要,能够盈利,为股东带来收益。为达到这个目标,企业需要:在直线制、职能制或者是事业部制中选择建立适合企业需要的组织架构;为各个部门分配职责权限,选派合适的人员;为企业发展制订总体战略,并进一步制订、实施市场战略、产品战略、财务战略和人力资源战略。日常运作管理也是企业达成目标的重要方面,在下一章将论述这个问题。

【复习思考题】

(1) 企业基本运作过程是什么？以下各种组织的投入和产出是什么？
a. 旅馆
b. 汽车制造厂
c. 造纸厂
d. 报社
e. 自选商场
f. 银行

(2) 简述现代企业面临的环境特点,以及企业可采取的对策。

(3) 简述各种组织架构的特点和适用性,分析一家企业的组织架构。

(4) 简述企业发展战略的层次关系,分析一家企业(如海尔、联想、国美等)在当前采取的战略。

第2章 企业主要管理过程

过程管理是管理中的执行层次,是企业发展策略和计划的具体实施过程,是对企业人、财、物、信息、时间五大要素的管理过程。本章将对企业管理过程中最重要的资金流和物流进行重点介绍,剖析运作流程和主要管理工作。通过本章的学习,可以加深对企业管理运作过程的理解,获得企业实际运行的知识。

【本章重点】

· 资金筹措和资金使用
· 成本核算
· 生产计划和平衡
· 销售过程和市场竞争力分析
· 采购过程和采购计划

2.1 企业财务管理过程

企业财务管理过程是对企业资金运作的管理,是企业业务活动的价值管理过程。通过企业的财务管理过程可以保证企业的业务活动最终能够达到企业的基本目的——实现企业的盈利。

2.1.1 财务管理过程概述

企业在生产过程中,劳动者将生产中消耗掉的生产资料的价值转移到产品中去,并创造出新的价值,通过实物商品的出售,使转移价值和新创造的价值得以实现。实物商品不断运动,实物商品的价值形态也不断发生变化,由一种形态转化为另一种形态,周而复始,不断循环,形成了资本运动。资本运动反映了企业再生产过程的价值方面,构成了企业经济活动的一个独立方面。企业资本运动是通过一系列资本活动来实现的。

例如,初始状态下的货币资本需要通过资本筹集活动来取得,企业资本的运用需要通过投资活动来实现,而企业取得的收益则需要通过资本收益分配活动来完成。这种筹资、投资和资本收益分配等资本运动,我们称为企业财务活动。财务管理就是对财务活动所进行的管理,即财务管理过程就是指对资本取得、资本运用和资本收益分配的过程管理。

1. 资本取得

资本取得是企业存在和发展的基本条件,是资本运作活动的起点,也是资本运用的前提。资本取得也称资本筹集,是指企业为了满足投资和用资的需要,筹措和集中资本的过程。无论是新建企业还是经营中的企业,都需要取得一定数量的资本。

企业的发展前提往往伴随着巨大的资本需求,而仅依靠企业自身利润的积累是远远不够的,必须广泛开展筹资活动,筹集企业生产经营发展所需要的资本。应当注意的是,资本的筹集有一个合理的数量界限,筹资不足会影响生产经营活动和投资活动,筹资过多又会影响资本的使用效益,甚至加重企业的财务负担。

资本需要量的确定要以需求为前提,量力而行,筹资的规模、时机和结构要适应投资的要求。同时,在确定资本需要量的基础上,要注意控制资本的投放时间,根据产品的生产规模和销售趋势,合理安排不同时期的资本投入量和投入时间,减少不必要的资本占用。这都需要通过财务管理才能实现。

筹资是必然的,而筹资的目的是多样的。有为扩大生产经营规模而筹资的扩充性目的;有为偿还债务而筹集的偿债性目的;有为控制其他企业而筹资的控制性目的;有为优化资本结构而筹资的调整性目的等。为了实现筹资的目的,企业资本筹集必须按照一定的要求进行。总的要求是:研究筹集的影响因素,追求筹资的综合效益。具体要求是:合理确定资本需要量,控制资本投放的时间;正确选择筹资渠道和筹资方式,努力降低资本成本;分析筹资对企业控制权的影响,保持企业生产经营的独立性;合理安排资本结构,适度运用负债经营。

企业可以从两个方面筹资并形成两种性质的资本:一种是企业权益资本,它通过所有权融资方式取得,如向投资者吸收直接投资、发行股票、企业内部留存收益等;另一种是企业债务资本,它通过负债融资方式取得,如向银行借款、发行债券、应付款项等。企业在取得资本时,应当科学地安排资本结构,适度运用举债经营。举债经营是现代企业经营的一种重要策略,但举债经营需要符合两个基本条件:一是投资收益率应高于资本成本率;二是举债的数量应与企业的资本结构和偿债能力相适应。

2. 资本运用

企业取得资本后,应当将资本有目的性地进行运用,以谋求最大的资本收益。企业资本运用是企业资本运动的中心环节,它不仅对资本筹集提出要求,而且也影响企业资本收益的分配。企业资本运用包括资本投资和资本营运两个方面,前者针对长期资本而言,后者针对短期资本而言。

(1) 资本投资

企业资本投资是指企业以盈利为目的的资本性支出,即企业预先投入一定数额的资本,以便获得预期经济收益的财务行为。企业在投资过程中,必须认真安排投资规模,确定投资方向,选择投资方式,确定合理的投资结构,提高投资效益,降低投资风险。

企业资本投资按投资对象可分为项目投资和金融投资。

项目投资是企业通过购买固定资产、无形资产,直接投资于企业本身生产经营活动的一种投资行为,它是一种对内的直接性投资。项目投资的目的是改善现有的生产经营条件,扩大生产能力,获得更多的经营利润。在项目投资上,财务管理的重点是:在投资项目技术性论证的基础上建立严密的投资程序,运用各种技术分析方法测算投资项目的财务效益,分析投资项目的财务可行性。

金融投资是企业通过购买股票、基金、债券等金融资产,间接投资于其他企业的一种投资行为,它是一种对外的间接性投资。

(2) 资本营运

企业在日常生产经营过程中,会发生一系列经常性的资本收付。企业要采购材料或商品,以便从事生产和销售活动;当企业把产品或商品售出后,可取得收入,收回资本;如果企业现有资本不能满足企业经营的需要,还要采取短期借款方式来筹集营运资本。这些因企业生产经营而引起的财务活动构成了企业的资本营运活动,也是企业财务管理的重要内容。

在资本运用过程中,财务管理的目的是使筹集的资本得到有效和合理的应用,既保证企业资本投资和资本营运正常开展进行所需要的资本额度,同时尽量避免被筹集的资本被闲置。

3. 资本收益分配

企业应当通过资本运用取得收入,实现资本的保值和增值。资本收益的分配是企业资本运动一次过程的终点,又是下一次资本运动的起点,起着两次资本运动之间的连接作用,是企业资本不断循环周转的重要条件。

资本收益分配是多层次的。企业通过投资取得的收入(如销售收入),首先要用以弥补生产经营耗费,缴纳流转税,其余部分为企业的营业利润。营业利润与投资净收益、营业外收支净额等构成企业的利润总额。利润总额首先要按国家规定缴纳所得税,净利润要提取公积金,其余利润作为投资者的收益分配给投资者,或暂时留存企业,或作为投资者的追加投资。

在资本收益分配过程中,财务管理需要处理好留存收益和分配股利等关系,在保证企业可持续发展的同时,兼顾股东、债权人等相关方的利益。

2.1.2 资本筹集

资金是企业的血液,是企业开展生产经营活动的基本条件。由于企业资金运动过程中的收支不平衡性,资金临时不足的企业为保证企业生产经营过程不致停止,往往愿意以一定代价获取在一定期间内运用他人资金的权利;而发生资金临时剩余的企业基于利益动机的支配,也不愿自己的资金白白闲置,而希望在不影响自己到期使用的条件下把剩余资金交给他人使用一段时间,并为此索取一定的报酬。企业筹资就是指资金短缺的企业以一定的代价从资金剩余者手中获取资金使用权的过程。

企业筹资的动机有:

(1) 扩张性动机,指企业因扩大生产经营规模或追加对外投资而产生的筹资动机。

(2) 临时性动机,指企业为维持现有规模而筹措临时资金。

(3) 偿债性动机,指企业偿还到期债务或调整债务结构而形成的筹资动机。

企业筹资在企业财务管理乃至企业管理中具有重要的地位:

(1) 企业筹资是企业财务管理和企业生产经营活动的起点。创立企业必须筹集一定数额的资本;企业生产经营活动的开展必须以一定的资金作为条件;任何投资项目都必须以一定的资金作保障;企业财务管理首先就是筹集资金,然后才能进行投资、资本营运以及有效地进行收益分配。

(2) 企业筹资是企业经营成败的先天条件。企业筹资效率直接影响企业的经营绩效,在一定的投资报酬率的前提下,筹资成本低,企业效益就好,筹资成本高,企业效益就差。过高的筹资成本,企业注定要失败,因为先天不良。

筹资方式是指企业筹措资金所采用的具体形式,体现着资金的属性。企业筹资管理的重要内容是如何针对客观存在的筹资渠道选择合适的筹资方式进行筹资。正确认识筹资方式的类型及各种筹资方式的属性,有利于企业选择适宜的筹资方式并有效地进行筹资组合,达到降低筹资成本的目的。

目前我国企业筹资方式主要有:吸收直接投资、发行股票、发行债券、银行借款、融资租赁、商业信贷等。

2.1.3 成本核算

成本是企业生产经营过程中所耗费的经济资源。

1. 成本的分类

(1) 按经济性质分

在实务中,为了便于分析和利用,生产经营成本按经济性质划分为以下类别:

① 外购材料,指耗用的从外部购入的原料及主要材料、辅助材料、包装物、修理用备件、低值易耗品和外购商品等。

② 外购燃料,指耗用的一切从外部购入的各种燃料。

③ 外购动力,指耗用的从外部购入的各种动力。

④ 工资,指企业应计入生产经营成本的职工工资。

⑤ 提取的职工福利费,指企业按照工资总额的一定比例提取的职工福利费。

⑥ 折旧费,指企业提取的固定资产折旧。

⑦ 税金,指应计入生产经营成本的各项税金,包括印花税、车船使用税等。

⑧ 其他支出,指不属于以上各要素的耗费,包括租赁费、外部加工费等。

上述生产经营成本的各要素称为"费用要素"。按照费用要素反映的费用称为"要素费用"。

(2) 按经济用途分

在实务中,按照现行财务会计制度规定,生产经营成本分为生产成本、营业费用和管理费用三大类：

① 生产成本，包括4个成本项目：直接材料，指直接用于产品生产、构成产品实体的原料及主要材料、外购半成品、有助于产品形成的辅助材料以及其他直接材料；直接人工，指参加产品生产的工人工资以及按生产工人工资总额和规定的比例计算提取的职工福利费；燃料和动力，指直接用于产品生产的外购和自制的燃料及动力费；制造费用，指为生产产品和提供劳务所发生的各项间接费用。

② 营业费用，包括营销成本、配送成本和客户服务成本。

③ 管理费用，包括研究开发成本、设计成本和行政管理成本。

成本按经济用途的分类反映了企业不同职能的耗费，也叫成本按职能的分类。这种分类有利于成本的计划、控制和考核。

2. 成本核算

成本核算的过程其实就是将平时按经济性质归集的各种费用，按照经济用途再分类的过程。成本核算的基本步骤：

（1）对所发生的成本进行审核，确定哪些成本是属于生产经营成本，并在此基础上区分产品成本和期间成本。

（2）将应计入产品成本的各项成本区分为应当计入本月的产品成本与应当由其他月份产品负担的成本。

（3）将本月应计入产品成本的生产成本区分为直接成本和间接成本。将直接成本直接计入成本计算对象，将间接成本暂时计入有关的成本中心。

（4）将各成本中心的本月成本依据成本分配基础，按照一定的分配方法分配到最终的成本计算对象。

（5）将既有完工产品又有在产品的产品成本在完工产品和期末在产品之间进行分配，并计算出完工产品总成本和单位成本。

（6）将完工产品成本计入到产成品。

（7）将期间费用直接计入本期损益。

2.1.4 现金使用预算

根据企业的需要筹措好资金后，下面就是如何合理使用资金的问题。编制资金使用计划就是将决策提供的目标和选定的方案形成与资金有关的各种计划指标，为保证计划指标完成的具体措施，协调各项计划指标之间的相互关系，编制各项资金使用计划的过程。资金使用计划也是落实企业经营目标和保证措施的重要工具。

［限于本书目的(前面只简要介绍相关知识，重点在后面实践篇)和篇幅，本节将现金和资金简单等同。］

在企业实践中，资金使用计划常常以现金预算的形式表现出来。作为企业全面预算的一个重要部分，现金预算是与企业生产预算、销售预算和成本预算等互相联系的。现金预算的内容包括现金收入、现金支出、现金多余或不足的计算，以及不足部分的筹措方案和多余部分的利用方案等。现金预算实际上是其他预算有关现金收支部分的汇总，以及收支差额平衡措施的具体计划。它的编制要以其他各项预算为基础，或者说其他预算在编制时要为现金预算做好数据准备。

下面分别简要介绍各项预算。

1. 销售预算

销售预算是整个预算的编制起点,其他预算的编制都以销售预算作为基础。销售预算的主要内容是销量、单价和销售收入。销量是根据市场预测或者销售合同并结合企业生产能力确定的。单价是通过价格决策确定的。销售预算中通常还包括预计现金收入的计算,其目的是为编制现金预算提供必要的资料。如一年中的第一季度的现金收入包括两部分,即上年应收账款在本年第一季度收到的货款,以及本季度销售中可能收到的货款部分。

2. 生产预算

生产预算是在销售预算的基础上编制的,其主要内容有销售量、期初和期末存货、生产量。通常,企业的生产和销售不能做到"同步同量",需要设置一定的存货,以保证能在发生意外需求时按时供货,并可均衡生产,节省赶工的额外支出。

生产预算在实际编制时是比较复杂的,产量受到生产能力的限制,存货数量受到仓库容量的限制,只能在此范围内来安排存货数量和各期生产量。此外,有的季度可能销量很大,可以用赶工方法增产,为此要多付加班费。如果提前在淡季生产,会增加存货而多付资金利息。因此,要权衡两者得失,选择成本最低的方案。

3. 直接材料预算

直接材料预算是以生产预算为基础编制的,同时要考虑原材料存货水平。

预计采购量=(生产需用量+期末存量)-期初存量

为了便于以后编制现金预算,通常要预计材料采购各季度的现金支出。每个季度的现金支出包括偿还到期应付账款和本期应支付的采购货款。

4. 直接人工预算

直接人工预算也是以生产预算为基础编制的。其主要内容有预计产量、单位产品人工工时、人工总工时、每小时人工成本和人工总成本。预计产量数据来自生产预算。单位产品人工工时和每小时人工成本数据来自标准成本资料。人工总工时和人工总成本是在直接人工预算中计算得来的。

5. 制造费用预算

制造费用预算通常分为变动制造费用和固定制造费用两部分。变动制造费用以生产预算为基础来编制。如果有完善的标准成本资料,用单位产品的标准成本与产量相乘,即可得到相应的预算金额。如果没有标准成本资料,就需要逐项预计计划产量需要的各项制造费用。固定制造费用需要逐项进行预计,通常与本期产量无关,按每季度实际需要的支付额预计,然后求出全年数。

6. 产品成本预算

产品成本预算是生产预算、直接材料预算、直接人工预算、制造费用预算的汇总。其主要内容是产品的单位成本和总成本。产品单位成本的有关数据来自前述三个成本。生产量、期末存货量来自生产预算,销售量来自销售预算。生产成本、存货成本和销货成本等数据根据单位成本和有关数据计算得出。

7. 销售及管理费用预算

销售费用预算是指为实现销售预算所需支付的费用预算。它以销售预算为基础,分析销售收入、销售利润和销售费用的关系,力求实现销售费用的最有效使用。在安排销售费用时,要利用本量利分析方法,费用的支出应能获取更多的收益。在草拟销售费用预算时,要对过去的销售费用进行分析,考察过去销售费用支出的必要性和效果。

现金预算由四部分组成:现金收入、现金支出、现金多余或不足、资金的筹集和运用,如表2.1所示。

表2.1 现金预算

季 度	一	二	三	四	全 年
期初现金余额					
加:租赁现金收入					
可供使用现金					
减:各项支出					
直接材料					
直接人工					
制造费用					
销售及管理费用					
所得税					
购买设备					
股利分配					
支出合计					
等于:现金多余或不足					
加:银行借款					
减:还银行借款					
借减利息					
合计					
期末现金金额					

"现金收入"部分包括期初现金余额和预算期现金收入,销货取得的现金收入是其主要来源。"期初现金余额"是在编制预算时预计的。"销货现金收入"的数据来自销售预算,"可供使用现金"是期初余额与本期现金收入之和。

"现金支出"部分包括预算期的各项现金支出。"直接材料""直接人工""制造费用"和"销售及管理费用"的数据分别来自有关预算。此外,还包括"所得税""购买设备""股利分配"等现金支出,有关的数据分别来自另行编制的专门预算。

"现金多余或不足"部分列示现金收入合计与现金支出合计的差额。差额为正,说明收大于支,现金有多余,可用于偿还过去向银行取得的借款,或者用于短期投资。差额为负,说明支大于收,现金不足,要向银行取得新的借款。

借款额＝最低现金余额＋现金不足额

现金预算的编制以各项营业预算和资本预算为基础,它反映各预算期的收入款项和支出款项,并作对比说明。其目的在于资金不足时筹措资金,资金多余时及时处理现金余额,并且提供现金收支的控制限额,发挥现金管理的作用。

2.2 企业直接生产过程

2.2.1 生产过程概述

工业产品的生产过程是指从投入原材料开始到产出产品为止的全部过程。不同工业中,由于产品结构和工艺特点不同,生产过程的形式也不完全相同。

从制造工业看,基本上可分为两大类:一类是流程式生产过程,原材料由工厂的一端投入生产,经过顺序加工,最后成为成品。这种流程式还可进一步分为综合流程式和分解流程式。前者是集合各种不同的半成品,共同制成一种产品的生产过程,如冶金、纺织、化工、造纸等工厂。另一类是加工装配式生产过程,首先将原材料加工成各种零件,再将各种零件装配成部件,最后集合在一起进行总装配,如汽车、机床和无线电等工厂。

每个生产阶段又可进一步划分为许多相互联系的工序。工序是组成生产过程的基本环节。工序是指一个或几个工人在一个工作地点对同一个(或几个)劳动对象连续进行的生产活动。在生产阶段中,一件或一批相同的劳动对象,顺序地经过许多工作地,这时,在每一个工作地内连续进行的生产活动就是一道工序。

2.2.2 生产计划类型

企业生产计划是在企业总体经营计划指导下进行的,同时,又是与企业销售计划协调后制订的。生产计划是年度综合计划的重要组成部分。它是决定企业生产经营活动的重要的纲领性计划,很多企业称它为生产大纲。企业生产计划具体规定着企业在计划年度内应生产的主要产品品种、产量、质量、产值和期限等一系列指标。编制生产计划还要充分考虑有效地运用各种资源,提高劳动生产率,降低生产成本,节约流动资金,从而最大限度地提高经济效益。因此,企业生产计划是企业生产活动的纲领性文件,编制企业生产计划是企业生产管理中一项重要的工作,也是编制好企业物资供应计划、人力资源计划、财务计划等各项计划的重要依据。

编制生产计划除了要遵循计划工作的一般原则以外,还要考虑自身的特点和要求;必须遵循下列原则:

(1) 以销定产、以产促销。以销定产就是企业要按照市场需要来制订计划和组织生产,按期、按质、按量、按品种向市场提供所需的产品或劳务。

(2) 合理利用企业的生产能力。企业的生产计划同企业的生产能力要相适应,才能合理地充分利用生产能力。如果确定的生产计划低于生产能力,则造成能力浪费;反之,能力不足,则使生产计划落空。

(3) 定性分析和定量分析相结合。确定生产计划指标,既要重视定性分析,也要重视定量分析,把两者正确地结合起来,才能优化生产计划指标。

(4) 达到满意的水平。计划的编制过程也就是一个决策的过程,其原则应是达到满意的水平。

从系统的观点来看,生产计划是一个有机结合的系统,从而可以把生产计划分成长期、中期和短期生产计划。

1. 长期生产计划

长期生产计划是由企业决策部门制订的具有决定性意义的战略级规划。它是根据企业经营发展战略的要求,对有关产品发展方向、生产发展规模、技术发展水平、生产能力水平、新设施的建造和生产组织结构的改革等方面所作出的规划与决策。

2. 中期生产计划

一般情况下,企业的年度生产计划就是企业的中期生产计划,是由企业中层管理部门制订的。它是根据企业的经营目标、利润计划、销售计划的要求,确定现有条件下在计划年度内实现的生产目标,如品种、产量、质量、产值、利润、交货期等。大致可分为生产计划、总体能力计划和产品产出进度计划几个部分进行管理。

3. 短期生产计划

短期生产计划是年度生产计划的继续和具体化,是由执行部门制订的作业计划。它具体确定日常生产运作活动的内容,常以主生产计划、物料需求计划、能力需求计划和生产作业计划等来表示。

生产计划系统的各层次计划中,随着计划从战略层到战术层、再到作业层发展,层次越来越低,计划期越来越短,计划覆盖的范围越来越窄,计划内容越来越具体,计划中的不确定性越来越小。它们之间的关系表现为:以高层次计划为龙头,高层次计划为编制低层次计划提供指导和依据,低层次计划为实现高层次计划提供支持和保证。

企业生产计划管理是指确定和实现生产目标所需要的各项业务工作,其中包括市场预测、生产能力测算、具体编制计划、贯彻执行计划和检查调整计划等内容。

(1) 市场预测

市场预测是对未来市场需求和发展的预计与推断,它是企业制订生产计划的必要前提。市场预测不仅是长期的战略性决策的重要输入,也是短期的日常运作的重要基础,企业必须通过市场预测来规划和指导自己的生产经营活动。企业市场预测的主要内容就是需求预测,即企业产品与服务的需求预测,如产品销售量、市场占有率及产品品种、花色、规格、价格的需求变化趋势等。这些预测决定企业的生产、生产能力及计划体系,并促使企业的财务、营销、人事进行相应的变动。

(2) 期量标准

期量标准也称生产计划标准,它是对劳动对象在生产过程中的运动所规定的时间和数量的标准,是生产计划工作的重要依据。"期"是指时间,如创造一件产品需要多长时间,相隔多长时间出产一件产品等。"量"是指数量,如一次同时投入生产运作的制品数量、库存在制品数量等。

(3) 生产能力

固定资产的生产能力,它是企业在一定的生产组织技术条件下,在一定时期内,全部生产性固定资产所能生产某种产品的最大数量或所能加工处理某种原材料的最大数量。它是反映企业生产可能性的一个重要指标。生产能力直接关系着企业生产能否满足市场需要。所以,制订生产计划前,必须了解企业生产能力。生产能力是生产系统内部各种资源能力的综合反映,是保证一个企业长期发展的关键因素。

2.2.3 生产能力平衡

企业生产能力水平是反映企业生产可能性的一项重要指标。在计算企业生产能力的过程中,必须从最基层开始,先计算相同的、相互可以替代的设备组的能力;再计算工段、车间的能力;最后确定企业的实际生产能力。

企业的生产能力一般有设计能力、查定能力、实际能力三种。当确定企业生产规程、编制企业长远规划、安排基本建设计划以及进行重大技术改造时,应以设计能力和查定能力为依据。企业编制年度生产计划、确定生产指标时,则以企业的实际生产能力为依据。

企业生产能力由三个基本因素所决定,即生产中固定资产的数量、固定资产的工作时间、固定资产的生产效率。

(1) 生产中固定资产的数量,通常是指机器设备和生产面积,它是根据企业固定资产目录、生产技术说明书,或通过实地调查确定的。

(2) 固定资产的工作时间,是指它的有效工作时间。固定资产的有效工作时间与企业规定的工作班次、轮班工作时间、全年工作日数、设备计划预修制度以及轮班内工人的休息制度有直接关系。

(3) 固定资产的生产效率,是指单位设备的产量定额或单位产品的台时定额,与前两项因素相比,它是核定生产能力最难确定的一项数据,受各种因素的影响很大。生产能力的大小在很大程度上取决于定额水平是否先进合理。

2.3 企业市场营销管理

2.3.1 市场概述

在古典经济学中,对市场最先明确下定义的是杰文斯,他认为:"所谓市场,是指两个以上的人,他们经营两种以上的商品,他们存在这种商品的事实和互相交换的意志,又为一切人所知道。"因此,市场是指某种商品的现实购买者和潜在购买者需求的总和。一般说来,在营销管理中,我们认为市场是具有特定需求和欲望,而且愿意并能够通过交换来满足这种需求或欲望的全部潜在顾客。市场包含三个主要因素,即有某种需要的人、为满足这种需要的购买能力和购买欲望。用公式表示:

$$市场＝人口＋购买力＋购买欲望$$

美国市场营销协会(American Marketing Association,AMA)的定义委员会给市场下的定义是:市场是指一种货物或劳务的潜在购买者的集合需求。

2.3.2 市场营销概述

市场营销就是企业在一定的市场环境中,在有效的时间、有效的地点,以顾客接受的价格和沟通方式将符合顾客需求的产品卖给企业的目标顾客,并实现顾客的满意与忠诚的过程。

美国市场营销协会将市场营销定义为:营销是规划和实施理念、商品和服务的设计、定价、促销和分销以实现满足个人和组织目标的交换的过程。

菲腊·科特勒给市场营销下的定义:市场营销是个人和集体通过创造,提供出售并同别人交换的价值,以获得其所需所欲之物的一种社会和管理过程。

我们认为,市场营销的研究对象是市场营销活动及其规律,即研究企业如何识别、分析评价、选择和利用市场机会,从满足目标市场顾客需求出发,有计划地组织企业的整体活动,通过交换将产品从生产者手中转向消费者手中,以实现企业营销目标。市场营销既是一种组织职能,也是为了组织自身及利益相关者的利益而创造、传播、传递客户价值,管理客户关系的一系列过程。

美国市场营销协会于1985年对市场营销下了更完整和全面的定义:市场营销是对思想、产品及劳务进行设计、定价、促销及分销的计划和实施过程,从而产生满足个人和组织目标的交换。

2.3.3 市场营销过程

我们知道,市场营销是一个管理过程,这个过程需要我们确定并预计客户的需求,再通过一系列的研发、生产、销售、客户服务环节去满足客户的需求,并在满足客户需求的过程中保证企业盈利。这个过程相当复杂,与企业内部、外部的环境紧密相关,需要进行科学的管理。

市场营销过程是指企业千方百计满足消费者消费需求、实现企业经营目标的商业活动过程,它包括市场调研、产品开发、价格确定、销售渠道、促销策略。

售后服务等一系列与市场有关的企业经营活动市场营销管理过程也就是企业为实现企业任务和目标而发现、分析、选择和利用市场机会的管理过程。更具体地说,市场营销管理过程包括如下步骤。

1. 发展和评价市场机会

所谓潜在的市场,就是客观上已经存在或即将形成而尚未被人们认识的市场。要发现潜在市场,必须进行深入细致的调查研究,弄清市场对象是谁,容量有多大,消费者的心理、经济承受力如何,市场的内外部环境怎样,等等;要发现潜在市场,除了充分了解当前的情况以外,还应该按照经济发展的规律预测未来发展的趋势。市场营销管理人员可采取以下方法来寻找、发现市场机会:

(1) 广泛搜集市场信息。

(2) 借助产品或市场矩阵。

(3) 进行市场细分。

市场营销管理人员不仅要善于寻找、发现有吸引力的市场机会,而且要善于对所发现的各种市场机会加以评价,要看这些市场机会与本企业的任务、目标、资源条件等是否相一致,要选择那些比其潜在竞争者有更大的优势、能享有更大的"差别利益"的市场机会作为本企业的企业机会。

2. 细分市场和选择目标市场

目标市场营销即企业识别各个不同的购买者群,进行市场细分,选择其中一个或几个作为目标市场,运用适当的市场营销组合,集中力量为目标市场服务,满足目标市场需要。目标市场营销由三个步骤组成:一是市场细分;二是目标市场选择;三是市场定位。

3. 发展市场营销组合和决定市场营销预算

市场营销组合就是公司为了满足这个目标顾客群的需要而加以组合的可控制的变量。市场营销战略就是企业根据可能机会选择一个目标市场,并试图为目标市场提供一个有吸引力的市场营销组合。市场营销组合中所包含的可控制的变量很多,可以概括为四个基本变量,即产品、价格、地点和促销。

4. 执行和控制市场营销预算

在市场营销中,按照公司营销战略和计划执行之后,要评价和监督执行是否与计划符合,如果不符合,是什么原因引起的,是应该修改计划还是应该改变执行模式。

市场营销计划控制包括年度计划控制、盈利能力控制、效率控制和战略控制。

(1) 年度计划控制:指的是企业在本年度内采取控制步骤,检查实际绩效与计划之间是否有偏差,并采取改进措施,以确保市场营销计划的实现与完成。

(2) 盈利能力控制:运用盈利能力控制来测定不同产品、不同销售区域、不同顾客群体、不同渠道以及不同订货规模的盈利能力。

(3) 效率控制:以高效率的方式来管理销售人员、广告、销售促进及分销。

(4) 战略控制:是指市场营销管理者采取一系列行动,使实际市场营销工作与原规划尽可能一致,在控制中通过不断评审和信息反馈,对战略不断修正。

2.4 企业采购管理

采购管理是企业物资供应的重要环节。现代采购管理是基于供应链概念下,整合供应商、制造商物流过程,达到恰当的产品和服务,按照恰当的时间以恰当的数量配送到恰当的地点,使系统成本降到最低而又满足客户的服务需求。基于供应链管理的理念要求企业将整个供应链上的企业(包括供应商、分销商和企业的利益)统筹考虑,实现整个供应链的物料供应的稳定性和效益最大化。

2.4.1 采购管理概述

据调查,对于技术性一般的企业,其物流采购成本比例在30%~80%;对于高新技术产业公司,其采购成本比例一般为10%~30%;对于多年成熟的简单技术,采购成本比例可能高达90%。由此可见,如何使企业在白炽化的竞争中求生存、谋发展,不仅要在研发、销售、制造上寻找改进点,而且也需要在物流采购供应上挖掘潜力,最终形成企业独有的物流采购优势,以促进研发、保障生产需求供应,为企业参与市场竞争、获得持久发展提供动力。

众所周知,物料供应管理已成为制约企业生存与发展的核心要素,其中,如何有效地运用企业的物流采购供应链及其资源是现代企业面临的重大难题之一,并且在企业经营战略中占有至关重要的地位,是全面改善和大力提升企业整体管理水平的重要环节。

现代企业经常使用的是企业资源计划系统(ERP),这能使企业获得更多、更新、更全面、更精确、更及时的信息,利用这些信息拓展采购视野,以便在与供应商谈判时掌握主动权,提高工作效率和改善作业流程,从而将更多的时间放到采购策略和绩效提升等重要工作上去。在这里,把采购管理组织分成四个层次:一是管理制度,主要是解决采购组织部门的方向,解决关键与重大的管理问题;二是工作标准,按工作岗位拟订、衡量工作做得好坏的基准,是用于检验考评工作人员是否称职的依据;三是运作程序,规定物流采购工作层面各接口环节的运作程序;四是作业流程,更为详细地制订出各项具体业务的作业流程图,明确指导采购人员按作业流程正确执行工作指令,及时完成本职工作任务。这些都是物流采购系统规范化管理的基础,有利于采购管理工作全面走上正轨。

2.4.2 采购过程

采购就是在适当的时候以适当的价格从适当的供应商处买回所需数量商品的活动。欧洲某专业机构的一项调查得出如下结果：在采购过程中，通过价格谈判降低成本的幅度一般在3%～5%；通过采购市场调研比较、优化供应商平均可降低成本3%～10%；通过发展伙伴型供应商并对供应商进行综合改进，可降低成本10%～25%。从采购管理的角度讲，职责包括制订并实施采购的方针、策略、流程、目标及改进计划，并进行采购及供应商绩效衡量，建立供应商审核及认可、考核与评估体系，开展采购系统自我评估，建立培养稳定并有创造性的专业采购队伍等。

采购在企业管理中具有重要地位的原因首先在于采购存在"利润杠杆效应"，正是这个效应的存在才使得企业的高层管理者们想方设法在采购上下功夫，为企业"挤"出更多的利润。也正是因为如此，才使得采购部门越来越受到这个微利时代的企业高层管理者们更多的重视。举个例子，假设一个企业50%的资金用于采购原材料，其税前利润为10%，那么它每收入10万元，将获得1万元的利润，并且这10万元收入中将有5万元用于采购。我们假设采购部经过努力降低了2%的采购成本，那么在利润中将增加1 000元，如果换成通过增加销售来获取这1 000元利润的话，那么要增加10%的销售额才能实现，即多卖1万元才行。但是不要简单地将2%和10%进行比较，因为要降低2%的采购成本看似不难，但在实际作业中可能就要为这2%费尽心机，有时经过了努力仍有可能达不到目标。

一般而言，采购程序有如下关键步骤：

1. 发现需求

通过生产或者其他部门提出的物料需求计划进行分析，明确企业自身的需求。

2. 对需求进行描述

即对所需的物品、商品或服务的特点和数量加以准确说明。

3. 确定可能的供应商并对其加以分析

决定和某个供应商进行大量业务往来通常需要一系列合理的标准。良好的采购技术决策的背后是尽可能合理的论证过程。通常情况下，采购方对供应商能否满足自己的质量、数量、交付、价格、服务目标等的观察将支配决策结果。与这些基本采购目标相关的还有一些更重要的供应商品质，包括历史记录、设备与技术力量、财务状况、组织与管理、声誉、系统、程序柔性、通信、劳资关系、位置等。

4. 确定价格和采购条件

通过双方的谈判和协调，确定双赢的价格和采购条件，为双方的长期合作奠定基础。

5. 拟定并发出采购订单

按照采购计划，发出详细采购订单，开始采购行动。

6. 对订单进行跟踪或催货

发出订单之后，采购工作的任务就是要跟踪订单的执行情况，看订单是否按照计划执行，如果出现偏差，要及时协调并且采取措施以完成采购计划。

7. 接收并检验收到的货物

在供应商的货物按照供应计划交货时，企业要对货物进行详细检查，看货物是否符合采购要求，并且按照科学方法进行物料的仓储管理。

8. 结清发票并支付货款

按照双方合同和协议要求支付供应商货款。

9. 维护记录

对供应商进行不断的评价和管理,争取和供应商建立长期的战略合作关系。

【本章小结】

过程管理是企业计划的执行过程。执行程序是理解和掌握过程管理的重点。财务过程是资金的控制和管理;生产过程是具体产品的制造;市场营销是产品销售的实现;采购过程是原材料的供应。

【复习思考题】

(1) 简述财务管理过程的主要任务和程序。
(2) 简述生产过程的主要任务和程序。
(3) 简述市场营销过程的主要任务和程序。
(4) 简述采购过程的主要任务和程序。

第二篇

ERP 沙盘模拟过程

本部分讲解沙盘企业模拟经营的相关知识,是全书的核心。主要介绍企业经营管理沙盘设计的基本原理和思路;沙盘企业运作的组织机构、角色和流程;沙盘企业运作的运营规则和操作要点提示;最后介绍企业经营成果的分析方法。通过本篇的学习和沙盘实战演练,可以帮助学习者熟悉企业管理沙盘模拟运作的全过程,领会企业经营的实质,体会企业经营的酸甜苦辣。

第3章 企业模拟和 ERP 沙盘设计

人类社会是最复杂的系统,而企业就是复杂的经济社会组织的一个缩影。企业管理就像是行驶在崎岖道路上脱缰的马车,难以控制和驾驭。但企业经营的成功与失败就像是一场不会完结的剧幕,日日上演。成功者有成功的奥秘,失败者有失败的理由,但其中都有经营管理的影子,它起了决定性的作用。经营管理者预先对环境、市场、企业自身和竞争对手情况的了解,对局势的判断和在此基础上的决策都是关键性的要素。

企业经营管理没有一成不变的公式和模板,只有通过失败的磨难,才能领会企业经营管理的精髓,获得成功的奥秘。沙盘企业管理模拟正是基于这一目的开发的一套企业经营管理实战模拟工具。类似战争中的沙盘模拟推演,它运用独特直观的教具,融入市场变数,结合角色扮演、情景模拟、讲师点评,使受训人员在虚拟的市场竞争环境中,全真体会企业数年的经营管理过程。

本章首先概要性地介绍了沙盘企业模拟的思想,随后展示了企业模拟设计,介绍市场模拟设计、经营过程模拟设计的目的、方法和主要内容,为学习者进行沙盘企业模拟实训奠定基础,将企业模拟实训过程和企业实际经营过程联系起来,通过模拟实训,掌握企业经营管理过程,获得企业经营管理的能力。

【本章重点】

- 企业管理沙盘模拟的主要思想
- 管理模拟沙盘的主要构成

3.1 企业管理沙盘模拟简介

科学技术的大发展源于欧洲16世纪科学研究方法的突破。弗朗西斯·培根提出归纳、分析、比较、观察和实验的理性方法(称为"工具论"的科学思想),笛卡尔提出推理、演绎和引入数学计算的研究方法。两者相结合,形成了比较完整的科学新思想,开辟了人类科学研究的新途径,导致人类科学技术日新月异,工业革命发生和发展,从而改变了人类的生产和生活方式。然而,科学技术的这种研究方法却在社会科学和经营管理面前黯然失色。由于复杂性和随机性的存在,社会经济系统不具有重复性,正像哲学家亚里士多德所说的那样,你永远不可能跨过一条相同的"历史长河"。社会经济不具有重复性,就不能进行验证性实验。因此,社会经济的科学研究和学习往往借助理解、领悟、阐释、评价的方法,多使用理性批判与情感激发相结合的方法、定性研究与定量研究相结合的方法、直觉领悟与技术分析相结合的方法。企业管理的研究和学习也是采用理解、阐述、领悟、定性分析与定量分析相结合的方法。

企业管理沙盘模拟使用类似于军事作战指挥沙盘和现在房地产开发商销售楼盘时的小区规划沙盘。沙盘原是军事战争中战地指挥工具,通过实物模型可以直观地了解整个战场的全貌,从而迅速制订出有效的作战计划。利用沙盘模型,指挥员无需亲临现场,也能对战局了然于胸,从而运筹帷幄,胸有成竹。战争沙盘模拟推演跨越了实兵军演检验与培养高级将领的巨大成本障碍和时空限制,在世界各国得到普遍运用。

企业管理沙盘模拟将企业的主要部门和工作对象制作成类似的实物模型,将企业运行过程设计为运作规则,进而模拟企业的经营过程。企业管理模拟一般将学员按3～5人分成学习小组,常常将其假定为一家公司,然后在指定的模拟性管理情景与条件下,演习各种管理活动。因此,企业管理模拟是一种理解和领悟企业经营管理过程的方法。

从20世纪50年代开始,国外就有一种很受欢迎的教学方式,这种方式可以让学员在模拟的竞争环境中,亲身实践,体验企业经营管理过程,极大地激发了学员的兴趣。Motorola、IBM等公司经常采用这种新颖的培训方式。每次培训首先由两位专家讲授理论,涉及企业管理的主要内容,如市场营销、财务管理、信息技术、人力资源管理、战略管理。培训后期,则把学员分成若干组,利用计算机进行企业竞争模拟。20世纪80年代初期,这种方法在我国管理教学中开始采用。1996年的国际企业管理挑战赛在中国大陆赛区的比赛吸引了96个队伍参加,包含了大多数提供MBA学位教育的国内著名的管理学院。比赛从美国、加拿大、德国、日本等国家引进了一些模拟软件,然而,英文界面的企业竞争模拟软件在中国应用有很大的局限性。中文界面的企业竞争模拟软件最早是由北京大学于1995年开始研发的,后来几经改进,在2003年全国MBA培养院校企业竞争模拟比赛中得到使用,有112个队伍报名参赛。但是,计算机模拟也有一些局限性,多数情况下是人机对话,软件按照输入的经营指标计算出各公司的经营业绩并进行排序,互动性不强,不便教师即时点评,仍有"机上谈兵"的味道。为弥补计算机模拟空洞、过于抽象的缺点,随后开发了一系列使用道具的企业管理模拟工具,国内如用友ERP模拟沙盘、金蝶模拟沙盘等,进一步完善了企业管理模拟,给企业管理模拟带来了真实的感受。

企业管理模拟练习强调的是管理情景与条件的模拟,以及对业务过程的重复模仿,让学习者在模仿过程中领会和掌握管理业务过程的知识。主要思想包括:

(1) 业务过程构建。企业是一个复杂的社会经济系统,具有多个部门的组织架构,烦琐交织的业务流程,层层相关的职责和职务。很显然,要将所有这些方方面面都模仿出来是不可能的。企业管理模拟需要的是将主要的业务运作流程、主要组织结构框架和主要人员的职责表现出来,包括资金运转过程、物资采购过程、生产计划过程、销售过程、市场营销过程,以及伴随的信息处理过程。解决企业系统是由哪些主要过程组成的,每个过程的输入输出功能,以及过程之间输入输出的关系,将企业经营管理过程中资金、物质、信息的流转过程、处理过程表现出来,通过对这些过程的模拟来体现企业经营管理过程。

(2) 角色扮演。企业的每个部门都有自己的职能,需要通过该部门相关人员的职责来实现。企业管理模拟让学习者扮演企业部门的某一个职位(角色),按照该职位的职责要求,学习者通过扮演角色体会企业各个部门、人员之间的关系和运转过程,体验企业管理决策过程,掌握企业经营管理的知识,提高经营管理能力。

(3) 市场环境仿真。在市场经济环境下,市场的地位和作用勿庸置疑。企业都是在市场竞争的环境下生存和发展的。要完成企业管理,必须要模拟市场的支撑。模拟的市场环境需要:

① 实现竞争。让学习者在竞争的市场环境下运作自己的模拟企业,同时一家模拟企业的经营行为会影响另外的模拟企业,这种博弈关系往往是你盈我亏或者是我盈他亏。

② 体现产品的生命周期规律。使用市场需求体现产品的不同生命周期,同时产品质量、功能还需要在价格、需求量上有所体现,模拟实际市场产品的竞争态势。

③ 市场营销战略。不同的市场营销战略会得到不同的市场地位,市场营销战略体现在目标市场的定位、市场推广方案,以及对应的市场竞争地位和经营成果。企业管理模拟需要实现这些要求。

(4) 竞争决策。企业管理模拟的精髓就是经营过程中决策的多样性选择以及对应的经营成果。学习者在生产战略、产品开发方案、目标市场定位、市场营销推广和财务战略上采用不同的方案,可以组合形成多种决策方案,产生完全不同的经营绩效。学习者通过对这些方案和经营绩效的思考,可以体会经营管理决策的微妙,学习到成功企业经营决策的经验,进而提高经营管理能力。

(5) 模拟成果评价。不同的经营决策对应的是完全不同的经营绩效。通过分析其原因,可以让学习者不仅知其然,而且知其所以然,达到举一反三的效果。

基于企业管理模拟沙盘,沙盘企业管理模拟课程通过一系列预先设计的课程来实现课程的目的,课程包括的主要内容有:

(1) 企业组织结构设计、职能分工与管理流程。学习模拟企业业务流程,领会业务流程的功能和各个业务流程之间的关系;熟悉组织架构和职能要求;依据适用原则,进行成员分工;明确各职能间的协作关系;领会共同协作的工作环境精神;建立外部市场信息与内部管理信息的收集、管理与共享方式,透视上下级和同事之间的沟通方式。

(2) 制订组织目标与战略。制订组织战略愿景——明确组织的使命、路径与目标体系;扫描经营环境,进行企业所处行业结构及竞争力分析;评估内部资源与外部环境的匹配程度;平衡长期目标与中短期策略的关系;构造战略,制订组织的战略发展规划;重点关注技术创新与产能战略、市场战略和财务战略。技术创新和产能战略包括产能规模的扩张或紧缩决策、产品组合决策、新产品研发规划决策,以及通过产品和市场配套战略学习如何使研发投入产出最大化的策略。市场战略包括市场定位与产品组合决策、新市场开发规划决策、市场投入扩张或收缩策略、领袖策略和跟随策略的选择、学习收集和使用商业情报等内容。财务战略包括根据需要和资金成本确定最佳融资策略、固定资产投资或清偿决策、成本控制策略、透彻理解主要财务指标的现实指导意义。

(3) 经营计划的制订与执行。运用群体决策手段制订模拟公司总体计划,进行计划的分解与细化,包括市场开发计划、资金使用计划、生产设施的投资改造计划、物料采购计划、生产计划、销售计划等;体验预算的实施与管理方法;学习差异的分析及预算的控制与修正;体会进度的均衡性控制。

(4) 运行成果的总结分析。分析绩效不良的模拟企业案例,寻找经营失误的原因;分析绩优的模拟公司战略安排和决策特点,认识系统效率产生的来源;学习发挥职能协作精神,探索系统效率改进的路径;练习企业系统内的高效资源配置,协调融资、采购、生产、销售等职能的能力匹配;在模拟经营过程中体会系统管理与组织效率的关系,运用系统分析方法指导不同部门的经营决策,调整经营策略,提升决策质量;进一步认识各职能间的相互支撑作用,理清不同管理部门管理延伸的方向和逻辑关系,构建管理者系统运筹企业的大思路、大格局。

企业管理模拟学习的目标是帮助学习者更好地领会和掌握企业战略、运行的知识,提高经营管理能力,学习者可以:

(1) 亲身体验企业经营管理的完整流程,包括物流、资金流、信息流以及领会分工合作、知识管理、技能培训等人力资源管理的重要性。

(2) 认知企业现金流控制的重要性,了解企业财务管理流程、融投资能力、资产回报率、权益回报率、速动比率等因素对绩效考核的作用。

(3) 掌握企业在接受订单、原材料采购、生产、库存、销售等物流管理中的相互协调,以及产销排程、成本控制、JIT(看板管理)等理论和方法。

(4) 理解国际化进程、营销战略、需求预测、竞争环境的重要性。找准市场切入点,合理投资。重视信息流对决策的关键作用,深刻剖析竞争对手,出其不意,攻其不备。

(5) 课程经典展示。对所有参与培训者的实际经营决策行为及相关操作数据进行动态分析,从而令人信服地证实成功的规律和失误的原因。

沙盘企业管理模拟课程综合运用了案例教学、模拟教学和角色扮演等教学方式,将抽象的企业管理过程模型化、可视化,可以极大地调动学生参与的积极性。

系统、综合集成企业经营管理知识,增强学习者管理企业的经验和能力,已成为一种有效的学习方式,正被越来越多的学校和企业所采用。

3.2 企业管理模拟沙盘设计

沙盘作为企业经营管理过程的道具,需要系统和概略性地体现企业的主要业务流程和组织架构。一般的企业管理沙盘包括企业生产设施和生产过程、财务资金运转过程、市场营销和产品销售、原材料供应、产品开发等主要内容。用友软件公司开发的 ERP 沙盘是比较典型的企业管理模拟沙盘(如图 3.1 所示),下面就结合用友 ERP 沙盘道具对企业管理模拟沙盘进行介绍。

用友 ERP 沙盘设计了营销与规划中心、财务中心、生产中心、物流中心以及信息中心。(职位)角色可以配备总裁(CEO)、营销总监、财务总监、采购总监、营运总监,如图 3.2 所示。

图 3.1　用友 ERP 沙盘

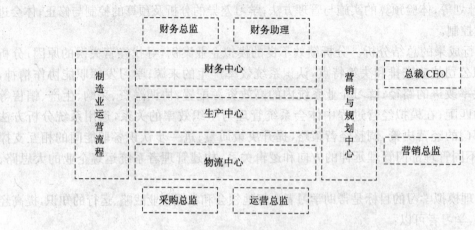

图 3.2　用友 ERP 沙盘角色设置

3.2.1　财务中心

财务中心模拟企业资金运转过程,包括资金筹措、资金运用和资金核算,如图 3.3 所示。

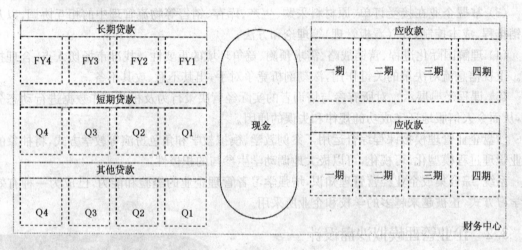

图 3.3　沙盘道具(财务中心)

资金使用钱币来表示,1 个钱币表示 10 万元的资金。财务中心包括贷款、应收款和现金三部分。钱币所在的位置表示资金要运转的时间。长期贷款 20 W 已经贷 1 年,40 W 是当年贷款,需要过 4 年或 5 年偿还(假设长期贷款最长期限为 5 年);应收款还需要 3 个季度(账期)才可以兑现。

3.2.2　生产中心

生产中心包括厂房、生产线和产品。

厂房是制造企业的主要建设物,是生产设备的设置场所,也是产品制造场所。

用友 ERP 沙盘设置了大厂房和小厂房各一个。大厂房可以容纳 6 条生产线,小厂房可以容纳 4 条生产线,如图 3.4 所示。厂房可以分运行过程中购买或者租赁。

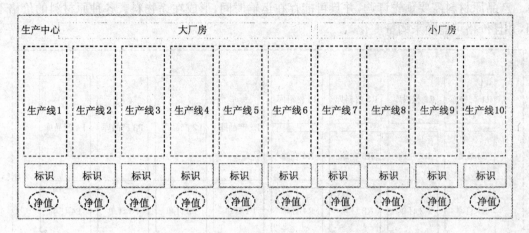

图 3.4　沙盘道具（厂房）

生产线是制造具体产品的生产设备，沙盘考虑到不同的生产设备投资、生产能力，以及规模经济点和生产线转产时间（柔性）的不同，设计了四种类型的生产线：手工生产线、半自动生产线、全自动生产线、柔性生产线，如图 3.5 所示。

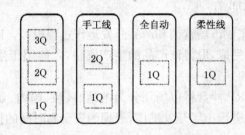

图 3.5　沙盘道具（生产线）

各种生产线的投资大小、建造时间、生产时间、产能、转产时间以及维护费用、折旧、净值都是不同的，并且生产线的建造需要在生产厂房的容量内，也就是厂房必须有空位置建造生产线。

产品由不同的原材料制造而成，由于产品的结构复杂性不同，加工产品的人工费用也不同，当然产品的功能和售价也不同。用友 ERP 沙盘设计了四种产品：P1、P2、P3、P4。这四种产品的原材料包括 R1、R2、R3 和 R4，产品组成结构如图 3.6 所示。

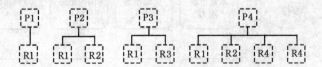

图 3.6　沙盘产品组成结构

3.2.3　物流中心

物流中心主要模拟企业的物流采购储存过程。用友 ERP 沙盘设计的物流中心如图 3.7 所示，包括产品 P1、P2、P3、P4 的原料订单、在途物料、原料仓库、产成品仓库、产成品需求订单。产品原材料需要预先订购,并且可能存在运输时间,形成在途物料。各种原材料的价格不同,并且价格可能随采购量变化。

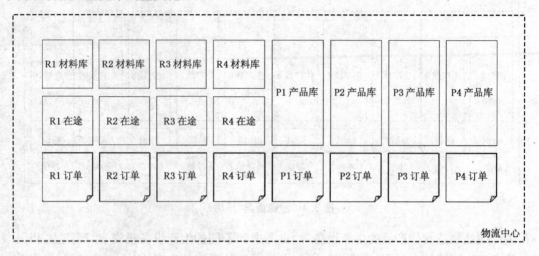

图 3.7 沙盘道具(物流中心)

3.2.4 营销与规划中心

营销与规划中心主要完成市场营销和产品开发运作过程模拟。四种产品都需要投入资金和时间进行研究开发,开发完成,取得该产品的生产资格,才能用于生产。开发每个产品的时间和资金投入都是不一样的。

如图 3.8 所示,用友 ERP 沙盘将市场划分为本地、区域、国内、亚洲和国际市场。产品在某个市场销售以前,都需要进行市场开发推广,表现为资金和时间的投入。市场开发以后也存在市场的维护。

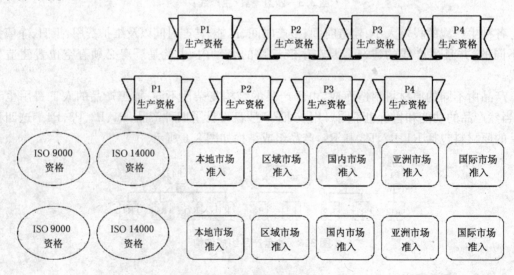

图 3.8 沙盘道具(营销与规划中心)

为了表现企业在质量管理和环境保护方面的水平,用友 ERP 沙盘设计了 ISO 9000 质量认证和 ISO 14000 环境认证资格,分别代表企业在质量和环保方面的能力。为了获得这两项认证,沙盘设计了需要的时间和费用,以表示企业在这方面的努力和投入。

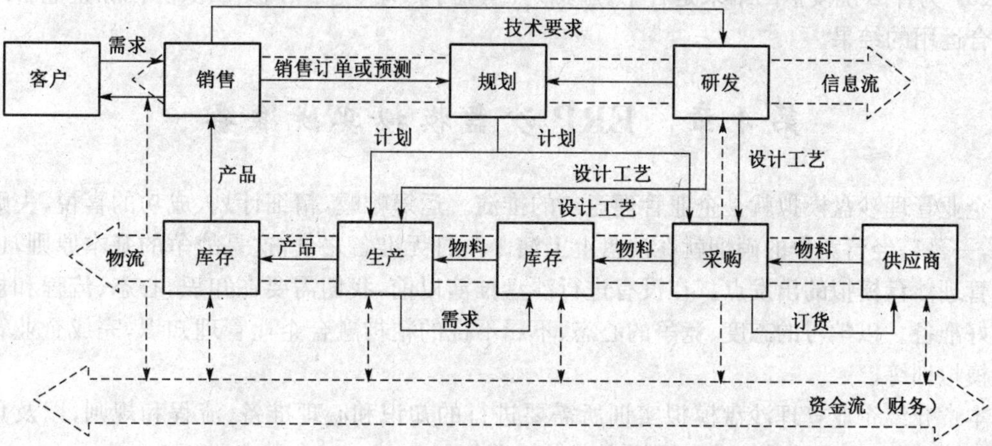

图 3.9 企业生产经营流程图

3.3 企业管理模拟

企业模拟对抗课程的基础背景设定为一家已经经营若干年的生产型企业。课程将把参加训练的学员分成 4~6 组,每组 4~6 人,每组各代表不同的虚拟公司。

在这个训练中,每个小组的成员将分别担任公司中的重要职位,如总经理、财务部经理、销售部经理、人事部经理、生产部经理、研发部经理等。各个公司是同行业中的竞争对手。他们从先前的管理团队中接手企业,在面对来自其他企业(其他学员小组)的激烈竞争中,将企业向前推进、发展。学员根据获得的信息对企业外部环境作详细的分析、研究,预测消费者的需求状况,再根据自身企业的状况来制订本企业的发展战略决策,然后逐步制订市场决策、产品决策、营销决策、生产管理决策、财务决策等决策内容,作出购买、研发、生产、竞标、广告、培训、销售等经营决策。借助生动仿真的教学模具进行沙盘推演,实现由研发、生产到销售的全部经营过程。期末用"资产负债表"和"决算表"记录经营结果,计算出经营效率,结算经营业绩。

模拟经营充满了挑战,由于各家公司选择的策略和运作能力各不相同,竞争态势此消彼长。各公司管理层将依据市场信息决定自己的定位和市场策略:何时投资于何种新产品;何时进入目标市场;如何扩展生产能力,使之与市场策略相适应;如何融资;如何平衡资金。在模拟经营过程中,培训师会根据学员犯下的决策性错误,有针对性地评析,并结合现实中的企业案例给出结论,由学员反思,进而修正决策,继续演练。

【本章小结】

企业管理沙盘模拟是企业竞争的模拟演练。沙盘是企业竞争推演工具,可以实现企业战略竞争、市场竞争、运作管理。模拟企业竞争的胜利与失败是各个虚拟公司竞争战略、竞争心态、团队协作和企业管理知识综合运用的结果。

【复习思考题】

(1) 简述企业管理沙盘模拟的主要思想。

(2) 简述企业管理模拟沙盘的主要构成。

(3) 为什么说模拟的结果是各个(虚拟)公司竞争战略、竞争心态、团队协作和企业管理知识综合运用的结果。

第4章 ERP沙盘模拟实战准备

企业管理沙盘模拟就是企业管理竞争的推演。运筹帷幄,精细计划,成功的喜悦,失败的沮丧,一幕幕经营竞争的硝烟就在沙盘上上演。不打无准备之仗,这是战争的基本原则,也是企业管理沙盘模拟的出发点。在没有进行沙盘推演以前,我们需要在知识、心态、流程和规则上做好准备。以学习的态度、竞争的心态、不屈不挠的精神融合企业管理知识,完成企业管理沙盘模拟训练。

本章介绍企业管理沙盘模拟实训所需要进行的知识和心理准备、流程和规则,以及角色(职位)职责,为即将开始的沙盘模拟实训做好准备。

【本章重点】

- 模拟实战的知识和心理准备
- 沙盘模拟实战的角色和职责
- 沙盘模拟实战的过程

4.1 实战准备

4.1.1 模拟实战准备

企业管理沙盘模拟是一项综合性的管理知识运用,也是一个斗智斗勇的博弈过程。要取得模拟竞争的胜利并获得管理知识和能力的提高,需要综合运用管理知识,有正确参与模拟竞争的态度。

4.1.2 知识准备

在进入正式的模拟经营之前,我们先来看看 ERP 沙盘模拟课程主要涉及的企业管理知识。总的说来,该课程涉及整体战略、产品研发、生产运作、市场与销售、财务、团队沟通与建设等多个方面,具体内容包括:

1. 整体战略方面

(1) 评估内部资源与外部环境,制订长、中、短期策略。

(2) 预测市场趋势,调整既定战略。

(3) 通过模拟经营,练习使用战略分析工具和方法评估内部资源与外部环境,分析并识别市场机会。

(4) 制订、实施模拟企业的中、长期发展战略。

(5) 设计适合模拟企业战略需要的组织结构与运作流程。

(6) 学习企业核心竞争力的确立与竞争优势缔造策略。

(7) 根据模拟企业发展需要,运用稳定、增长与收缩战略。

(8) 通过分析生动鲜活的现场案例,认识不同战略选择与经营业绩之间的逻辑关系,及时反思现实企业战略安排的正确性。
（9）树立起为未来负责的发展观，体会经营短视的危害，从思想深处树立战略管理意识。
（10）确立"预则立，不预则废"的管理思想。

2. 产品研发（R&D）方面
（1）产品研发决策。
（2）学习运用产品组合策略和产品开发策略规划产品线，为模拟企业谋求稳定的利润来源，根据产品生命周期的不同阶段制订适应性战略。
（3）必要时作出修改研发计划，甚至中断项目的决定。

3. 生产运作管理方面
（1）采购订单的控制，学习以销定产、以产定购的管理思想。
（2）选择获取生产能力的方式（购买或租赁）。
（3）了解库存控制 ROA 与减少库存的关系。
（4）了解 JIT 准时生产的管理思想。
（5）了解生产成本控制、生产线改造和建设的意义。
（6）根据销售订单的生产计划与采购计划，合理地安排采购和生产。
（7）设备更新与生产线改良。
（8）全盘生产流程调度决策；匹配市场需求、交货期和数量及设备产能。
（9）库存管理及产销配合。
（10）必要时选择清偿生产能力的方式。

4. 市场与销售方面
（1）市场开发决策。
（2）新产品开发、产品组合与市场定位决策。
（3）进行模拟市场细分和市场定位，制订新市场进入战略。
（4）练习使用竞争者辨识与分析技术。
（5）策划战略进攻与防御。
（6）运用营销组合策略谋求市场竞争优势。
（7）模拟在市场中短兵相接的竞标过程。
（8）刺探同行敌情，抢攻市场。
（9）根据模拟经营形势，灵活运用领导者、追随者、补缺者战略。
（10）建立并维护市场地位，必要时作出退出市场的决策。
（11）通过应对市场环境的突变和竞争对手的市场攻势，培养管理者快速应变能力和危机管理能力。

5. 财务方面
（1）制定投资计划，评估应收账款金额与回收期。
（2）预估长、短期资金需求，寻求资金来源。
（3）学习预算管理，在模拟经营中利用现金流预测，保证财务安全。
（4）掌握资金来源与用途，妥善控制成本。
（5）练习融资、采购、生产等环节的成本控制。
（6）洞悉资金短缺前兆，以最佳方式筹措资金。

(7) 学习资源配置,协调融资、销售、生产的能力匹配。
(8) 分析财务报表,掌握报表重点数据含义。
(9) 运用财务指标进行内部诊断,协助管理决策。
(10) 以有限资金转亏为盈、创造高利润。
(11) 编制财务报表,结算投资报酬,评估决策效益。
(12) 运用财务分析方法指导模拟经营决策,调整经营策略。
(13) 制订财务预算、现金流控制策略。
(14) 制订销售计划和市场投入。
(15) 根据市场分析和销售计划,制订生产计划和采购计划。
(16) 进行高效益的融资管理。

6. 团队协作与沟通方面

(1) 通过模拟团队协作认识团队的实质。
(2) 在模拟经营中寻求团队的效率与效益来源。
(3) 利用管理团队的自我调整,破解团队建设中的困惑。
(4) 体验沟通对团队的意义。
(5) 经过密集的团队沟通,充分体验交流式反馈的魅力,深刻认识建设积极向上的组织文化的重要性。
(6) 系统了解企业内部价值链的关系,认识到打破狭隘的部门分割,增强管理者全局意识的重要意义。
(7) 实地学习如何在立场不同的各部门间沟通协调。
(8) 学习跨部门沟通与协调,提高周边绩效,树立全局意识。
(9) 基于团队承诺,制订目标和行动计划,平衡资源,评价绩效。
(10) 培养不同部门人员的共同价值观与经营理念。
(11) 建立以整体利益为导向的组织。

7. 决策管理方面

(1) 学习制订融资计划、产品开发计划、固定资产投资计划、原材料采购计划、生产计划、市场开拓计划。
(2) 演练每一个模拟经营环节的管理决策。
(3) 利用期末总结进行经营反思,认清管理者对决策的误解。
(4) 在不断实践和运用中解析理性决策程序。
(5) 验证以往形成的管理思想和方法,使自身存在的管理误区得以暴露,管理理念得到梳理与更新。
(6) 总结模拟公司频繁发生的决策误区。
(7) 通过对模拟企业战略管理与经营决策的全方位、实质性参与,加深了对企业经营的理解,有助于提高现实管理的有效性。
(8) 现场运用团队决策,亲身体验群体决策的优势与劣势。
(9) 针对模拟计划的决策失误,认识惯性决策的危害。
(10) 通过模拟经营,大大提高洞察市场、理性决策的能力。
(11) 通过模拟经营检验、调整经营决策。

8. 产品链价值管理

(1) 通过现场案例研讨,认识产业价值链的组成和意义。

(2) 运用产业链竞争原则进行产业链管理。

(3) 拓展管理视角,走出内窥式管理的误区,初步树立起立足产业链价值分配原则,谋求有利于企业发展外部条件的管理思想。

(4) 用现场的鲜活案例验证产业链价值分配均衡论。

(5) 学习用价值链视角在模拟经营中谋求竞争优势,提高管理绩效。

9. 系统效率方面

(1) 在模拟经营过程中体会管理与效率的关系。

(2) 分析业绩不良的模拟企业案例,寻找效率缺失的原因。

(3) 分析绩优的模拟企业战略安排和决策特点,认识系统效率的来源。

(4) 树立持续改进的管理思想,学会运用不同形式的管理改进方法改进组织管理绩效。

(5) 在模拟经营过程中,探索组织效率改进的路径。

4.1.3 心理准备

在 ERP 沙盘模拟经营中,市场竞争是非常激烈的,也是不可避免的,但竞争并不意味着你死我活,寻求与合作伙伴之间的双赢,才是企业发展的长久之道。尊敬对手,学习领先者,是企业得以持续发展的源泉和动力。这就要求企业知己知彼,在市场分析、竞争对手分析上做足文章,在竞争中寻求合作,企业才会有无限的发展机遇。

同时,激烈市场竞争也并不是企业作假、违规经营的借口。诚信是一个企业的立足之本、发展之本。诚信原则在 ERP 沙盘模拟对抗课程中体现为:盘面信息真实和对"游戏规则"的遵守,如市场竞标规则、产能计算规则、生产设备购置以及转产等具体业务的处理。保持诚信是一个人、一家公司立足社会、发展自我的基本素质和要求,也是具有社会责任意识的具体体现。

在市场的残酷与企业经营风险面前,是轻言放弃还是坚持到底,有些企业一路高歌,而有些企业却中途破产,这不仅是一个企业可能面临的问题,更是在人生中需要不断抉择的问题。经营自己的人生与经营一个企业具有一定的相通性,企业经营是在挫折中不断进步的,人的成长同样如此。因此,学会管理挫折也是一个管理者必须具备的基本素质。

总而言之,ERP 沙盘模拟经营不仅要求学员具有一定的管理知识,更需要学员有积极的心态、坦诚的沟通、相互的协作、互相信任和不怕失败的精神。

4.2 模拟角色与人员分工

沙盘模拟经营是由经营者、竞争规则、竞争策略、收入和支付等基本要素组成的。参与者由 24~36 名学员组成,每 5~6 名学员成立一个公司。首先老师按照学员年龄、性别、职务、专业和能力均衡的原则,将学员分成 4~6 个实力相当的学习小组,分组之后,每个小组的学员将以全身心参与的积极心态相互介绍,充分沟通,在有限的时间内做到最大可能的深入了解。

在接下来的学习中,学员将以小组为单位建立模拟公司,组建管理团队,参与模拟竞争。每一个学习小组就是一家模拟企业,同时也就是一个掌控模拟企业经济资源的决策集体。小组要根据每个成员的不同特点进行基本的分工,选举产生模拟企业的总经理、财务总监、销售总监、采购总监、生产总监、研发总监等,确立组织原则和决策模式,注册公司名称。然后就形成 4~6 个相互竞争的模拟公司,连续从事 4~6 期的经营活动。每个模拟公司依照竞争规则,作出购买、研发、生产、竞标、广告、培训、销售等经营决策,并用"资产负债表"和"利润表"记录经营结果、计算出经营效率。下面我们就来看看这些模拟管理者的职能。

4.2.1 总经理

总经理是一个公司的舵手,对公司的发展方向和团队的协调起重要作用。在公司经营一帆风顺的时候能带领团队冷静思考,在公司遇到挫折的时候又能鼓舞大家继续前进。总经理带领团队主要完成如下工作:

(1) 制订发展战略,评估内外部环境,制订中、短期经营策略。
(2) 竞争格局分析。
(3) 经营指标确定。
(4) 业务策略制订。
(5) 全面预算管理。
(6) 管理团队协同。
(7) 企业绩效分析。
(8) 业绩考评管理。
(9) 管理授权与总结。

4.2.2 财务总监

会计报表是企业的语言,财务数据是企业各项经营活动的数字表现,财务流程与企业的整体运营紧密关联。财务总监要了解企业的"钱"途,要学会"财眼"看世界,掌握财务管理技能和方法,具备成本意识和与各部门沟通的技巧,并在决策和管理过程中自觉考虑财务因素。财务经理主要完成如下工作:

(1) 日常财务记账和登账。
(2) 向税务部门报税。
(3) 提供财务报表。
(4) 日常现金管理。
(5) 企业融资策略的制订。
(6) 成本费用控制。
(7) 资金调度与风险管理。
(8) 财务制度与风险管理。
(9) 财务分析与协助决策。
(10) 制订投资计划,评估回收周期。
(11) 现金流的管理与控制。
(12) 编制财务报表,结算投资收益,评估决策效益。
(13) 运用财务指标进行财务分析和内部诊断,协助管理决策。
(14) 以有限的资金运作创造高利润。

4.2.3 营销总监

市场营销的一个核心要素就是将公司现有的各种资源及想要达到的目标与市场需求有机

地结合起来。市场营销是把消费者需求和市场机会变成有利可图的公司机会的一种行之有效的手段,也是战胜竞争者、谋求发展的重要工具。通过激烈的模拟市场竞争,可以在不给现实企业带来任何实际损失的前提下,获得宝贵的市场竞争经验。

通过实战模拟,辨认细分市场和选择目标市场,学会竞争分析、资源分配、整合营销策划和实施。帮助学员学习制订以市场为导向的业务战略计划,认识营销战略对于经营业绩的决定性作用,体验内部营销和外部营销间的关系。深刻领悟企业综合竞争能力的来源,理解客户终身价值的意义,从注重产品与推销转变为注重客户满意。随着市场竞争的加剧,哪家公司能最准确地选择好目标市场,并为目标市场制订相应的市场营销组合战略,哪家公司就能成为竞争中的赢家。营销总监主要完成如下工作:

(1) 市场信息系统的决策思路。
(2) 市场分析与定位。
(3) 市场制胜的方法与手段。
(4) 进攻与防守策略。
(5) 产品组合策略。
(6) 新产品研发决策。
(7) 产品的定价决策。
(8) 产品的定位决策。
(9) 市场与产品决策的常见误区及陷阱。
(10) 市场与产品决策的常用工具。
(11) 现代营销信息系统的构成。
(12) 内部报告系统。
(13) 营销情报系统。
(14) 营销调研系统。
(15) 营销决策支持系统。
(16) 市场预测和需求衡量。
(17) 辨认细分市场和选择目标市场。
(18) 实现差别化。
(19) 开发企业定位战略。
(20) 产品生命周期的营销战略。
(21) 市场调查分析。
(22) 市场进入策略。
(23) 品种发展策略。
(24) 广告宣传策略。
(25) 制订销售计划。
(26) 争取订单与谈判。
(27) 签订合同与过程控制。
(28) 按时发货、应收款管理。
(29) 销售绩效分析。
(30) 投标与竞标策略制订,营销效率分析。

(31) 研究市场信息，抢占市场，建立并维护市场地位，寻找不同市场的赢利机会。

4.2.4 生产营运总监

ERP沙盘实战模拟课程真实再现一个制造型企业管理的完整流程，包括物流、资金流和信息流的协同，理解企业实际运作中各个部门和管理人员的相互配合。

生产营运总监要进行产品研发、生产、库存、产销排程、成本控制、合理开支、JIT生产等的应用和协调，具体完成如下工作：

(1) 产品研发管理。
(2) 管理体系认证。
(3) 固定资产投资。
(4) 编制生产计划。
(5) 平衡生产能力。
(6) 生产车间管理。
(7) 产品质量保证。
(8) 成品库存管理。
(9) 产品外协管理。
(10) 生产计划的制订。
(11) 资源的合理配置。
(12) 生产能力与效率。
(13) 生产管理决策的常见误区与陷阱。
(14) 生产管理决策的常用工具。

4.2.5 采购总监

在现代制造业经营中，供应链管理和物流管理已经成为公司核心竞争力构成的重要因素。采购总监主要完成如下工作：

(1) 编制采购计划。
(2) 与供应商谈判。
(3) 签订采购合同。
(4) 监控采购过程。
(5) 到货验收。
(6) 仓储管理。
(7) 采购支付抉择。
(8) 与财务部协调。
(9) 与生产部协同。

4.3 模拟实战运营流程

经过对相关知识的回顾，准备好积极的心态后，就可以成立属于自己的公司，组织自己的管理和决策团队，开始ERP沙盘实战模拟了。以用友ERP沙盘模拟课程为例，根据经营的先后顺序，我们把整个模拟经营过程分为12个阶段。下面让我们循序渐进地了解一下ERP沙盘实战模拟流程。

4.3.1 企业基本情况描述

对企业经营者来说,接手一个企业时,需要对企业有一个基本的了解,包括股东期望、企业目前的财务状况、市场占有率、产品、生产设施、盈利能力等。基本情况描述以企业两张主要的财务报表(资产负债表和利润表)逐项描述企业目前的财务状况和经营成果,并对其他相关方面进行补充说明。

4.3.2 企业运营规则学习

企业在一个开放的市场环境中生存,企业之间的竞争需要遵循一定的规则。综合考虑企业运营所涉猎的方方面面,简化为市场划分与准入、销售会议与订单争取、厂房购买、出售与租赁、生产设备购买、调整与维护、出售、产品生产、原材料采购、产品研发、质量认证、融资贷款、企业综合费用等约定。总经理组织学员认真学习,并将学习中遇到的问题记录下来,由老师进行解释答疑。

4.3.3 初始状态设定

ERP沙盘模拟不是从创建企业开始,而是接手一个已经运营了三年的企业。虽然已经从基本情况描述中获得了企业运营的基本信息,但还需要把这些枯燥的数字活生生地再现到沙盘盘面上,为下一步的企业运营作好铺垫。通过初始状态设定,也使学员深刻地感受到财务数据与企业业务的直接相关性,理解财务数据是对企业运营情况的一种总结提炼,为今后"透过财务看经营"作好观念上的准备。

4.3.4 确立经营目标

当学员对模拟企业所处的宏观经济环境和所在行业特性基本了解之后,各个模拟公司就要依据自己对"市场"的理解,明确经营理念(一句口号),设计组织结构,进行职能分工,并确立模拟经营的总体目标。

4.3.5 进行市场调研

各"公司"根据自己对未来市场预测发展情报的需要,进行市场调研,分析竞争对手。

4.3.6 制订调整战略

各公司本着长期利润最大化的原则,制订、调整企业战略,内容包括公司战略(大战略框架)、新产品开发战略、投资战略、新市场进入战略、竞争战略。

4.3.7 订单争取和进行市场竞争

依据竞争规则和模拟公司制订的营销方案,进行公平的市场竞争,市场竞争以竞标的形式出现,各公司的市场竞争力由每个公司在不同细分市场上的价格定位、广告投入、渠道规模、质量水平以及上年某市场的销售收入决定。老师根据各公司市场竞争力排名和广告投入决定各公司选择订单的优先顺序,各公司依据本公司的经营策略选择自己认为理想的客户订单。

4.3.8 拟订运作计划

各公司依据战略安排和订单情况,以及市场订单的出货要求,拟订各项运作经营计划:
(1)融资计划。

(2) 生产计划。
(3) 厂房设备投资计划。
(4) 采购计划。
(5) 产品、市场开发计划。
(6) 市场营销方案。

4.3.9 根据经营计划配置内部资源

各公司依据生产经营计划进行固定资产投资、原材料采购、生产和销售等流程，为生产经营合理配置各项资源。

4.3.10 业绩盘点

经营完成之后，各公司将自己的经营成果如实反应在报表上，作为业绩考核的依据，即：填报交易记录表、综合管理费用表、利润表、资产负债表等。

4.3.11 召开期末总结会议

各公司在盘点经营业绩之后，围绕经营结果召开期末总结会议，认真反思本期各个经营环节的管理工作和策略安排，以及团队协作和计划执行的情况。总结经验，吸取教训，改进管理，提高学员对市场竞争的把握和对企业系统运营的认识，增强对四项管理职能的理解。期末总结之后，各小组总经理进行工作述职，以达到相互学习共同提高的培训目的。

4.3.12 老师点评

在汇总各公司期末经营业绩之后，老师对各公司经营中的成败因素进行深入剖析，提出指导性的改进意见，并针对本期存在的共性问题进行高屋建瓴式的分析与讲解。最后，讲师按照逐层递进的课程安排，引领学员进行重要知识内容的学习和回顾，并对大家进行感谢。

总之，沙盘模拟培训是全新的授课方式，学员是主体，老师是客体。学员通过运用学习到的管理知识亲自掌控模拟企业的经营决策，改进管理绩效，推动培训进程。讲师根据需要对学员进行必要的引导，适时启发学员思考，当学员陷入经营困境时提出建议，并对培训中的核心问题进行解析。学员通过对模拟经营的自主完整体验，以及在对模拟企业管理成功与失败的反思与总结中，感受企业运营规律，感悟经营管理真谛。学员得到的不再是空洞乏味的概念、理论，而是极其宝贵的实践经验和深层次的领会与感悟。

【本章小结】

企业管理模拟沙盘是企业竞争推演工具，模拟过程是竞争对手之间战略和运作过程的博弈。做好相关的知识准备和心理准备，进行组织划分，扮演角色后，我们才能像企业管理者那样进行思考和决策。

【复习思考题】

(1) 了解模拟沙盘运营的知识准备内容和要求。
(2) 集合自己的知识和经验特点，给自己确定一个管理者角色。

第5章 模拟企业情况

ERP沙盘模拟再现了一个制造型企业管理的完整流程,参与者扮演管理者和决策者,在"游戏"般的操作中感受完整的企业经营决策。当然,决策者们接手的企业不是一个全新的企业,而是已经运营了三年的企业。因此,对企业经营者来说,接手一个企业时,需要对企业有一个基本的了解和分析,包括前任管理者的期望、行业发展状况、股东期望、企业目前的财务状况、市场占有率、产品、生产设施、盈利能力等。在这里,企业基本情况描述以企业两张主要的财务报表——"资产负债表"和"利润表"为工具,逐项描述了企业目前的财务状况和经营成果,并对其他相关方面进行了补充说明。

【本章重点】

- 企业经营思想
- 企业经营环境
- 企业财务状况
- 企业运营的初始状态

5.1 模拟企业介绍

5.1.1 企业的经营思想

我们这里模拟的是一个生产制造企业,股东共投资600 W的资本,良好的银行信誉度,四块可代新建厂房用地,为了避免学员将该模拟企业与他们所熟悉的行业不经意地产生关联,因此本课程中生产制造的产品是一个虚拟的产品,即P系列产品:P1、P2、P3和P4。该企业长期以来一直专注于某行业P产品的生产与经营,最近,一家权威机构对该行业的发展前景进行了预测,认为P产品将会从目前的相对低技术水平发展为一个高技术产品。为了适应技术发展的需要,公司董事会及全体股东决定将企业交给一批优秀的新人去发展(模拟经营者),他们希望新的管理层能完成以下工作:

(1) 投资新产品的开发,使公司的市场地位得到进一步提升。
(2) 开发本地市场以外的其他新市场,进一步拓展市场领域。
(3) 扩大生产规模,采用现代化生产手段,努力提高生产效率。
(4) 研究在信息时代如何借助先进的管理工具提高企业管理水平。
(5) 增强企业凝聚力,形成鲜明的企业文化。
(6) 加强团队建设,提高组织效率。

总而言之,随着P产品从一个相对低技术水平发展为高技术水平产品,新的管理层必须要创新经营、专注经营,才能完成公司董事会及全体股东的期望,实现良好的经营业绩。

5.1.2 企业的经营活动

目前,国家经济状况发展良好,消费者收入稳步提高,P系列产品将迅速发展。然而该企业生产制造的产品几乎全部在本地销售,董事会和股东认为在本地以外以及国外市场上的机会有待发掘,董事会希望新的管理层去开发这些市场。同时,产品 P1 在本地市场知名度很高,客户很满意,然而要保持市场地位,特别是进一步提升市场地位,企业必须要投资新产品开发,目前已存在一些处于研发中的新产品项目。在生产设施方面,目前的生产设施状态良好,但是在发展目标的驱使下,预计必须投资额外的生产设施。具体方法可以是建新的厂房或将现有的生产设施现代化。

在行业发展状况方面,P1 产品由于技术水平低,虽然近几年需求较旺,但未来需求将会逐渐下降。P2 产品是 P1 的技术改进版,虽然技术优势会带来一定增长,但随着新技术出现,需求最终会下降。P3、P4 为全新技术产品,发展潜力很大。

根据一家权威的市场调研机构对未来 6 年里各个市场需求的预测,应该说这一预测有着很高的可信度。P1 产品是目前市场上的主流技术,P2 作为对 P1 进行技术改良的产品,也比较容易获得大众的认同。P3 和 P4 产品作为 P 系列产品里的高端技术产品,各个市场上对它们的认同度不尽相同,需求量与价格也会有较大的差异。下面我们根据不同的目标市场进行详细分析。

1. 本地市场分析

如图 5.1 所示(左图纵坐标表示数量,横坐标表示年份;右图纵坐标表示价格,横坐标表示年份),本地市场将会持续发展,客户对低端产品的需求可能要下滑。伴随着需求的减少,低端产品的价格很有可能会逐步走低。后几年,随着高端产品的成熟,市场对 P3、P4 产品的需求将会逐渐增大。同时随着时间的推移,客户的质量意识将不断提高,后几年可能会对厂商是否通过了 ISO 9000 认证和 ISO 14000 认证有更多的要求。

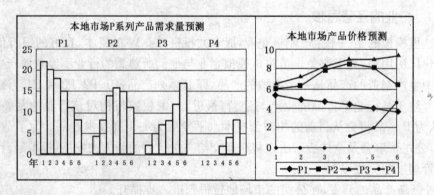

图 5.1　本地市场预测图

2. 区域市场分析

如图 5.2 所示,区域市场的客户对 P 系列产品的喜好相对稳定,因此,市场需求量的波动也很有可能会比较平稳。因其紧邻本地市场,所以产品需求量的走势可能与本地市场相似,价格趋势也应大致一样。该市场的客户比较乐于接受新的事物,因此对于高端产品也会比较有兴趣。但由于受到地域的限制,该市场的需求总量非常有限。并且这个市场上的客户相对比较挑剔,因此,在以后几年,客户会对厂商是否通过了 ISO 9000 认证和 ISO 14000 认证有较高的要求。

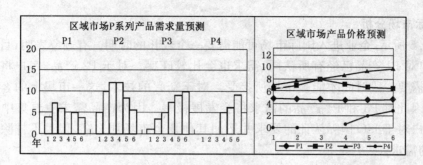

图 5.2　区域市场预测图

3. 国内市场分析

如图 5.3 所示,因为 P1 产品带有较浓的地域色彩,估计国内市场对 P1 产品不会有持久的需求。但 P2 产品因为更适合于国内市场,所以估计需求会一直比较平稳。随着对 P 系列产品新技术的逐渐认同,估计对 P3 产品的需求会发展较快,但这个市场上的客户对 P4 产品却并不是那么认同。当然,对于高端产品来说,客户一定会更注重产品的质量保证。

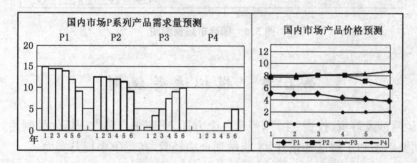

图 5.3　国内市场预测图

4. 亚州市场分析

如图 5.4 所示,市场上的客户喜好一向波动较大,不易把握,所以对 P1 产品的需求可能起伏较大,估计 P2 产品的需求走势也会与 P1 相似。但该市场对新产品很敏感,因此估计对 P3、P4 产品的需求会发展较快,价格也可能不菲。

另外,这个市场的消费者很看重产品的质量,所以在以后几年里,如果厂商没有通过 ISO 9000 和 ISO 14000 的认证,其产品可能很难销售。

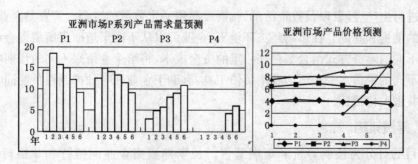

图 5.4　亚洲市场预测图

5. 国际市场分析

如图 5.5 所示,企业进入国际市场可能需要一个较长的时期。有迹象表明,目前这一市场上的客户对 P1 产品已经有所认同,需求也会比较旺盛。对于 P2 产品,客户将会谨慎地接受,但仍需要一段时间才能被市场所接受。对于新兴的技术,这一市场上的客户将会以观望为主,因此对 P3 和 P4 产品的需求将会发展极慢。因为产品需求主要集中在低端产品,所以客户对于 ISO 国际认证的要求并不如其他几个市场那么高,但也不排除在后期会有这方面的需求。

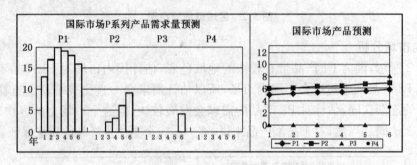

图 5.5 国际市场预测图

第 6 章 模拟运营规则

企业的运营涉及筹资、投资、生产、经营各个方面,受到来自各方面条件的制约。在模拟运营以前,必须要熟悉和了解这些条件,才能做到合法经营,在竞争中提升实力。

【本章重点】

- 筹资策略的规划
- 投资规划
- 生产管理
- 营销管理

6.1 筹资

企业要进行生产、经营以及投资活动,就需要筹集一定数量的资金。筹资是企业进行一系列经济活动的前提和基础。在市场经济环境下,企业可以从不同渠道取得所需资金,而不同的筹资渠道和不同的筹资方式组合都存在一定的资金成本,将给企业带来不同的预期收益,也将使企业承担不同的税负水平。适当利用负债工具,有助于企业在有效抑制税负的同时,实现预期所有者权益最大化目标。

6.1.1 筹资策略

筹资按目的可分为长期筹资和短期筹资。长期筹资指企业向银行和非银行的金融机构以及其他单位借入的、期限在一年以上的各种借款,主要用于购建固定资产和满足长期流动资金占用的需要;短期筹资指为满足企业临时性流动资金需要而进行的筹资活动。企业的短期资金一般是通过流动负债的方式取得,短期筹资也称为流动负债筹资或短期负债筹资。

6.1.2 筹资规则

具体的筹资方式如表6.1所示。

表6.1 筹资方式

贷款类型	贷款时间	贷款额度	年 息	还款方式
长期贷款	每年年初	所有长贷和短贷之和不能超过上年权益的3倍	10%	年初付息,到期还本;每次贷款为不小于10整数
短期贷款	每季度初		5%	到期一次还本付息;每次贷款为不小于10整数
资金贴现	任何时间	视应收款额	10%(1季,2季),12.5%(3季,4季)	变现时贴息,可对1,2季应收联合贴现(3,4季同理)
库存拍卖	原材料八折,成品按成本价			

提请注意:长贷利息计算,所有不同年份长贷加总再乘以利率,然后四舍五入算利息。短贷利息是按每笔短贷分别计算。

1. 规则说明

(1) 长期贷款

长期贷款每年只有一次,即在每年年末。

长期贷款的额度为上年所有者权益总计的2倍,必须以10的倍数申请;新申请贷款的额度需减去已贷款数。

例如,如果上年所有者权益为59 W,长期贷款额度即为120 W。如果已有80 W的长期贷款,则只能再获得40 W的长期贷款。

长期贷款每年必须支付利息,到期还本;当年的新长期贷款当年不支付利息,从下年开始支付利息;当年偿还的长期贷款当年仍要支付利息。

长期贷款最多可贷5年,不允许提前还款,结束年时,不要求归还没有到期的长期贷款。

(2) 短期贷款

短期贷款每年可贷四次,分别为每季度初。

短期贷款的额度为上年所有者权益总计的3倍,必须以10的倍数申请;新申请贷款的额度需减去已贷款数。

例如,如果上年所有者权益为19 W,只能按10 W来计算贷款数量,即贷款额度为30 W。如果已有30 W的贷款或低于10 W的权益,将不能获得贷款。

短期贷款借款周期为4 Q(4季度),到期时还本并支付利息。

短期贷款不允许提前还款,结束年时,不要求归还没有到期的短期贷款。

(3) 贴现

若提前使用应收款,变现时贴息,可对1,2季应收贴现10%,3,4季应收贴现12.5%。

只要有足够的应收账款,可以随时贴现(包括次年支付广告费时,使用应收贴现)。

2. 操作说明

(1) 获得长、短期贷款时,将其放在相应的盘面上,在规定的时间往前推动一格,当推出贷款区域时,则表示需要偿还本金。

(2)贴现时,从任意账期的应收账款中取10n(其中,n为整数)的应收账款,8n为现金,放入现金区,其余为贴现费用(只能按7的倍数贴现),放在贴息处,计入财务支出。

例如,将40 W的4 Q应收账款贴现,获得35 W的现金,5 W作为贴息。

6.2 投资

面对竞争激烈的市场,企业必须提升综合竞争能力。要提升竞争能力,必须进行投资。投资包括固定资产投资和无形资产投资。沙盘企业中,固定资产投资主要是购买厂房、购建生产线,无形资产投资主要是开拓市场、认证开发和产品研发等。

6.2.1 厂房投资

表6.2 厂房的购买、出售与租赁

厂房	买价	租金	售价	容量	
大厂房	400 W	40 W/年	400 W	4条	厂房出售得到4个账期的应收款,紧急情况下可厂房贴现(4季贴现),直接得到现金,如厂房中有生产线,同时要扣租金
中厂房	300 W	30 W/年	300 W	3条	
小厂房	200 W	20 W/年	200 W	2条	

每季均可租或买,租满一年的厂房在满年的季度(如第二季租的,则在以后各年第二季为满年,可进行处理),需要用"厂房处理"进行"租转买""退租"(当厂房中没有任何生产线时)等处理,如果未加处理,则原来租用的厂房在满年季末自动续租;厂房不计提折旧;生产线不允许在不同厂房间移动。

厂房使用可以任意组合,但总数不能超过四个;如租四个小厂房或买四个大厂房或租一个大厂房买三个中厂房。

厂房可以在运行的每个季度规定的时间进行变卖。变卖时,需要财务总监携带运行记录本、应收账款登记表和厂房价值(大厂房400 W,中厂房300 W,小厂房200 W)到交易处进行交易。经核准运作时间后,由交易处收回厂房价值,发放4 Q的应收账款欠条,并在应收账款登记表中登记。

6.2.2 生产线投资

生产线投资规则如6.3表。

表6.3 生产线购买、安装及维护费用

生产线	购置费	安装周期	生产周期	总转产费	转产周期	维修费	残值
手工线	35 W	无	2 Q	10 W	无	5 W/年	5 W
自动线	150 W	3 Q	1 Q	20 W	1 Q	20 W/年	30 W
柔性线	200 W	4 Q	1 Q	0 W	无	20 W/年	40 W

不论何时出售生产线,从生产线净值中取出相当于残值的部分计入现金,净值与残值之差计入损失。

当有空的并且已经建成的生产线才可以转产。

年建成的生产线或者转产中生产线都要交维修费。

生产线不能在不同厂房之间移动。

手工线在最后统计分数中不计小分。

1. 规则说明

每条生产线同时只能有一个产品在线。产品上线时需要支付加工费,不同生产线的生产效率不同,但需要支付的加工费是相同的,均为 10 W。

(1)购买新生产线

投资新生产线时,按安装周期平均支付投资,全部投资到位的下一个季度领取产品标识,开始生产。资金短缺时,可以随时中断投资。

例如,A 公司在第 1 年的第 2 季度开始投资全自动生产线,需要分 3 个安装周期,按 10 W/Q 投资,在第 1 年的第 4 季度投资完毕,在第 2 年第一季度才能上线生产产品。具体的安装进程如表 6.4 所示。

表 6.4 安装进程

运行期间	投资额	进 度
第 1 年第 2 季	10 W	启动 1 期安装
第 1 年第 3 季	10 W	完成 1 期安装,启动 2 期安装
第 1 年第 4 季	10 W	完成 2 期安装,启动 3 期安装
第 2 年第 1 季		完成 3 期安装,生产线建成,可以生产产品

(2)转产生产线

转产生产线指生产线转而生产其他产品。转产时可能需要一定的转产周期,并支付一定的转产费用,最后一笔支付到期一个季度后方可更换产品标识。转产时,生产线上不能有正在生产的产品。例如,A 公司的半自动生产线原来生产 P1 产品,在第 3 年第 2 季度决定转产生产 P2 产品,转产周期为 1Q,并支付转产费用 10 W,如表 6.5 所示。

表 6.5 转产进程

运行期间	转产费用	进 度
第 3 年第 1 季度	10 W	停止生产 P1 产品,准备转产
第 3 年第 2 季度		完成转产,并开始生产

(3)维护生产线

每种生产线的维护费均为 1 W/年。

当年在建的和当年出售的生产线均不用交纳维护费。

例如,A 公司在第 1 年的第 4 季度开始投资建设全自动生产线,这条生产线于第 4 季度完成投资,但没有完成安装,则在第 1 年年末不需要交纳维护费。

又如,A 公司在第 4 年第 4 季度将一条自动生产线出售,则出售的该条生产线不用交纳维护费。

生产线安装完成的当年,不论是否开工生产,都必须交纳维护费;正在进行转产的生产线也必须交纳维护费。

例如，A公司在第1年的第2季度开始投资建设全自动生产线，则在第1年年末时，该条生产线还没建成，不需要交纳维护费；而在第2年第2季度完成建设，属于在第2年建成的生产线，因此，在第2年年末需要交纳维护费。

又如，A公司的半自动生产线原来生产P1产品，在第3年第1季度决定转产生产P2产品，在第3年年末需要支付维护费。

(4) 出售生产线

生产线只能按净值出售。出售生产线时，如果生产线净值等于或小于残值，将净值转化为现金；如果生产线净值大于残值，相当于净值的部分转化为现金，将差额部分作为费用处理。

例如，在第2年第3季度出售第1年第4季度建成的一条全自动生产线，此时，该全自动生产线的原值为150 W(生产线建成当年不提折旧)，残值为120 W(原值－净值)，大于全自动生产线的净值30 W，则30 W转化为现金，90 W转化为费用。

(5) 生产线折旧

当年投资的生产线价值计入在建工程，当年不计提折旧。

每年按生产线净值(原值－残值)的1/3(取整)计算折旧，当年建成的生产线和当年出售的生产线均不计提折旧；当生产线净值小于3 W时，每年提1 W折旧。

每条生产线单独计提折旧，如表6.6所示。

表6.6 生产线计提折旧表

生产线	购置费	安装周期	生产周期	总转产费	转产周期	维修费	残 值
手工线	35 W	无	2 Q	0 W	无	5 W/年	5 W
自动线	150 W	3 Q	1 Q	20 W	1 Q	15 W/年	30 W
柔性线	200 W	4 Q	1 Q	0 W	无	20 W/年	40 W

完成规定年份的折旧后，生产线可以继续使用，但不用提取折旧。

生产线剩余的净值可以保留，直到该生产线变卖为止。

2. 操作说明

(1) 购买生产线

生产线安装完成后，需将所有投资额放在设备价值处。各组之间不允许相互购买生产线，只允许向设备供应商(交易处)购买；生产线一经开始投资，不允许搬迁移动(包括在同一厂房内的生产线)。

(2) 转产生产线

转产停工时，需将生产线翻转在盘面上，待达到转产周期时，可翻转，并向裁判领取相应的产品生产标识。

(3) 维护生产线

按盘面上年末实际建成的生产线的数量交纳维护费，不包括已经出售和正在建设的生产线。

(4) 出售生产线

将变卖的生产线的净值放入现金区，如果还有剩余的价值(即没有提完的折旧)，将剩余价值放入"其他"费用,记入当年"综合费用",并将生产线交还给供应商即完成变卖。

(5) 生产线折旧

折旧不影响资金流情况,折旧时从生产线价值中取出相应的折旧额,放在"折旧"项目,在"利润表"中进行计算。

6.2.3 国际认证体系投资

目前,ISO 9000 系列标准已被全世界 80 多个国家和区域的组织所采用,满足了广大组织质量管理和质量保证体系方面的需求。ISO 14000 系列标准是对组织的活动、产品和服务从原材料的选择、设计、加工、销售、运输、使用到最终废弃物的处置进行全过程的管理方面的要求。

ISO 投资方式如表 6.7 所示。

表 6.7 ISO 资格认证

认 证	ISO 9000	ISO 14000	
时 间	1 年	1 年	开发费用按开发时间在年末平均支付,不允许加速投资,但可中断投资
费 用	20 W/年	30 W/年	ISO 开发完成后,领取相应的认证

(1) 无须交维护费,中途停止使用,也可继续拥有资格并在以后年份使用。ISO 认证,只有在第四季度才可以点击。认证 ISO 9000,ISO 14000 开发费用按开发时间在年末支付,不允许加速投资,但可中断投资。

(2) ISO 9000 与 ISO 14000 都独立存在,需要分别投入,以获得相应的 ISO 资格。

例如,要想拥有 ISO 9000 和 ISO 14000 资格,则需要在投资周期内每年在 ISO 9000 投入 20 W,ISO 14000 投入 30 W,分别可获得 ISO 9000 资格和 ISO 14000 资格。

(3) ISO 的投资可同时进行,也可择其一投资。

例如,可以同时进行 ISO 9000 和 ISO 14000 的投资,也可只投资 ISO 9000 或 ISO 14000。

(4) 只有获得 ISO 资格认证后,才能在市场中投入 ISO 宣传费,才有资格获取具有 ISO 要求的特殊订单。

例如,A 公司经过 1 年的开发,获得了 ISO 9000 的资格。在第 3 年年初的订货会上,本地市场的广告费竞单表如表 6.8 所示。

表 6.8 广告费竞单表

第 3 年(本地)			
产品	产品广告	ISO 9000	ISO 14000
P1	30 W		
P2	12 W		
P3			
P4	21 W		
P5			

表 6.9 P1 单

第 3 年　　本地市场　P1-1/2
产品数量:2P1 产品单价:52 W/个 总金额:104 W 帐期:2 Q

表 6.10 P2 单

第 3 年　　本地市场　P1-2/2
产品数量:4P1 产品单价:65 W/个 总金额:260 W 帐期:1 Q
ISO 9000

由于 A 公司没有在本地市场上投入 ISO 的宣传费,于是不能获得无论在价格还是账期上都很有利的 P1-2/2 的订单,只能选择获得 P1-1/2 订单,或者选择放弃。

6.2.4 产品研发投资

产品研发投资规则如表 6.11 所示。

表 6.11 产品研发

名　称	开发费用	开发周期	加工费	直接成本	原料组成
P1	10 W/Q	2Q	10 W/个	20 W/个	R1
P2	10 W/Q	3Q	10 W/个	30 W/个	R2+R3
P3	10 W/Q	4Q	10 W/个	40 W/个	R1+R3
P4	10 W/Q	5Q	10 W/个	50 W/个	R1+R2+R3+R4

1. 规则说明

(1) 产品开发需按研发周期有序进行。

例如,开发 P2 产品需要 3 Q,研发费用 30 W,不能在 1 Q 内一次性投入 30 W 以获得 P2 的生产资格,只能在 1 Q 内投入 10 W,累计达到 30 W 时,方可获得 P2 的生产资格。

(2) 各个产品的研发都独立存在,需在不同产品上分别投入研发费用,以获得相应的生产资格。

例如,要同时研发 P2 和 P3 产品,需要在研发周期内分别在 P2 和 P3 产品投入 1 W、2 W 的研发费用。

(3) 各个产品的研发可同时进行。

例如,在资金充裕的情况,可以在研发 P2 产品的同时开发 P3 产品和 P4 产品。

(4) 产品研发可随时中断或者停止。

例如,在第 2 年第 2 季度,经预测,如果继续研发 P3 产品,公司将出现资金短缺情况,于是停止开发 P3(之前已开发 2 Q,还剩 2 Q 就完成开发),即在当年不继续投入。在第 3 年第 1 季度,公司资金状况好转,遂决定继续开发 P3 产品,在第 3 年第 1、2 季度分别投入产品研发费用 10 W。至此,已经达到研发周期 4 Q,即可获得 P3 的生产资格。在第 3 季度,即可安排生产。

又如,在第 2 年第 2 季度,在 P2 产品投入 10 W 的研发费用,在第 2 季度发现之前市场预测分析失误,于是停止对 P2 产品的研发,即最终放弃对 P2 的研发。

(5) 拿到产品生产资格才能生产相应产品,但不影响参加相应产品的订货会。

例如,在第1年的第3季度开始研发P2产品,在第2年的产品订货会上,依然可以在P2产品上投入广告费,争取相应的订单。因为P2产品的研发需要3Q,在第1年经过2Q的研发后,还需1Q就完成研发,在第2年的第1季度如果继续投入研发费用,完成3Q的研发后,就可在第2季度开始生产P2产品。假设此时用全自动生产线来全力生产P2,则可在第2年第2、3、4季度分别下线1个P2,共计3个P2产品。

2. 操作说明

(1) P1产品已经有生产许可证,可以在本地市场进行销售。P2、P3、P4产品都需要研发后才能获得生产许可。只有获得生产许可证后才能开工生产该产品。

(2) 每季度按照投资额将现金放在生产资格位置。

(3) 研发投资完成后,持全部投资换取产品生产资格证。

(4) 研发投资计入综合费用。

6.3 生产管理

6.3.1 产品生产

1. 产品生产规则

P系列产品的产品结构如表6.12所示。

表6.12 产品结构

名 称	组成原料
P1	R1
P2	R2+R3
P3	R1+R3+R4
P4	R1+R2+R3+R4

2. 操作说明

(1) 上线生产时取用原料并支付加工费,不同生产线生产不同产品时加工费不同。

(2) 所有生产线都能生产所有产品,但每条生产线不能同时生产两个产品。

(3) 现有生产线转产新产品时可能需要一定转产周期及转产费用。

6.3.2 原材料采购

原材料采购需经过下原料订单和采购入库两个步骤。下原料订单要注意订货提前期。各种材料的订货提前期如表6.13所示。

表6.13 原料采购表

名 称	购买价格	提前期
R1	10 W/个	1季
R2	10 W/个	1季
R3	10 W/个	2季
R4	10 W/个	2季

操作说明如下：

(1) 根据上季度所下采购订单接收相应原料入库，并按规定付款或计入应付款。用空桶表示原材料订货，将其放在相应的订单上，R1、R2 订购必须提前一个季度；R3、R4、R5 订购必须提前两个季度。没有下订单的原材料不能采购入库。

(2) 原料采购订单时必须填写采购订单登记表，然后携带采购总监的运行记录和采购订单登记表到交易处登记，没有登记视同没有订购。所有下订单的原材料到期必须采购入库。

(3) 每种原料的价格均为 10 W，原料到货后必须根据采购订单如数接收相应原料入库，并按规定支付原料款，不得拖延。

6.4 营销管理

6.4.1 市场准入

市场准入规则如表 6.14 所示。

表 6.14 市场准入规则

市 场	开发费用	时 间	
本 地	10 W/年	1 年	开发费用按开发时间在年末平均支付，不允许加速投资，但可中断投资
区 域	10 W/年	1 年	
国 内	10 W/年	2 年	市场开发完成后，领取相应的市场准入证
亚 洲	10 W/年	3 年	
国 际	10 W/年	4 年	

1. 规则说明

(1) 每个市场开发每年最多投入 10 W，不允许超前投资。

例如，开发国内市场的投资周期是 2 年，投资费用 20 W，不能在一年内一次性投入 20 W，以获得国内市场准入资格；只能在一年内投入 10 W，累积达到 20 W 时，方可获得国内市场的准入资格。

(2) 各个市场都独立存在，需在不同市场上投入开发费用，以获得相应的准入资格。

例如，要进入区域市场和国内市场，需要在投资周期内每年分别在区域和国内市场上投入 10 W。

(3) 各个市场的开发可同时进行。

例如，可以在开发区域市场的同时开发国内市场以及亚洲市场，甚至国际市场。

(4) 市场开发可随时中断或者停止。

例如，在第 3 年，企业出现资金短缺情况，于是停止开发亚洲市场（之前已开发 2 年），即在当年不投入；在第 4 年，企业资金状况好转，遂决定继续开发亚洲市场，继续投入亚洲市场开发费 10 W，至此，开发周期累计达到 3 年，投资费用累计达到 30 W，获得亚洲市场准入资格。在第 5 年，即可在亚洲市场上投入广告费，争夺产品订单。

又如，第 1 年在国内市场上投入 10 W 进行开发，后发现之前市场预测分析失误，于是停止对国内市场的开发，即最终放弃国内市场。

(5) 拿到市场准入证才能参加相应市场的订货会。

例如，第 1 年同时开发了区域和国内市场，在第二年的产品订货会上，只能在区域市场上竞单,不能在国内市场上竞单。因为区域市场的投资周期为1年,经过1年的开发已经取得市场准入资格,而国内市场的投资周期为2年,还不具备市场准入资格,即不能参加国内市场的订货会。

2. 操作说明

(1) 本地市场直接获得市场准入证。

(2) 投资时,将10W现金放在"市场准入"位置处。

(3) 当完成全部投资后,经核准,换取相应的市场准入证,并放在盘面"市场准入"的位置处。

6.4.2 竞单规则

1. 规则说明

(1) 订货年会

订货会年初召开,一年只召开一次。

例如,如果在该年年初的订货会上只拿到2张订单,那么在当年的经营过程中,再也没有获得其他订单的机会。

(2) 广告费

广告费分市场、分产品投放,订单按市场、按产品发放。

例如,企业拥有P1、P2的生产资格,在年初国内市场的订货会上只在P1上投入了广告费用,那么在竞单时,不能在国内市场上获得P2的订单。

又如,订单发放时,先发放本地市场的订单,按P1、P2、P3、P4产品次序发放;再发放区域市场的订单,同样按P1、P2、P3、P4产品次序发放。

(3) 竞单的机会

广告费每投入10W,可获得一次拿单的机会,另外要获得下一张订单的机会,还需要再投入20W,以此类推,每多投入20W就拥有多拿一张订单的机会。

广告费用计算组合为$(10+20n)$W(其中,n为整数)。

例如,在本地市场上投入70W广告费,表示在本地市场上有4次拿单的机会,最多可以拿4张订单。但是,最终能拿到几张订单要取决于当年的市场需求和竞争状况。

(4) 销售排名及市场老大规则

每年竞单完成后,根据某个市场的总订单销售额排出销售排名;排名第一的为市场老大,下年可以不参加该市场的选单排名而优先选单;其余的公司仍按选单排名方式确定选单顺序。

例如,亚洲市场P3广告投放单如表6.15所示。

表6.15 P3广告投放单(亚洲市场)

公司	P3广告费	ISO 9000	ISO 14000	广告费总和	上年排名
A	10 W			10 W	1
B	20 W	10 W	10 W	40 W	2
C	20 W	10 W		30 W	3
D	50 W			50 W	4

亚洲市场P3选单的顺序为:

第一,由A公司选单。虽然A公司投入P3产品的广告费低于其余3家公司,但其上年在亚洲市场上的销售额排名第一,因此不以其投入广告费的多少来选单,而直接优先选单。

第二,由D公司选单。投入P3的广告费最高,为50 W。

第三,由B公司选单。虽然B公司在P3的产品广告费投入与C公司相同,但投入在亚洲市场上的总广告费用为40 W,而C公司投入的总广告费用为30 W,因此,B公司先于C公司选单。

第四,由C公司选单。由于C公司投入的P3产品的广告费用与B公司相同,但在亚洲市场上的总广告费投入低于B公司,因此后于B公司选单。

(5) 选单排名顺序和流程

第一次以投入某个产品广告费用的多少产生该产品的选单顺序;如果该产品投入一样,按本次市场的广告总投入量(包括ISO的投入)进行排名;如果市场广告总投入量一样,按上年的该市场排名顺序排名;如果上年排名相同,采用竞标方式选单,即把某一订单的销售价、账期去掉,按竞标公司所出的销售价和账期决定谁获得该订单(按出价低、账期长的顺序发单)。

按选单顺序先选第一轮,每公司一轮,只能有一次机会,选择1张订单。第2轮按顺序再选,选单机会用完的公司则退出选单。如表6.16和表6.17所示。

表6.16 P1广告投放单(国际市场)

公 司	P1广告费	ISO 9000	ISO 14000	广告费总和	上年排名
A	31 W			31 W	2
B	10 W	10 W	20 W	40 W	3
C	10 W	10 W	10 W	30 W	5
D					4
E					1

表6.17 P2广告投放单(国际市场)

公 司	P2广告费	ISO 9000	ISO 14000	广告费总和	上年排名
A					2
B	10 W	10 W	20 W	40 W	3
C	10 W	10 W	10 W	30 W	5
D	10 W	10 W	10 W	30 W	4
E					1

国际市场P1选单的顺序为:

第一,由A公司选单。在国际市场上,市场老大E公司没有投入P1产品的广告费,而A公司投入P1的广告费最高,为31 W。

第二,由B公司选单。虽然B公司在P1的产品广告费上与C公司相同,但投入在国际市场上的总广告费用为40 W,而C公司投入国际市场上的总广告费用为30 W,因此,B公司先于C公司选单。

第三,由C公司选单。由于C公司投入的P1产品的广告费用与B公司相同,但在国际市场上的总广告费投入低于B公司,因此后于B公司选单。

第四,由A公司再选单。A公司投入P1产品的广告费组合为31 W,因此获得多一次的选单机会。

国际市场P2选单的顺序为:

第一,由B公司选单。在国际市场上,市场老大E公司没有投入P2产品的广告费,虽然B、C、D公司在P2产品上投入的广告费用相同,但在国际市场上的总广告费投入B公司最高,因此最先选单。

第二,由D公司选单:虽然D公司在P2的产品广告费上与C公司相同,且在国际市场上的总广告费也与C公司相同,但在上年的经营过程中,D公司排名第4,C公司排名第5,因此,D公司先于C公司选单。

第三,由C公司选单。虽然C公司在P2的产品广告费上与D公司相同,且在国际市场上的总广告费也与D公司相同,但在上年的经营过程中,D公司排名第4,C公司排名第5,因此,后于D公司选单。

(6) 订单种类

第一类为普通订单,在一年之内任何交货期均可交货,如表6.18所示。

表6.18 P2普通订单	表6.19 P2加急订单	表6.20 ISO订单
第3年 本地市场 P2-1/4	第3年 本地市场 P2-2/4	第3年 本地市场 P2-3/4
产品数量:2P2 产品单价:85 W/个 总金额:170 W 账期:4 Q	产品数量:2P2 产品单价:85 W/个 总金额:170 W 账期:4 Q	产品数量:2P2 产品单价:85 W/个 总金额:170 W 账期:4 Q
	加急!!!	ISO 9000　ISO 14000

订单上的账期表示客户收货时货款的交付方式。

例如:0账期,表示采用现金付款;4账期,表示客户付给企业的是4个季度的应收账款。

第二类为加急订单,第一季度必须交货,若不按期交货,会受到相应的处罚,如表6.19所示。

第三类为ISO 9000或ISO 14000订单,要求具有ISO 9000或ISO 14000资格,并且在市场广告上投放了ISO 9000或ISO 14000广告(10 W)的公司,才可以拿单,且对该市场上的所有产品均有效,如表6.20所示。

(7) 交货规则

必须按照订单规定的数量整单交货。

(8) 违约处罚规则

所有订单必须在规定的期限内完成(按订单上的产品数量交货),即加急订单必须在第一季度交货,普通订单必须在本年度交货等;如果订单没有完成,按下列条款加以处罚。

第一,下年市场地位下降一级(如果是市场第一的,则该市场第一空缺,所有公司均没有优先选单的资格)。

第二,下年必须先交上违约的订单后,才允许交下年正常订单。

第三,交货时扣除订单额25%(取整)作为违约金。

例如,A公司在第2年时为本地市场的老大,且在本地市场上有一张订单总额为60 W,但由于产能计算失误,在第 2 年不能交货,则在参加第 3 年本地市场的订货会时丧失市场老大的订单选择优先权,并且在第 3 年该订单必须首先交货,交货时需要扣除相应的违约金(60 W×25%),只能获得 45 W 的货款。

2. 操作说明

(1) 将广告费填写在"广告费竞单表"中每个市场的相应产品栏内;如果要取得 ISO 标准的订单,首先要进行 ISO 认证,然后在每次的竞单中,在广告登记单上的 ISO 位置填写 10 W 的广告。

(2) 订单放单

第一,按总需要量放单。如对某个产品总需要量为 6 张订单,市场有 7 张订单,则只放 6 张。

第二,按供应量放单。如果订单总数超过需求总数,拿出全部订单。

第三,如果只有独家需求,全部放单。

6.5 综合费用和税金规则

6.5.1 规则说明

(1) 管理费:每季度支付 1 W。

(2) 管理费、产品广告和品牌、生产线转产费、设备维护、厂房租金、市场开拓、ISO 研发、信息化投资等计入综合费用。

(3) 每年所得税计入应付税金,在下一年初交纳。

6.5.2 操作说明

所得税税率为 33%,税金取整计算,不足 1 以 1 取整,如计算的所得税为 0.66,则取 1 交纳所得税;超过 1 则向下取整,如计算出的所得税为 2.31,则取 2 交纳所得税。

当上年的所有者权益小于 66(初始状态)时,税金的计算为:

税金=(上年所有者权益+本年税前利润−第 0 年末所有者权益)×33%(取整)

例如,上年所有者权益为 53,本年的税前利润为 15,则

税金=(53+15−66)×33%=(68−66)×33%=1(取整)

当上年的所有者权益大于 66(初始状态)时,税金的计算为:

税金=本年税前利润×33%(取整)

例如,上年所有者权益为 68,本年的税前利润为 15,则

税金=15×33%=5(取整)

6.6 运行记录

所有成员各有一本运行手册,每人必须按照规定同步顺序记录运行任务,即当执行完规定的任务后,每个成员都要在任务清单完成框中打勾或记录与自己岗位相关的生产要素变化数据(如采购主管记录材料库中的原材料变化数据、生产主管记录在制品变化的数据等)。当进行贷款、原材料订单、原材料采购、应收账款到期、交货、贴现等业务时,必须携带运行手册和相关的登记表,到交易处进行业务处理。

(1) 借、还贷款记录

由财务总监填写"贷款登记表",并携带本人的运行记录表到交易处进行贷款或还款登记,审核无误后可领取或归还贷款。

(2) 原材料订单及采购记录

原材料订单和采购入库必须填写"采购订单登记表",当每季度运行到采购入库时,携带现金、"采购订单登记表"和本人的运行记录表,到交易处购买原材料,交易员核对订单登记数量后进行交易。同时,应将下期的原材料订单在交易处进行登记。

(3) 交货记录

交货时携带产品、订单和销售总监的运行手册到交易处交货,收取应收账款欠条,并在"应收款登记表"上做应收账款登记,收到的应收账款欠条放在企业盘面上应收区的相应账期处。

(4) 应收兑现记录

当应收款到期时,各组在"应收账款登记表"的到期季度中填写到款数,并携带运行记录、应收款欠条和"应收账款登记表"到交易处兑现,交易员要核对运行季度、欠款数量,核准后兑换资金,并将欠款条收回,将结果登记到监察软件中。

(5) 产品、市场开发、ISO认证记录

每年年末需填写费用明细表,其中要注明开发的市场、认证和研发产品的投资额,提交裁判进行登记。如果开发完成,由交易处核准开发金额和周期后,发放市场、ISO或产品的资格标识。

(6) 生产状态记录

企业运行期间,每季度末需要对本季度生产和设备状态进行记录,生产总监必须如实填写"生产及设备状态记录表",该表每年必须上交。

(7) 现金收支记录

在运行手册的任务清单中,财务总监在每一任务项目的记录格中记录现金收支数据。

(8) 上报报表

每年运行结束后,各公司需要在规定的时间内上报规定的4张报表,这4张报表分别是"产品销售统计表""综合费用明细表""利润表"和"资产负债表"。

6.7 破产规则

当所有者权益小于零(资不抵债)和现金断流时为破产。破产后,企业仍可以继续经营,但必须严格按照产能争取订单(每次竞单前需要向裁判提交产能报告),破产的参赛队不参加最后的成绩排名。

6.8 竞赛评比及扣分规则

比赛结果以参加比赛各队的最后权益、生产能力、资源状态等进行综合评分,分数高者为优胜。评分以最后年的权益数为基数,以生产能力、资源等为加权系数计算得出。在加权系数中,以下情况不能加分:

(1) 企业购入的生产线,只要没有生产出一个产品,都不能获得加分。

(2) 已经获得各项资格证书的市场、ISO、产品才能获得加分,正在开发但没有完成的,不能获得加分。

在企业运行过程中,对于不能按照规则运行或不能按时完成运行的企业,在最终评定的总分中,给予减分的处罚。凡有下列情况者,从综合得分中扣除相应得分:

(1) 迟交报表。未按规定时间提交报表的,迟交1~10分钟内,罚1分/分钟,迟交10~15分钟,罚2分/分钟,15分钟之后,由裁判组强行平账,另外参照报表错误进行罚分(即总共需要罚40分,其中20分为晚交报表的罚分,另外20分为报表错误的罚分)。

(2) 报表错误、报表不平或者账实不符,罚总分20分1次。

(3) 没有按照规定的流程顺序进行运作,罚总分10分1次;违反规则运作,如新建生产线没有执行规定的安装周期、没有按照标准的生产周期进行生产等,罚总分50分1次;不如实填写管理表单(采购订单、贷款、应收、生产线状况登记表)的情况,一经核实,按情节严重扣减总分5~10分1次。

(4) 借高利贷。每次扣15分。

6.9 总成绩计算规则

1. 评分标准

总成绩=所有者权益×(1+企业综合发展潜力/100)-罚分

企业综合发展潜力如表6.21所示。

表6.21 市场开发潜力

项 目	综合发展潜力系数
自动线	+8/条
柔性线	+10/条
本地市场开发	+7
区域市场开发	+7
国内市场开发	+8
亚洲市场开发	+9
国际市场开发	+10
ISO 9000	+8
ISO 14000	+10
P1产品开发	+7
P2产品开发	+8
P3产品开发	+9
P4产品开发	+10
P5产品开发	+11

提请注意:

(1) 如有若干队分数相同,则最后一年在系统中先结束经营(而非指在系统中填制报表)者排名靠前。

(2) 生产线建成即加分,无须生产出产品,也无须有在制品。手工线、租赁线、厂房无加分。

2. 罚分规则

(1) 运行超时扣分

运行超时有两种情况:一是指不能在规定时间完成广告投放(可提前投广告);二是指不能在规定时间完成当年经营(以点击系统中"当年结束"按钮并确认为准)。

处罚:按 50 分/分钟(不满一分钟算一分钟)计算罚分,最多不能超过 10 分钟。如果到 10 分钟后还不能完成相应的运行,将取消其参赛资格。

提请注意:投放广告时间、完成经营时间及提交报表时间系统均会记录,作为扣分依据。

(2) 摆盘错误扣分

经裁判核实,扣 50 分/次

(3) 其他违规扣分

在运行过程中下列情况属违规:

① 对裁判正确的判罚不服从。

② 在比赛期间擅自到其他赛场走动。

③ 指导教师擅自进入比赛现场。

④ 其他严重影响比赛正常进行的活动。

如有以上行为者,视情节轻重,扣除该队总得分的 200~500 分。

3. 破产处理

当参赛队权益为负(指当年结束系统生成资产负债表时为负)或现金断流时(权益和现金可以为零),企业破产。

参赛队破产后,由裁判视情况适当增资后继续经营。破产队不参加有效排名。

为了确保破产队不过多影响比赛的正常进行,限制破产队每年用于广告投放总和不能超过 60 W,不允许参加竞单。

【本章小结】

企业要想在激烈的市场竞争中不断提升,就必须要熟悉市场规则。企业经营的成败,决策是关键。

要想做正确的事,就必须正确地做事。只有合理整合企业的物流、资金流、信息流,才能发挥其最大效用。

【复习思考题】

(1) 试分析不同的筹资方式下企业的资金成本和预期收益。

(2) 试举例说明,如何才能达到资金、投资、生产、研发、营销的最佳配置。

第7章 ERP 模拟运营实战

企业模拟运营应当严格遵守运营规则,按照一定的运营流程进行。为了经营好企业,管理者应当做好预测、决策、预算、计划、控制、核算、分析等工作。预测、决策(规划)、预算、计划工作应当在每年经营结束后,下年运营之前进行,目的是使经营活动有序进行,防止意外情况的发生。控制主要是在运营过程中,根据运营流程和事先的计划进行生产经营。核算是在经营结束后对当年的经营情况进行的盘点,编制各种报表,反映当期的经营情况和年末的财务状况。分析主要是在经营结束后,根据核算的结果与预算进行比较,找出差异,并对差异进行分析,以便以后更好地开展工作。

在沙盘模拟经营中,企业是按照任务清单的顺序开展工作的。任务清单(详见附录 A)代表了企业简化的工作流程,也是企业竞争模拟中各项工作需要严格遵守的工作顺序。分为年初工作、按季度执行的工作和年末工作等。在模拟运营时,由 CEO 主持,指挥团队各成员各司其职,按照任务清单的流程执行任务,每执行完一项任务,各成员应在任务清单对应的方格内进行详细的记录。

在初次接触沙盘时,学员往往不知道该怎样在沙盘上操作,常常出现手忙脚乱的情况。本章的目的就是结合企业运营规则,解决营运过程中的操作问题。首先介绍在运营过程中,为了经营好企业,年初应当做什么以及怎样做;然后,按流程分别介绍在运营过程中如何进行规范的操作,防止出现由于操作失误影响结果的情况;最后,介绍年末应当做的各项工作。

【本章重点】

- 年初新年度规划和计划的制订
- 日常运营流程和操作要点
- 报表的编制

7.1 年初工作

一年之际在于春。在一年之初,企业应当谋划全年的经营,预测可能出现的问题和情况,分析可能面临的问题和困难,寻找解决问题的途径和办法,使企业未来的经营活动处于掌控之中。为此,企业首先应当召集各位业务主管召开新年度规划会议,初步制订企业本年度的投资规划;接着,营销总监参加一年一度的产品订货会,竞争本年度的销售订单;然后,根据销售订单情况,调整企业本年度的投资规划,制订本年度的工作计划,开始本年度的各项工作。

7.1.1 新年度规划会议

常言道:"预则立,不预则废。"在开始新的一年经营之前,CEO 应当召集各位业务主管召开新年度规划会议,根据各位主管掌握的信息和企业的实际情况,初步提出企业在新一年的各项投资规划,包括市场和认证开发、产品研发、设备投资、生产经营等规划。同时,为了能准确地在一年一度的产品订货会上争取销售订单,还应当根据规划精确地计算出企业在该年的产品完工数量,确定企业的可接订单数量。

1. 新年度全部规划

新年度规划涉及企业在新的一年如何开展各项工作的问题。通过制订新年度规划,可以使各位业务主管做到在经营过程中胸有成竹,知道自己在什么时候该干什么,可以有效预防经营过程中决策的随意性和盲目性,减少经营失误。同时,在制订新年度规划时,各业务主管已经就各项投资决策达成了共识,可以使各项经营活动有条不紊进行,可以有效提高团队的合作精神,鼓舞士气,提高团队的战斗力和向心力,使团队成员之间更加团结、协调、和谐。

新年度全面规划内容涉及企业的发展战略规划、投资规划、生产规划和资金筹集规划等。

要做出科学合理的规划,企业应当结合目前和未来的市场需求、竞争对手可能的策略以及本企业的实际情况进行。在进行规划时,企业首先应当对市场进行准确的预测,包括预测各个市场产品的需求状况和价格水平,预测竞争对手可能的目标市场和产能情况,预测各个竞争对手在新的一年的资金状况(资金的丰裕和不足将极大地影响企业的投资和生产);在此基础上,各业务主管提出新年度规划的初步设想,大家就此进行论证,最后,在权衡各方利弊得失后,作出企业新年度的初步规划。企业在进行新年度规划时,可以从以下方面展开:

(1) 市场开拓计划

企业只有开拓了市场才能在该市场销售产品。企业拥有的市场决定了企业产品的销售渠道。开拓市场投入资金会导致企业当期现金的流出,增加企业当期的开拓费用,减少当期的利润。所以,企业在制订市场开拓规划时,应当考虑当期的资金情况和所有者权益情况。只有在资金有保证,减少的利润不会对企业造成严重后果(比如,由于开拓市场增加费用而减少的利润使企业所有者权益为负数)时才能进行。在进行市场开拓规划时,企业主要应当明确几个问题:

① 企业的销售策略是什么?企业可能会考虑哪个市场产品价格高就进入哪个市场,也可能是哪个市场需求大就进入哪个市场,也可能两个因素都会考虑。企业应当根据销售策略明确需要开拓什么市场、开拓几个市场。

② 企业的目标市场是什么?企业应当根据销售策略和各个市场产品的需求状况、价格水平、竞争对手的情况等明确企业的目标市场。

③ 什么时候开拓目标市场?在明确了企业的目标市场后,还要考虑什么时候进入目标市场的问题,企业应当结合资金状况和产品生产情况明确企业目标市场的开拓时间。

(2) ISO 认证要求

企业只有取得 ISO 认证资格,才能在竞单时取得标有 ISO 条件的订单。不同的市场、不同的产品,不同的时期,对 ISO 认证的要求是不同的,不是所有的市场在任何时候对任何产品都有 ISO 认证要求。所以,企业应当对是否进行 ISO 认证开发进行决策。同样,要进行 ISO 认证,需要投入资金。如果企业决定进行 ISO 认证开发,也应当考虑对资金和所有者权益的影响。

由于 ISO 认证开发是分期投入的,为此,在进行开发规划时,应当考虑以下几个问题:

① 开发何种认证?ISO 认证包括 ISO 9000 认证和 ISO 14000 认证。企业可以只开发其中的一种或者两者都开发。到底开发哪种,取决于企业的目标市场对 ISO 认证的要求,取决于企业的资金状况。

② 什么时候开发?认证开发可以配合市场对认证要求的时间来进行。企业可以从有关市场预测的资料中了解市场对认证的要求情况。一般而言,时间越靠后,市场对认证的要求会越高。企业如果决定进行认证开发,在资金和所有者权益许可的情况下,可以适当提前开发。

(3) 产品研发投资计划

企业在经营前期,产品品种单一,销售收入增长缓慢。企业如果要增加收入,就必须多销售产品。而要多销售产品,除了销售市场要足够多之外,还必须要有多样化的产品,因为每个市场对单一产品的需求总是有限的。为此,企业需要作出是否进行新产品研发的决策。企业如果要进行新产品的研发,就需要投入资金,同样会影响当期现金流量和所有者权益。所以,企业在进行产品研发投资规划时,应当注意以下几个问题:

① 企业的产品策略是什么?由于企业可以研发的产品品种多样,企业需要作出研发哪几种产品的决策。由于资金、产能的原因,企业一般不同时研发所有的产品,而是根据市场的需

求和竞争对手的情况,选择其中的一种或两种进行研发。

② 企业从什么时候开始研发哪些产品?企业决定要研发产品的品种后,需要考虑的就是什么时候开始研发以及研发什么产品的问题。不同的产品可以同时研发,也可以分别研发。企业可以根据市场、资金、产能、竞争对手的情况等方面来确定。

(4) 设备投资计划

企业生产设备的数量和质量影响产品的生产能力。企业要提高生产能力,就必须对落后的生产设备进行更新,补充现代化的生产设备。

要更新设备,需要用现金支付设备款,支付的设备款记入当期的在建工程,设备安装完成后,增加固定资产。所以,设备投资支付的现金不影响当期的所有者权益,但会影响当期的现金流量。正是因为设备投资会影响现金流量,所以,在设备投资时,应当重点考虑资金的问题,防止出现由于资金问题而使投资中断,或者投资完成后由于没有资金不得不停工待料等情况。企业在进行设备投资规划时,应当考虑以下几个问题:

① 新的一年,企业是否要进行设备投资?应当说,每个企业都希望扩大产能,扩充新生产线、改造落后的生产线。但是,要扩充或更新生产线涉及时机的问题。一般而言,企业如果资金充裕,未来市场容量大,企业就应当考虑进行设备投资,扩大产能。反之,就应当暂缓或不进行设备投资。

② 扩建或更新什么生产线?由于生产线有手工、半自动、全自动和柔性四种,这就涉及该选择什么生产线的问题。一般情况下,企业应当根据资金状况和生产线是否需要转产等作出决策。

③ 扩建或更新几条生产线?如果企业决定扩建或更新生产线,还涉及具体的数量问题。扩建或更新生产线的数量,一般根据企业的资金状况、厂房内生产线位置的空置数量、新研发产品的完工时间等来确定。

④ 什么时候扩建或更新生产线?如果不考虑其他因素,应该说生产线可以在流程规定的每个季度进行扩建或更新。但是,实际运作时,企业不得不考虑当时的资金状况、生产线完工后上线的产品品种、新产品研发完工的时间等因素。一般而言,如果企业有新产品研发,生产线建成的时间最好与其一致(柔性和手工线除外),这样可以减少转产和空置的时间。从折旧的角度看,生产线的完工时间最好在某年的第一季度,这样可以相对减少折旧费用。

2. 确认可接订单的数量

在新年度规划会议以后,企业要参加一年一度的产品订货会。企业只有参加产品订货会,才能争取到当年的产品销售订单。在产品订货会上,企业要准确拿单,就必须准确计算出当年的产品完工数量,据此确定企业当年甚至每一个季度的可接订单数量。企业某年某产品可接订单数量的计算公式为:

某年某产品可接订单数量=年初该产品的库存量+本年该产品的完工数量

公式中,年初产品的库存量可以从沙盘盘面的仓库中找到,也可以从营销总监的营运记录单中找到(实际工作中从有关账簿中找到)。这里,最关键的是确定本年产品的完工数量。

完工产品数量是生产部门通过排产来确定的。在沙盘企业中,生产总监根据企业现有生产线的生产能力,结合企业当期的资金状况确定产品上线时间,再根据产品的生产周期推算产品的下线时间,从而确定出每个季度、每条生产线产品的完工情况。为了准确测算产品的完工时间和数量,沙盘企业可以通过编制"产品生产计划表"来进行。当然,企业也可以根据产品上线情况同时确定原材料的需求数量,这样,两者结合,既可确定产品的完工时间和完工数量,同时又可以确定每个季度原材料的需求量。这里,我们将这两者结合的表格称为"产品生产及材料需求计划表"(格式如表 7.1 所示)。下面,我们举例介绍该表的编制方法。

例 7.1 企业某年年初有手工生产线、全自动生产线各一条(全部空置),预计从第一季度开始在手工生产线上投产 P1 产品,在全自动生产线上投产 P2 产品(假设产品均已开发完成,可以上线生产;原材料能满足生产需要)。我们可以根据各生产线的生产周期编制产品生产及材料需求计划,如表 7.1 所示。

表 7.1 产品生产及材料需求计划表

生产线		第一年				第二年			
		一季度	二季度	三季度	四季度	一季度	二季度	三季度	四季度
手工线	产品				→P1			→P1	
	材料	1R1			1R1				
自动线	产品		→P2		→P2		→P2		
	材料	1R1+1R2		1R1+1R2		1R1+1R2			
柔性线	产品		→P2	→P2	→P2	→P2	→P2		
	材料	1R1+1R2	1R1+1R2	1R1+1R2	1R1+1R2	1R1+1R2			
合计	完工产品 P1				1			1	
	P2		1	2	1	2	1	1	
	P3								
	P4								
	投入材料 R1	3	1	2	2	2			
	R2	2	1	2	1	2			
	R3								
	R4								

从该表可以看出,企业从第一季度开始连续投产加工产品,第一年第一季度没有完工产品,第二季度完工 1 个 P2 产品,在第三季度完工 2 个 P2 产品,第四季度完工 1 个 P1 产品和 1 个 P2 产品。同时,我们还可以看出企业在每个季度原材料的需求数量。根据该表提供的信息,营销总监可据此确定可接订单数量,采购总监可以此作为企业材料采购的依据。

需要注意的是,在编制"产品生产及材料需求计划表"时,企业首先应明确产品在各条生产线上的投产时间,然后根据各生产线的生产周期推算每条生产线投产产品的完工时间,最后,将各条生产线完工产品的数量加总,得出企业在某一时期每种产品的完工数量。同样,在该表中,企业根据产品的投产数量可以推算出各种产品投产时需要投入的原材料数量,然后,将各条生产线上需要的原材料数量加总,可以得到企业在每个季度所需要的原材料数量。采购总监可以根据该信息确定企业需要采购什么、什么时间采购、采购多少等。

7.1.2 参加订货会、支付广告费、登记销售订单

销售产品必须要有销售渠道。对于沙盘企业而言,销售产品的唯一途径就是参加产品订货会,争取销售订单。参加产品订货会需要在目标市场投放广告费,只有投放了广告费,企业才有资格在该市场争取订单。

在参加订货会之前，企业需要分市场、分产品在"竞单表"上登记投放的广告费金额。"竞单表"是企业争取订单的唯一依据，也是企业当期支付广告费的依据，应当采取科学的态度，认真对待。

一般情况下，营销总监代表企业参加订货会，争取销售订单。但为了从容应对竞单过程中可能出现的各种复杂情况，企业也可由营销总监与CEO或采购总监一起参加订货会。竞单时，应当根据企业的可接订单数量选择订单，尽可能按企业的产能争取订单，使企业生产的产品在当年全部销售。应当注意的是，企业争取的订单一定不能突破企业的最大产能，否则，如果不能按期交单，将给企业带来巨大的损失。

实际工作中，广告费一般是在广告呈现给观众或听众之前支付的。沙盘企业中，广告费一般在参加订货会后一次性支付。所以，企业在投放广告时，应当充分考虑企业的支付能力。也就是说，投放的广告费一般不能突破企业年初未经营前现金库中的现金余额。

支付广告费时，由财务总监从现金库中取出"竞单表"中登记的广告费数额，放在综合费用的"广告费"中，并在运营任务清单对应的方格内记录支付的现金数（用"—"表示现金支出，下同）。

为了准确掌握销售情况，科学制订本年度工作计划，企业应将参加订货会争取的销售订单进行登记。拿回订单后，财务总监和营销总监分别在任务清单的"订单登记表"中逐一对订单进行登记。为了将已经销售和尚未销售的订单进行区分，营销总监在登记订单时，只登记订单号、销售数量、账期，暂时不登记销售额、成本和毛利，当产品销售时，再进行登记。

7.1.3 制订新年度工作计划

企业参加订货会取得销售订单后，已经明确了当年的销售任务。企业应当根据销售订单对前期制订的新年度规划进行调整，制订新年度工作计划。新年度工作计划是企业在新的一年为了开展各项经营活动而事先进行的工作安排，它是企业执行各项任务的基本依据。新年度工作计划一般包括投资计划、生产计划、销售计划、采购计划、资金筹集计划等。沙盘企业中，当企业取得销售订单后，企业的销售任务基本明确，已经不需要制订销售计划了。这样，企业的新年度工作计划主要围绕生产计划、采购计划和资金的筹集计划来进行。

为了使新年度工作计划更具有针对性和科学性，计划一般是围绕预算来制订的。预算可以将企业的经营目标分解为一系列具体的经济指标，使生产经营目标进一步具体化，并落实到企业的各个部门，这样企业的全体员工就有了共同努力的方向。沙盘企业中，通过编制预算，特别是现金预算，可以在企业经营之前预见经营过程中可能出现的现金短缺或盈余，便于企业安排资金的筹集和使用；同时，通过预算，可以对企业的规划及时进行调整，防止出现由于资金断流而破产的情况。

现金预算，首先需要预计现金收入和现金支出。实际工作中，现金收入和支出只能进行合理地预计，很难进行准确地测算。沙盘企业中，现金收入相对比较单一，主要是销售产品收到的现金，可以根据企业的销售订单和预计交单时间准确地估算。现金支出主要包括投资支出、生产支出、采购材料支出、综合费用支出和日常管理费用支出等。这些支出可以进一步分为固定支出和变动支出两部分。

固定支出主要是投资支出、综合费用支出、管理费用支出等，企业可以根据规则和企业的规划准确计算。变动支出是随产品生产数量的变化而变化的支出，主要是生产支出和材料采购支出。企业可以根据当年的生产线和销售订单情况安排生产,在此基础上通过编制"产品生产与材料需求计划表",准确地测算出每个季度投产所需要的加工费。

同时,根据材料需求计划确定材料采购计划,准确确定企业在每个季度采购材料所需要的采购费用。这样,通过预计现金收入和现金支出,可以比较准确地预计企业现金的短缺或盈余。如果现金短缺,就应当想办法筹集资金,如果不能筹集资金,就必须调整规划或计划,减少现金支出。反之,如果现金有较多盈余,可以调整规划或计划,增加长期资产的投资,增强企业的后续发展实力。

实际工作中,企业要准确编制预算,首先应预计预算期产品的销售量,在此基础上编制销售预算,预计现金收入。之后,编制生产预算和费用预算,预计预算期的现金支出,最后编制现金预算。沙盘企业中,预算编制的程序与实际工作基本相同,但由于业务简化,可以采用简化的程序,即根据销售订单,先编制产品生产计划,再编制材料采购计划,最后编制现金预算。

1. 生产计划

沙盘企业中,编制生产计划的主要目的是为了确定产品投产的时间和投产的品种(当然也可以预计产品完工的时间),从而预计产品投产需要的加工费和原材料。生产计划主要包括产品生产及材料需求计划、开工计划、原材料需求计划等。

前面我们已经介绍,企业在参加订货会之前,为了准确计算新年产品的完工数量,已经根据自己的生产线情况编制了"产品生产及材料需求计划表"。但是,由于取得的销售订单可能与预计有差异,企业有时需要根据取得的销售订单对产品生产计划进行调整,为此,就需要重新编制该计划。然后,企业根据确定的"产品生产及材料需求计划表",编制"开工计划"和"材料需求计划"。

"开工计划"是生产总监根据"产品生产及材料需求计划表"编制的,它将各条生产线产品投产数量加总,将分散的信息集中在一起,可以直观看出企业在每个季度投产了哪些产品、分别有多少。同时,根据产品的投产数量,能准确确定出每个季度投产产品所需要的加工费。财务总监将该计划提供的加工费信息,作为编制现金预算的依据之一。

例 7.2 接例 7.1,根据"产品生产及材料需求计划表"编制该企业的"开工计划"。

从"产品生产及材料需求计划表"可以看出,企业在第一季度投产 1 个 P1,2 个 P2,共计投产 3 个产品。根据规则,每个产品上线需投入加工费 1 W,第一季度投产 3 个产品,需要 3 W 的加工费。同样,企业根据产品投产数量可以推算出第二、三、四季度需要的加工费。该企业编制的"开工计划"如表 7.2 所示。

表 7.2 开工计划

产 品	第一季度	第二季度	第三季度	第四季度
P1	1			1
P2	2	1	2	1
P3				
P4				
加工费	3	1	2	2

生产产品必须要有原材料,没有原材料,企业就无法进行产品生产。企业要保证材料的供

应,就必须事先知道企业在什么时候需要什么材料、需要多少。企业可以根据"产品生产及材料需求计划"编制"材料需求计划",确定企业在每个季度所需要的材料。"材料需求计划"可以直观反映企业在某一季度所需要的原材料数量,采购总监可以据此订购所需要的原材料,保证原材料的供应。

例 7.3 接【例 7.1】,根据"产品生产及材料需求计划表",生产总监编制该企业的"材料需求计划",如表 7.3 所示。

表 7.3 材料需求计划

产品	第一季度	第二季度	第三季度	第四季度	合计
R1	3	1	2	2	8
R2	2	1	2	1	6
R3					
R4					

2. 企业要保证材料的供应,必须提前订购材料

实际工作中,采购材料可能是现款采购,也可能是赊购。沙盘企业中,一般采用的是现款采购的规则。也就是说,订购的材料到达企业时,必须支付现金。

材料采购计划相当于实际工作中企业编制的"直接材料预算",它是以生产需求计划为基础编制的。在编制材料采购计划时,主要应当注意三个问题:

(1)订购的数量。订购材料的目的是为了保证生产的需要,如果订购过多,占用了资金,造成资金使用效率的下降;订购过少,不能满足生产的需要。所以,材料的订购数量应当以既能满足生产需要,又不造成资金的积压为原则,尽可能做到材料零库存。为此,应当根据原材料的需要量和原材料的库存数量来确定企业材料的订购数量。

(2)订购的时间。一般情况下,企业订购的材料当季度不能入库,要在下一季度或下两季度才能到达企业。因此,企业在订购材料时,应当考虑材料运输途中的时间,即材料提前订货期。

(3)采购材料付款的时间和金额。采购的材料一般在入库时付款,付款的金额就是材料入库应支付的金额,如果订购了材料,就必须按期购买。当期订购的材料不需要支付现金。

企业编制材料采购计划,可以明确企业订购材料的时间,采购总监可以根据该计划订购材料,防止多订、少订、漏订材料,保证生产的需要。同时,财务总监根据该计划可以了解企业采购材料的资金需要情况,及时纳入现金预算,保证资金的供应。

例 7.4 接例 7.3,根据"材料需求计划",采购总监编制该企业的材料采购计划。

从"材料需求计划"可以看出,企业在每个季度都需要一定数量的 R1 和 R2 原材料,根据规则,R1 和 R2 材料的提前订货期均为一个季度,也就是说,企业需要提前一个季度订购原材料。比如,企业在本年第一季度需要 3 个 R1 和 2 个 R2,则必须在上年的第四季度订购。当上年第四季度订购的材料在本年第一季度入库时,需要支付材料款 50 W。同样,企业可以推算在每个季度需要订购的原材料以及付款的金额。据此,采购总监编制材料采购计划,如表 7.4 所示。

表 7.4 材料采购计划

材料	上年第四季度		第一季度		第二季度		第三季度		第四季度	
	订购	入库	订购	入库	订购	入库	订购	入库	订购	入库
R1	3		1	3	2	1	2	2		2
R2	2		1	2	2	1	1	2		1
R3										
R4										
材料款			50 W		20 W		40 W		30 W	

3. 现金预算

企业在经营过程中,常常出现现金短缺的意外情况,正常经营不得不中断,搞得经营者焦头烂额。其实,仔细分析我们会发现,这种意外情况的发生不外乎两方面的原因:第一,企业没有正确编制预算,导致预算与实际严重脱节;第二,企业没有严格按计划进行经营,导致实际严重脱离预算。为了合理安排和筹集资金,企业在经营之前应当根据新年度计划编制现金预算。

现金预算是有关预算的汇总,由现金收入、现金支出、现金多余或不足、资金的筹集和运用四个部分组成。现金收入部分包括期初现金余额和预算期现金收入两部分。现金支出部分包括预算的各项现金支出。现金多余或不足是现金收入合计与现金支出合计的差额。差额为正,说明收入大于支出,现金有多余,可用于偿还借款或用于投资;差额为负,说明支出大于收入,现金不足,需要筹集资金或调整规划或计划,减少现金支出。资金的筹集和运用部分是当企业现金不足或富裕时,筹集或使用的资金。

沙盘企业中,企业取得销售订单后,现金收入基本确定。当企业当年的投资和生产计划确定后,企业的现金支出也基本确定,所以,企业应该能够通过编制现金预算准确预计企业经营期的现金多余或不足,可以有效预防"意外"情况的发生。如果企业通过编制现金预算发现资金短缺,而且通过筹资仍不能解决,则应当修订企业当年的投资和经营计划,最终使企业的资金满足需要。

"现金预算表"的格式有多种,可以根据实际需要自己设计。这里,我们介绍其中的一种,这种格式是根据沙盘企业的运营规则而设计的。下面我们举例简要介绍"现金预算表"的编制。

表 7.5 现金预算表

季度	1	2	3	4
期初库存现金	180 W	130 W	140 W	40 W
支付上年应交税				
市场广告投入	80 W			
贴现费用				
利息(短期贷款)				
支付到期短期贷款				

续表7.5

季度	1	2	3	4
原料采购支付现金	50 W	20 W	40 W	30 W
转产费用				
生产线投资			80 W	80 W
工人工资	30 W	10 W	20 W	20 W
产品研发投资	30 W	30 W	30 W	30 W
收到现金前的所有支出	160 W	30 W	140 W	130 W
应收款到期	150 W	80 W	80 W	180 W
支付管理费用	10 W	10 W	10 W	10 W
利息(长期贷款)				40 W
支付到期长期贷款				
设备维护费用				20 W
租金				
购买新建筑				
市场开拓投资				20 W
ISO认证投资				20 W
其他				
现金收入合计	150 W	80 W	80 W	180 W
现金支出合计	200 W	70 W	180 W	270 W
现金多余或不足	130 W	140 W		−50 W
银行借款				200 W
期末现金余额	130 W	140 W	40 W	150 W

例7.5 承前例,根据例7.1～例7.4以及下面的资料,编制该企业该年的现金预算表。

假设该企业有关现金预算资料如下。

年初现金:180 W。

上年应交税金:0。

支付广告费:80 W。

应收款到期:第1季度150 W,第2季度80 W,第3季度80 W,第4季度180 W。

年末偿还长期贷款利息:40 W。

年末支付设备维护费:20 W。

投资规划:从第一季度开始连续开发P2和P3产品,开发国内和亚洲市场,同时进行ISO 9000和ISO 14000认证,从第三季度开始购买安装两条全自动生产线。

产品生产及材料采购需要的资金见前面的"开工计划"和"材料采购计划"。

我们可以根据该规划,并结合生产和材料采购计划,编制该企业的现金预算表,如表7.5

所示。

从上面编制的现金预算表可以看出,企业在第一、二、三季度收到现金前的支付都小于或等于期初的现金,而且期末现金都大于零,说明现金能满足需要。

第三季度末,企业现金余额为 40 W,也就是说,第四季度期初库存现金为 40 W,但是,第四季度在收到现金前的现金支出为 130 W,小于可使用的资金,这样,企业必须在第三或第四季度初筹集资金。因为企业可以在每季度初借入短期借款,所以,企业应当在第四季度初贷入 200 W 的短期贷款。

综上,企业为了合理组织和安排生产,在年初首先应当编制"产品生产及材料需求计划表",明确企业在计划期内根据产能所能生产的产品数量,营销总监可以根据年初库存的产品数量和计划年度的完工产品数量确定可接订单数量,并根据确定的可接订单数量参加产品订货会。订货会结束后,企业根据确定的计划年度产品销售数量安排生产。为了保证材料的供应,生产总监根据确定的生产计划编制"材料需求计划",采购总监根据生产总监编制的"材料需求计划"编制"材料采购计划"。财务总监根据企业规划确定的费用预算、生产预算和材料需求预算编制现金预算,明确企业在计划期内资金的使用和筹集。企业年初计划的制订程序如图 7.1 所示。

图 7.1　新年度计划制订流程图

7.1.4　支付应付税

依法纳税是每个公民应尽的义务。企业在年初应支付上年应交的税金。企业按照上年资产负债表中"应交税金"项目的数值交纳税金。交纳税金时,财务总监从现金库中拿出相应现金放在沙盘"综合费用"的"税金"处,并在运营任务清单对应的方格内记录现金的减少数。

7.2　沙盘模拟日常运行

企业制订新年度计划后,就可以按照运营规则和工作计划进行经营了。沙盘企业日常运营应当按照一定的流程来进行,这个流程就是任务清单。任务清单反映了企业在运行过程中的先后顺序,必须按照这个顺序进行。

为了对沙盘企业的日常运营有一个详细的了解,这里,我们按照任务清单的顺序,对日常运营过程中的操作要点进行介绍。

7.2.1　季初盘点

为了保证账实相符,企业应当定期对企业的资产进行盘点。沙盘企业中,企业的资产主要包括现金、应收账款、原材料、在产品、产成品等流动资产,以及在建工程、生产线、厂房等固定资产。盘点的方法主要采用实地盘点法,就是对沙盘盘面的资产逐一清点,确定实有数,然后将任务清单上记录的余额与其核对，最终确定余额。

盘点时，CEO指挥、监督团队成员各司其职，认真进行。如果盘点的余额与账面数一致，各成员就将结果准确无误地填写在任务清单的对应位置。季初余额等于上一季度末余额，由于上一季度末刚盘点完毕，所以可以直接根据上季度的季末余额填入。

(1) 财务总监：根据上季度末的现金余额填写本季度初的现金余额。第一季度现金账面余额的计算公式：年初现金余额＝上年末库存现金－支付的本年广告费－支付上年应交的税金＋其他收到的现金。

(2) 采购总监：根据上季度末库存原材料数量填写本季度初库存原材料数量。

(3) 生产总监：根据上季度末库存在产品数量填写本季度初在产品数量。

(4) 营销总监：根据上季度末库存产成品数量填写本季度初产成品数量。

(5) CEO：在监督各成员正确完成以上操作后，在运营任务清单对应的方格内打"√"。

7.2.2 更新短款

企业要发展，资金是保证。在经营过程中，如果缺乏资金，正常的经营可能都无法进行，更谈不上扩大生产和进行无形资产投资了。如果企业的经营活动正常，从长远发展的角度来看，应适度举债，"借鸡生蛋"。

沙盘企业中，企业筹集资金的方式主要是长期贷款和短期贷款。长期贷款主要是用于长期资产投资，比如购买生产线、产品研发等，短期贷款主要解决流动资金不足的问题，两者应结合起来使用。短期贷款的借入、利息的支付和本金的归还都是在每个季度初进行的。其余时间要筹集资金，只能采取其他的方式，不能贷入短期贷款。操作要点如下：

(1) 财务总监

① 更新短期贷款。将短期借款往现金库方向推进一格，表示短期贷款离还款时间更接近。如果短期借款已经推进现金库，则表示该贷款到期，应还本付息。

② 还本付息。财务总监从现金库中拿出利息放在沙盘"综合费用"的"利息"处；拿出相当于应归还借款本金的现金到交易处偿还短期借款。

③ 申请短期贷款。如果企业需要借入短期借款，则财务总监填写"公司贷款申请表"到交易处借款。短期借款借入后，放置一个空桶在短期借款的第四账期处，在空桶内放置一张借入该短期借款信息的纸条，并将现金放在现金库中。

(2) CEO

在"公司贷款登记表"上登记归还的本金金额；在任务清单对应的方格内记录偿还的本金、支付利息的现金减少数；登记借入短期借款增加的现金数。在监督财务总监正确完成以上操作后，在任务清单对应的方格内打"√"。

7.2.3 更新应付款/归还应付款

企业如果采用赊购方式购买原材料，就涉及应付账款。如果应付账款到期，必须支付货款。企业应在每个季度对应付款进行更新。操作重点如下：

(1) 财务总监

① 更新应付款：将应付款向现金库方向推进一格，当应付款到达现金库时，表示应付款到期，必须用现金偿还，不能延期。

② 归还应付款：从现金库中取出现金付清应付款。

③ 记录：在任务清单对应的方格内登记现金的减少数。

(2) CEO

在监督财务总监正确完成以上操作后，在任务清单对应的方格内打"√"。本教材的规则中不涉及应付款，不进行操作，直接在任务清单对应的方格内打"×"。

7.2.4 原材料入库/更新原材料订单

企业只有在前期订购了原材料，在交易处登记了原材料采购数量的，才能购买原材料。每个季度，企业应将沙盘中的"原材料订单"向原材料仓库推进一格，表示更新原材料订单。如果原材料订单本期已经推到原材料库，表示原材料已经到达企业，企业应验收入库材料，并支付相应的材料款。操作重点如下：

(1) 采购总监

① 购买原材料。持现金和"采购登记表"在交易处买回原材料后，放在沙盘对应的原材料库中。

② 记录。在"采购登记表"中登记购买的原材料数量，同时在任务清单对应的方格内登记入库的原材料数量。

③ 如果企业订购的原材料尚未到期，则采购总监在任务清单对应的方格内打"√"。

(2) 财务总监

① 付材料款。从现金库中拿出购买原材料需要的现金交给采购总监。

② 记录。在运营任务清单对应的方格内填上现金的减少数。

(3) CEO

监督财务总监和采购总监正确完成以上操作后，在任务清单对应的方格内打"√"。

原材料采购入库程序如图 7.2 所示。

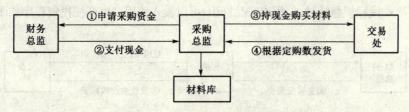

图 7.2　原材料采购入库程序图

7.2.5 下原料订单

企业购买原材料必须提前在交易处下原料订单，没有下订单不能购买。下原料订单不需要支付现金。操作要点如下：

(1) 采购总监

① 下原料订单。在"采购登记表"上登记订购的原材料品种和数量，在交易处办理订货手续；将从交易处取得的原材料采购订单放在沙盘的"原材料订单"处。

② 记录。在任务清单对应的方格内记录订购的原材料数量。

(2) CEO

在监督采购总监正确完成以上操作后，在任务清单对应的方格内打"√"。

7.2.6 更新生产/完工入库

一般情况下,产品加工时间越长,完工程度越高。企业应在每个季度更新生产。当产品完工后,应及时下线入库。操作要点如下:

(1) 生产总监

① 更新生产。将生产线上的在制品向前推一格。如果产品已经推到生产线以外,表示产品完工下线,将该产品放在产成品库对应的位置。

② 记录。在任务清单对应的方格内记录完工产品的数量。如果产品没有完工,则在运营任务清单对应的方格内打"√"。

(2) CEO

在监督生产总监正确完成以上操作后,在任务清单对应的方格内打"√"。

7.2.7 投资新生产线/变卖生产线/生产线转产

企业要提高产能,必须对生产线进行改造,包括新购、变卖和转产等。新购的生产线安置在厂房空置的生产线位置;如果没有空置的位置,必须先变卖生产线。变卖生产线的目的主要是出于战略的考虑,比如将手工线换成全自动生产线等。如果生产线要转产,应当考虑转产周期和转产费。操作要点如下:

1. 投资新生产线

(1) 生产总监

① 领取标识。在交易处申请新生产线标识,将标识翻转放置在某厂房空置的生产线位置,并在标识上面放置与该生产线安装周期期数相同的空桶,代表安装周期。

② 支付安装费。每个季度向财务总监申请建设资金,放置在其中的一个空桶内。每个空桶内都放置了建设资金,表明费用全部支付完毕,生产线在下一季度建设完成。在全部投资完成后的下一季度,将生产线标识翻转过来,领取产品标识,可以投入使用。生产线投资程序如图7.3所示。

图7.3 生产线投资程序图

(2) 财务总监

① 支付生产线建设费。从现金库取出现金交给生产总监用于生产线的投资。

② 记录。在运营任务清单对应的方格内填上现金的减少数。

(3) CEO

在监督生产总监正确完成以上操作后,在运营任务清单对应的方格内打"√"。如果不做上面的操作,则在运营任务清单对应的方格内打"×"。

2. 变卖生产线

(1) 生产总监

① 变卖。生产线只能按净值变卖。变卖时,将生产线及其产品生产标识交还给交易处,并将生产线的净值从"价值"处取出,将等同于变卖的生产线的净值部分交给财务总监,相当于

变卖收到的现金。

② 净值与残值差额的处理。如果生产线净值大于残值,则将净值大于残值的差额部分放在"综合费用"的"其他"处,表示出售生产线的净损失。

(2) 财务总监

① 收现金。将变卖生产线收到的现金放在现金库。

② 记录。在运营任务清单对应的方格内记录现金的增加数。

(3) CEO

在监督生产总监正确完成以上操作后,在运营任务清单对应的方格内打"√"。如果不做上面的操作,则在运营任务清单对应的方格内打"×"。

3. 生产线转产

(1) 生产总监

① 更换标识。持原产品标识在交易处更换新的产品生产标识,并将新的产品生产标识反扣在生产线的"产品标识"处,待该生产线转产期满可以生产产品时,再将该产品标识正面放置在"标识"处。

② 支付转产费。如果转产需要支付转产费,还应向财务总监申请转产费,将转产费放在"综合费用"的"转产费"处。

③ 记录。正确完成以上全部操作后,在运营任务清单对应的方格内打"√";如果不做上面的操作,则在运营任务清单对应的方格内打"×"。

(2) 财务总监

① 支付转产费。如果转产需要转产费,将现金交给生产总监。

② 记录。在运营任务清单对应的方格内登记支付转产费而导致的现金减少数。

(3) CEO

在监督生产总监正确完成以上操作后,在运营任务清单对应的方格内打"√"。如果不做上面的操作,则在运营任务清单对应的方格内打"×"。

7.2.8 向其他企业购买原材料/出售原材料

企业如果没有下原材料订单,就不能购买材料。如果企业生产急需材料,又不能从交易处购买,就只能从其他企业购买。当然,如果企业有暂时多余的材料,也可以向其他企业出售,收回现金。操作要点如下:

1. 向其他企业购买原材料

(1) 采购总监

① 谈判。在进行组间的原材料买卖时,首先双方要谈妥材料的交易价格,并采取一手交钱一手交货的方式进行交易。

② 购买原材料。本企业从其他企业处购买原材料,首先从财务总监处申请取得购买材料需要的现金,买进材料后,将材料放进原材料库。应当注意的是,材料的成本是企业从其他企业购买材料支付的价款,在计算产品成本时应按该成本作为领用材料的成本。

③ 记录。在任务清单对应的方格内填上购入的原材料数量,并记录材料的实际成本。

(2) 财务总监

① 付款。将购买材料需要的现金交给采购总监。

②记录。将购买原材料支付的现金数记录在任务清单对应的方格内。

(3) CEO

在监督采购总监和财务总监正确完成以上操作后,在运营任务清单对应的方格内打"√"。如果不做上面的操作,则在运营任务清单对应的方格内打"×"。

2. 向其他企业出售原材料

(1) 采购总监

①出售原材料。首先从原材料库取出原材料,收到对方支付的现金后将原材料交给购买方,并将现金交给财务总监。

②记录。在任务清单对应的方格内填上因出售而减少的原材料数量。

(2) 财务总监

①收现金。将出售材料收到的现金放进现金库。

②交易收益的处理。如果出售原材料收到的现金超过购进原材料的成本,表示企业取得了交易收益,财务总监应当将该收益记录在利润表的"其他收入/支出"栏(为正数)。

③记录。将出售原材料收到的现金数记录在任务清单对应的方格内。

(3) CEO

在监督采购总监和财务总监正确完成以上操作后,在运营任务清单对应的方格内打"√"。如果不做上面的操作,则在运营任务清单对应的方格内打"×"。

7.2.9 开始下一批生产

企业如果有闲置的生产线,尽量安排生产。因为闲置的生产线仍然需要支付设备维护费、计提折旧,企业只有生产产品,并将这些产品销售出去,这些固定费用才能得到弥补。操作要点如下:

(1) 生产总监

①领用原材料。从采购总监处申请领取生产产品需要的原材料。

②加工费。从财务总监处申请取得生产产品需要的加工费。

③上线生产。将生产产品所需要的原材料和加工费放置在空桶中(一个空桶代表一个产品),然后将这些空桶放置在空置的生产线上,表示开始投入产品生产。

④记录。在任务清单对应的方格内登记投产产品的数量。

(2) 财务总监

①支付现金。审核生产总监提出的产品加工费申请后,将现金交给生产总监。

②记录。在任务清单对应的方格内登记现金的减少数。

(3) 采购总监

①发放原材料。根据生产总监的申请,发放生产产品所需要的原材料。

②记录。在运营任务清单对应的方格内登记生产领用原材料导致原材料的减少数。

(4) CEO

在监督各总监正确完成以上操作后,在任务清单对应的方格内打"√"。

7.2.10 更新应收款/应收款收现

沙盘企业中,企业销售产品一般收到的是"欠条"——应收款。每个季度,企业应将应收款向现金库方向推进一格,表示应收款账期的减少。当应收款被推进现金库时,表示应收款到期,企业应持应收款凭条到交易处领取现金。操作要点如下:

(1) 财务总监

① 更新应收款。将应收款往现金库方向推进一格。当应收款推进现金库时,表示应收款到期。

② 应收款收现。如果应收款到期,持"应收账款登记表"、任务清单和应收款凭条到交易处领回相应现金。

③ 记录。在运营任务清单对应的方格内登记应收款到期收到的现金数。

(2) CEO

在监督财务总监正确完成以上操作后,在运营任务清单对应的方格内打"√"。

7.2.11 出售厂房

企业如果需要筹集资金,可以出售厂房。厂房按原值出售。出售厂房当期不能收到现金,只能收到一张4账期的应收款凭条。年末时,如果没有厂房,必须支付租金。操作要点如下:

(1) 生产总监

① 出售厂房。企业出售厂房时,将厂房价值拿到交易处,领回40 W的应收款凭条,交给财务总监。

② 记录。在任务清单对应的方格内打"√"。

(2) 财务总监

① 收到应收款凭条。将收到的应收款凭条放置在沙盘应收款的4 Q处。

② 记录。在"应收账款登记表"上登记收到的应收款金额和账期,在任务清单对应的方格内打"√"。

(3) CEO

监督生产总监和财务总监正确完成以上操作后,在任务清单对应的方格内打"√"。

7.2.12 向其他企业购买产品/出售产品

企业参加产品订货会时,如果取得的销售订单超过了企业最大生产能力,当年不能按订单交货,则构成违约,按规则将受到严厉的惩罚。为此,企业可以从其他企业购买产品来交单。当然,如果企业有库存积压的产品,也可以向其他企业出售。操作要点如下:

1. 向其他企业购买产品

(1) 营销总监

① 谈判。在进行组间的产品买卖时,首先双方要谈妥产品的交易价格,并采取一手交钱一手交货的交易方式进行交易。

② 购买。从财务总监处申请取得购买产品所需要的现金,买进产品后,将产品放置在对应的产品库。

注意:购进的产品成本应当是购进时支付的价款,在计算产品销售成本时应当按该成本计算。

③ 记录。在任务清单对应的方格内记录购入的产品数量。

(2) 财务总监

① 付款。根据营销总监的申请,审核后,支付购买材料需要的现金。

② 记录。将购买产品支付的现金数记录在运营任务清单对应的方格内。

(3) CEO

在监督营销总监和财务总监正确完成以上操作后,在运营任务清单对应的方格内打"√"。如果不做上面的操作,则在运营任务清单对应的方格内打"×"。

2. 向其他企业出售产品

(1) 营销总监

① 出售。从产品库取出产品,从购买方取得现金后将产品交给对方,并将现金交给财务总监。

② 记录。由于出售导致产品的减少,所以,营销总监应在运营任务清单对应的方格内填上因出售而减少的产品数量。

(2) 财务总监

① 收到现金。将出售产品收到的现金放进现金库。

② 出售收益的处理。如果出售产品多收到了现金,即组间交易出售产品价格高于购进产品的成本,表示企业取得了交易收益,应当在编制利润表时将该收益记录在利润表的"其他收入/支出"栏(为正数)。

③ 记录。将出售产品收到的现金数记录在任务清单对应的方格内。

(3) CEO

在监督营销总监和财务总监正确完成以上操作后,在运营任务清单对应的方格内打"√"。如果不做上面的操作,则在运营任务清单对应的方格内打"×"。

7.2.13 按订单交货

企业只有将产品销售出去才能实现收入,也才能收回垫支的成本。产品生产出来后,企业应按销售订单交货。操作要点如下:

(1) 营销总监

① 销售。销售产品前,首先在"订单登记表"中登记销售订单的销售额,计算出销售成本和毛利之后,将销售订单和相应数量的产品拿到交易处销售。销售后,将收到的应收款凭条或现金交给财务总监。

② 记录。在完成上述操作后,在运营任务清单对应的方格内打"√"。如果不做上面的操作,则在任务清单对应的方格内打"×"。

(2) 财务总监

① 收到销货款。如果销售取得的是应收款凭条,则将凭条放在应收款相应的账期处;如果取得的是现金,则将现金放进现金库。

② 记录。如果销售产品收到的是应收款凭条,在"应收账款登记表"上登记应收款的金额;如果收到现金,在任务清单对应的方格内登记现金的增加数。

(3) CEO

在监督营销总监和财务总监正确完成以上操作后,在运营任务清单对应的方格内打"√"。如果不做上面的操作,则在运营任务清单对应的方格内打"×"。

7.2.14 产品研发投资

企业要研发新产品,必须投入研发费用。每季度的研发费用在季末一次性支付。当新产品研发完成,企业在下一季度可以投入生产。操作要点如下:

(1) 营销总监

① 研发投资。企业如果需要研发新产品,则从财务总监处申请取得研发所需要的现金,放置在产品研发对应位置的空桶内。如果产品研发投资完成,则从交易处领取相应产品的生产资格证放置在"生产资格"处。企业取得生产资格证后,从下一季度开始,可以生产该产品。

② 记录。在运营任务清单对应的方格内打"√"。

(2) 财务总监

① 支付研发费。根据营销总监提出的申请,审核后,用现金支付。

② 记录。如果支付了研发费,则在运营任务清单对应的方格内登记现金的减少数。

(3) CEO

在监督营销总监和财务总监完成以上操作后,在运营任务清单对应的方格内打"√"。如果不做上面的操作,则在运营任务清单对应的方格内打"×"。

7.2.15 支付行政管理费

企业在生产经营过程中会发生诸如办公费、人员工资等管理费用。沙盘企业中,行政管理费在每季度末一次性支付1W,无论企业经营情况好坏、业务量多少,都是固定不变的,这是与实际工作的差异之处。操作要点如下:

(1) 财务总监

① 支付管理费。每季度从现金库中取出1W现金放置在综合费用的"管理费"处。

② 记录。在任务清单对应的方格内登记现金的减少数。

(2) CEO

在监督财务总监完成以上操作后,在运营任务清单对应的方格内打"√"。

7.2.16 其他现金收支情况登记

企业在经营过程中可能会发生除上述外的其他现金收入或支出,企业应将这些现金收入或支出进行记录。操作要点如下:

(1) 财务总监

发生现金增加和减少情况,则在运营任务清单对应的方格内登记现金的增加或减少数。

(2) CEO

在监督财务总监完成以上操作后,在运营任务清单对应的方格内打"√"。如果不做上面的操作,则在任务清单对应的方格内打"×"。

7.2.17 季末盘点

每季度末,企业应对现金、原材料、在产品和产成品进行盘点,并将盘点的数额与账面结存数进行核对,如果账实相符,则将该数额填写在任务清单对应的方格内。如果账实不符,则找出原因后再按照实际数填写。

余额的计算公式为:

现金余额=季初余额+现金增加额-现金减少额

原材料库存余额＝季初原材料库存数量＋本期原材料增加数量－本期原材料减少数量
在产品余额＝季初在产品数量＋本期在产品投产数量－本期完工产品数量
产成品余额＝季初产成品数量＋本期产成品完工数量－本期产成品销售数量

7.3 沙盘企业年末工作

企业日常经营活动结束后,年末,企业还应当进行年末账项的计算和结转,编制各种报表,计算当年的经营成果,反映当前的财务状况,并对当年的经营情况进行分析总结。

7.3.1 更新长期贷款/申请长期贷款

企业为了发展,可能需要借入长期贷款。长期贷款主要是用于长期资产投资,比如购买生产线、产品研发等。沙盘企业中,长期贷款只能在每年年末进行,贷款期限在一年以上,每年年末付息一次,到期还本。本年借入的长期借款下年末支付利息。操作要点如下:

(1) 财务总监

① 支付利息。根据企业已经借入的长期借款计算本年应支付的利息,之后,从现金库中取出相应的利息放置在综合费用的"利息"处。

② 更新长期贷款。将长期借款往现金库推进一格,表示偿还期的缩短。如果长期借款已经被推至现金库中,表示长期借款到期,应持相应的现金和"贷款登记表"到交易处归还该借款。

③ 申请长期贷款。持上年报表和"贷款申请表"到交易处,经交易处审核后发放贷款。收到贷款后,将现金放进现金库中;同时,放一个空桶在长期贷款对应的账期处,空桶内写一张注明贷款金额、账期和贷款时间的长期贷款凭条。如果长期贷款续贷,财务总监持上年报表和"贷款申请表"到交易处办理续贷手续。之后,同样放一个空桶在长期贷款对应的账期处,空桶内写一张注明贷款金额、账期和贷款时间的凭条。

④ 记录。在任务清单对应的方格内登记因支付利息、归还本金导致的现金减少数,以及借入长期借款增加的现金数。

申请长期贷款的程序如图7.4所示。

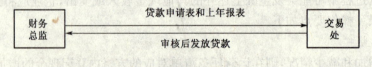

图7.4 申请长期贷款程序

(2) CEO

在监督财务总监完成以上操作后,在运营任务清单对应的方格内打"√"。如果不做上面的操作,则在运营任务清单对应的方格内打"×"。

7.3.2 支付设备维护费

设备使用过程中会发生磨损,要保证设备正常运转,就需要进行维护。设备维护会发生诸如材料费、人工费等维护费用。沙盘企业中,只有生产线需要支付维护费。年末,只要有生产线,无论是否生产,都应支付维护费。尚未安装完工的生产线不支付维护费。设备维护费每年年末用现金一次性集中支付。操作要点如下:

(1) 财务总监

① 支付维护费。根据期末现有完工的生产线支付设备维护费。支付设备维护费时,从现金库中取出现金放在综合费用的"维护费"处。

② 记录。在任务清单对应的方格内登记现金的减少数。

(2) CEO

在监督财务总监完成以上操作后,在运营任务清单对应的方格内打"√"。如果不做上面的操作,则在运营任务清单对应的方格内打"×"。

7.3.3 支付租金/厂房

企业要生产产品,必须要有厂房。厂房可以购买,也可以租用。年末,企业如果在使用没有购买的厂房,则必须支付租金;如果不支付租金,则必须购买。操作要点如下:

(1) 财务总监

① 支付租金。从现金库中取出现金放在综合费用的"租金"处。

② 购买厂房。从现金库中取出购买厂房的现金放在厂房的"价值"处。

③ 记录。在任务清单对应的方格内登记支付租金或购买厂房减少的现金数。

(2) CEO

在监督财务总监完成以上操作后,在运营任务清单对应的方格内打"√"。如果不做上面的操作,则在运营任务清单对应的方格内打"×"。

7.3.4 计提折旧

固定资产在使用过程中会发生损耗,导致价值降低,应对固定资产计提折旧。沙盘企业中,固定资产计提折旧的时间、范围和方法可以与实际工作一致,也可以采用简化的方法。本教材沙盘规则采用了简化的处理方法,与实际工作有一些差异。这些差异主要表现在:折旧在每年年末计提一次,计提折旧的范围仅仅限于生产线,折旧的方法采用直线法取整计算。在会计处理上,折旧费全部作为当期的期间费用,没有计入产品成本。操作要点如下:

(1) 财务总监

① 计提折旧。根据规则对生产线计提折旧。本教材采用的折旧规则是按生产线净值的 1/3 向下取整计算。比如,生产线的净值为 10,折旧为 3;净值为 8,折旧为 2。计提折旧时,根据计算的折旧额从生产线的"价值"处取出相应的金额放置在综合费用旁的"折旧"处。

② 记录。在运营任务清单对应的方格内登记折旧的金额。注意,在计算现金支出时,折旧不能计算在内,因为折旧并没有减少现金。

(2) CEO

在监督财务总监完成以上操作后,在运营任务清单对应的方格内打"√"。如果不做上面的操作,则在运营任务清单对应的方格内打"×"。

7.3.5 新市场开拓/ISO 资格认证投资

企业要扩大产品的销路必须开发新市场。不同的市场开拓所需要的时间和费用是不相同的。同时,有的市场对产品有 ISO 资格认证要求,企业需要进行 ISO 资格认证投资。沙盘企业中,每年开拓市场和 ISO 资格认证的费用在年末一次性支付,计入当期的综合费用。操作要点如下:

(1) 营销总监

① 新市场开拓。从财务总监处申请开拓市场所需要的现金,放置在沙盘所开拓市场对应的位置。当市场开拓完成,年末持开拓市场的费用到交易处领取"市场准入"的标识,放置在对应市场的位置上。

② ISO 资格认证投资。从财务总监处申请 ISO 资格认证所需要的现金,放置在 ISO 资格认证对应的位置。当认证完成,年末持认证投资的费用到交易处领取"ISO 资格认证"标识,放置在沙盘对应的位置。

③ 记录。进行了市场开拓或 ISO 认证投资后,在运营任务清单对应的方格内打"√",否则,打"×"。

(2) 财务总监

① 支付费用。根据营销总监的申请,审核后,将市场开拓和 ISO 资格认证所需要的现金支付给营销总监。

② 记录。在任务清单对应的方格内记录现金的减少数。

(3) CEO

在监督营销总监和财务总监完成以上操作后,在运营任务清单对应的方格内打"√"。

7.3.6 编制报表

沙盘企业每年的经营结束后,应当编制相关会计报表,及时反映当年的财务和经营情况。在沙盘企业中,主要编制产品核算统计表、综合费用计算表、利润表和资产负债表。

1. 产品核算统计表

产品核算统计表是核算企业在经营期间销售各种产品情况的报表,它可以反映企业在某一经营期间产品销售数量、销售收入、产品销售成本和毛利情况,是编制利润表的依据之一。产品核算统计表的格式如表 7.6 所示。

表 7.6 产品核算统计表

	P1	P2	P3	P4	合 计
数　量					
销售额					
成　本					
毛　利					

产品核算统计表是企业根据企业实际销售情况编制的,其数据来源于"订单登记表"。在前面我们已经介绍,企业在取得销售订单后,营销总监应及时登记订单情况,当产品实现销售后,应及时登记产品销售的销售额、销售成本,并计算该产品的毛利。年末,企业经营结束后,营销总监根据订单登记表,分别汇总各种产品的销售数量、销售额、销售成本和毛利,并将汇总结果填列在"产品核算统计表"中。之后,营销总监将"产品核算统计表"交给财务总监,财务总监根据"产品核算统计表"中汇总的数据,登记利润表中的"销售收入""直接成本"和"毛利"栏。

2. 综合费用计算表

综合费用计算表是综合反映在经营期间发生的各种除产品生产成本、财务费用外的其他费用。根据沙盘上的"综合费用"处的支出进行填写,其格式如表 7.7 所示。

表 7.7　综合管理费用明细表

项　目	金　额	备　注
管理费		
广告费		
保养费		
租　金		
转产费		
市场准入开拓		☐区域　☐国内　☐亚洲　☐国际
ISO资格认证		☐ISO 9000　☐1SO 14000
产品研发		P2(　)　P3(　)　P4(　)
其　他		
合　计		

综合费用计算表的填制方法如下：

(1)"管理费"项目根据企业当年支付的行政管理费填列。企业每季度支付 10 W 的行政管理费，全年共支付行政管理费 40 W。

(2)"广告费"项目根据企业当年年初的"广告登记表"中填列的广告费填列。

(3)"设备保养费"项目根据企业实际支付的生产线保养费填列。根据规则，只要生产线建设完工，不论是否生产，都应当支付保养费。

(4)"租金"项目根据企业支付的厂房租金填列。

(5)"转产费"根据企业生产线转产支付的转产费填列。

(6)"市场准入开拓"根据企业本年开发市场支付的开发费填列。为了明确开拓的市场，需要在"备注"栏本年开拓的市场前打"√"。

(7)"ISO 资格认证"项目根据企业本年 ISO 认证开发支付的开发费填列。为了明确认证的种类，需要在"备注"栏本年认证的名称前打"√"。

(8)"产品研发"项目根据本年企业研发产品支付的研发费填列。为了明确产品研发的品种，应在"备注"栏产品的名称前打"√"。

(9)"其他"项目主要根据企业发生的其他支出填列，比如，出售生产线净值大于残值的部分等。

3. 利润表

利润表是反映企业一定期间经营状况的会计报表。利润表把一定期间内的营业收入与其同一期间相关的成本费用相配比，从而计算出企业一定时期的利润。

表 7.8　利润表

项　目	上年数	本年数
销售收入		
直接成本		

续表7.8

项　　目	上年数	本年数
毛　利		
综合费用		
折旧前利润		
折　旧		
支付利息前利润		
财务收入/支出		
其他收入/支出		
税前利润		
所得税		
净利润		

通过编制利润表，可以反映企业生产经营的收益情况、成本耗费情况，表明企业生产经营成果。同时，通过利润表提供的不同时期的比较数字，可以分析企业利润的发展趋势和获利能力。利润表的基本格式如表7.8所示。

利润表的编制方法如下：

(1) 利润表中"上年数"栏反映各项目的上年的实际发生数，根据上年利润表的"本年数"填列。

(2) 利润表中"本年数"栏反映各项目本年的实际发生数，根据本年实际发生额的合计填列。

(3) "销售收入"项目，反映企业销售产品取得的收入总额。本项目应根据"产品核算统计表"填列。

(4) "直接成本"项目，反映企业本年已经销售产品的实际成本。本项目应根据"产品核算统计表"填列。

(5) "毛利"项目，反映企业销售产品实现的毛利。本项目是根据销售收入减去直接成本后的余额填列。

(6) "综合费用"项目反映企业本年发生的综合费用，根据"综合费用表"的合计数填列。

(7) "折旧前利润"项目反映企业在计提折旧前的利润，根据毛利减去综合费用后的余额填列。

(8) "折旧"反映企业当年计提的折旧额，根据当期计提的折旧额填列。

(9) "支付利息前的利润"项目反映企业支付利息前实现的利润，根据折旧前利润减去折旧后的余额填列。

(10) "财务收入/支出"项目反映企业本年发生的财务收入或者财务支出，比如借款利息、贴息等。本项目根据沙盘上的"利息"填列。

(11) "其他收入/支出"项目反映企业其他业务形成的收入或者支出，比如出租厂房取得的收入等。

(12) "税前利润"项目反映企业本年实现的利润总额。本项目根据支付利息前的利润加财务收入减去财务支出,再加上其他收入减去其他支出后的余额填列。

4. 资产负债表

资产负债表是反映企业某一特定日期财务状况的会计报表。它是根据"资产＝负债＋所有者权益"的会计等式编制的。简化的资产负债表的结构如表 7.9 所示。

表 7.9 资产负债表

资　产	期初数	期末数	负债和所有者权益	期初数	期末数
流动资产:			负债:		
现金			长期负债		
应收款			短期负债		
在制品			应付账款		
成品			应交税金		
原料			一年内到期的长期负债		
流动资产合计			负债合计		
固定资产:			所有者权益:		
土地和建筑			股东资本		
机器与设备			利润留存		
在建工程			年度净利		
固定资产合计			所有者权益合计		
资产总计			负债和所有者权益总计		

从资产负债表的结构可以看出,资产负债表由期初数和期末数两个栏目组成。资产负债表的"期初数"栏各项目数字应根据上年末资产负债表"期末数"栏内所列数字填列。

资产负债表的"期末数"栏各项目主要是根据有关项目期末余额资料编制,其数据的来源主要通过以下几种方式取得:

(1) 资产类项目主要根据沙盘盘面的资产状况通过盘点后的实际金额填列。

(2) 负债类项目中的"长期负债"和"短期负债"根据沙盘上的长期借款和短期借款数额填列,如果有将于一年内到期的长期负债,应单独反映。

(3) "应交税金"项目根据企业本年"利润表"中的"所得税"项目的金额填列。

(4) "所有者权益类"中的股东权益项目,如果本年股东没有增资,直接根据上年末"利润表"中的"股东资本"项目填列;如果发生了增资,则为上年末的股东资本加上本年增资的资本。

(5) "年度净利"项目根据"利润表"中的"净利润"项目填列。

7.3.7　结账

一年经营结束,年终要进行一次"盘点",编制"综合管理费用明细表""资产负债表"和"利润表"。一经结账后,本年度的经营也就结束了,本年度所有的经营数据不能随意更改。结账后,在运营任务清单对应的方格内打"√"。

【本章小结】

经营结束后,CEO应召集团队成员对当年的经营情况进行分析,分析决策的成功与失误,分析经营的得与失,分析实际与计划的偏差及其原因等。

记住:用心总结,用笔记录,勇于挑战,阔步向前!

现代企业经营必须遵循规则,优化流程。沙盘企业经营同样要熟悉规则和流程。本章主要介绍沙盘企业经营中如何操作的问题,包括年初制订战略规划和年度计划,年中严格按照规则和计划经营,年末为了反映企业的财务状况和经营情况,编制相关会计报表。

【复习思考题】

(1) 企业为什么要制订战略规划?参看相关书籍并结合自己的认识谈谈怎样制订战略规划。

(2) 企业为什么要制订年度计划?结合自己的认识谈谈如何制订新年度计划。

(3) 企业如何正确计算产能?试编制产品生产及材料需求计划表。

(4) 简述资产负债表的编制方法。

(5) 简述利润表的编制方法。

第8章 经营成果分析

在ERP沙盘模拟过程中,经过2~3年的经营后,各个模拟企业之间就会产生一定的差异。当第6年经营结束的时候,有些模拟经营的企业就已经倒闭了。同样的初始状况,为什么会产生不同的结果呢?这是学生们在经营过程中甚至经营完毕后会一直考虑的一个问题。本章节将从基本财务指标、综合性财务分析和企业发展潜力分析三个方面对企业的经营成果进行分析。基本财务指标、综合性财务分析是从财务学的角度来分析,着眼于定量;企业发展潜力分析则是从管理学的视角来进行分析,着眼于定性。

【本章重点】

- 基本财务指标
- 综合性财务分析
- 核心竞争力分析

8.1 基本的财务指标

在对企业的经营成果进行分析的时候,其基本的财务指标是进行分析的基础。本部分的内容将主要从偿债能力、营运能力、盈利能力等三个方面来介绍如何对相关的财务指标进行分析。

8.1.1 偿债能力分析

企业的偿债能力反映的是对长期借款、短缺借款等债务在某一个时点所具有的还本付息的能力。ERP沙盘模拟训练中会涉及的债务有长期贷款、短期贷款、高利贷三种方式。要想合理地利用好三种借款方式,首先就要选择合适的时间、合适的方式,而这必须要进行偿债能力的分析。为了充分和财务理论相结合,下面将从短缺偿债能力分析和长期偿债能力分析两个方面来进行分析。

1. 短期偿债能力分析

对于 ERP 沙盘模拟训练,要关注短期贷款和高利贷两种短期负债的偿付能力的分析。短期贷款的贷款时间是每个季度的初期,贷款限额为上年所有者权益的两倍,利随本清,期限为1年期;高利贷的贷款时间是任何时间,利随本清,期限为1年期。一般情况下,高利贷的利率高于长期贷款,长期贷款高于短期贷款。

短期偿债能力在财务上是用流动比率、速动比率和现金比率来反映的。

(1) *流动比率*

流动比率是流动资产除以流动负债的比值,其计算公式为:

流动比率＝流动资产÷流动负债

从 ERP 沙盘模拟训练来看,其涉及的流动资产有现金、应收账款、存货三项,而流动负债则包括短期贷款、高利贷、应交税金三项。流动比率指标关注的是流动负债到期的时候是否有足够的现金流来偿付其本金和利息。一般认为,生产企业合理的最低流动比率为2。这是因为流动资产中变现能力最差的存货金额约占流动资产总额的一半,剩下的流动性较大的流动资产至少要等于流动负债。

在 ERP 沙盘模拟训练的每一个年度末,要求提交相应的资产负债表,从资产负债表可以计算出流动比率指标。在对该指标进行分析的时候,不要仅仅关注其计算结果,更重要的是要关注组成该指标的流动资产和流动负债,它们各自的组成及其组成部分的具体账期,特别是要对流动资产中的存货进行具体分析。存货往往是由在制品、产成品和原料共同组成的,原料转化为现金还要经历在制品、产成品、应收账款。如果选择生成周期最短的全自动生成线(或者柔性生产线),并且所获订单要求的账期为零,原材料转化为现金也需要2个账期。而实际经营的时候,零账期的订单很少,这样看来,存货中的原材料不能够增加对短期负债的偿付能力;同样,在产品的偿付能力也很低。综合分析,产成品相对来说是模拟试验中具有一定偿付能力的存货(这还要取决于是否有订单,以及订单所要求的账期)。

(2) *速动比率*

速动比率是从流动资产中扣除存货部分的流动比率,速动比率的计算公式为:

速动比率＝(流动资产－存货)÷流动负债

速动比率将存货从流动资产中剔除,从 ERP 模拟训练所提供的经营环境来看,最为主要的原因就是存货的变现速度是流动资产中最慢的,有些种类的存货转化现金往往已经超过4个账期(一个年度),这些存货的存在就虚夸了流动比率所反映的短期偿付能力。把存货从流动资产总额中减去而计算出的速动比率反映的短期偿债能力更能让人信服。

通常认为正常的速动比率为1,低于1的速动比率往往被认为是短期偿债能力偏低。当然,具体合适的比率应该视不同的行业而加以调整,如采用大量现金交易的商店,几乎没有应收账款,速动比率大大低于1也是很正常的。影响速动比率可信性的重要因素是应收账款的变现能力,即应收账款的账期的长短和产生坏账的可能性。就 ERP 沙盘模拟训练来看,应收账款对速动比率指标的影响主要是账期的长短,当应收账款账期大于流动负债要求的偿还期的时候,就会加剧风险。

(3) 现金比率

现金比率是企业现金类资产与流动负债的比率,现金类资产包括企业所拥有的货币性资金和持有的有价证券(即资产负债表中的短期投资),它是速动资产扣除应收账款后的余额。

现金比率＝(流动资产－存货－应收账款)÷流动负债

现金比率能反映企业直接偿还流动负债的能力。如果在 ERP 沙盘模拟训练中使用该指标,可以保证流动负债的绝对偿付,但使用该指标则会要求企业保持较大的现金存量,从而错过或者延迟构建企业生产线、进行产品研发和市场开拓的时间,并最终让企业失去发展机遇。

2. 长期偿债能力分析

长期偿债能力分析关注的是企业对长期债务的偿付能力,具体到 ERP 沙盘模拟训练,则是关注长期贷款的偿付。长期贷款的贷款时间是每年年末,贷款限额为上年所有者权益的两倍,每年年底付息,贷款期限为 5 年期。

(1) 资产负债率

资产负债率是负债总额除以资产总额的百分比,也就是负债总额与资产总额的比例关系。资产负债率反映在总资产中有多大比例是通过借债来筹集的,也可以衡量企业在清算时保护债权人利益的程度。

资产负债率＝负债总额÷资产总额×100%

资产负债率反映债权人提供的资本占全部资本的比例。债权人关心的是贷款的安全,即到期能否按时收回本金和利息。而对于股东来说,通过借款,可以在较短的时间内扩大规模,只要其投资报酬率高于借款利息率,就可以获得超额回报,而如果实际的资本报酬率低于借款利息,则会侵蚀股东自己的利润。所以股东在进行借款的时候,一定要保持一个合理的资产负债率。

ERP 沙盘模拟训练的一个开始年度,企业的资产负债率是 40% 这样一个水平,现金持有量是 42 W。在这样的局面下继续进行经营,经营者不同的经营理念就会有相应的筹资策略。如果经营团队是偏风险的,其必然会加大筹资力度,在发放股票受到限制的情况下,贷款是其唯一的选择。通过短期贷款或者长期贷款,扩大现金储备,而充足的现金让经营者在生产线的扩建、产品和市场的开拓以及广告策略的制订上都增加了更多的选择;但高的负债率,必须要求制订更好的广告策略,获得足够的广告订单,从而可以有现金流来还本付息,这样的经营方式可以让模拟企业获得高速发展,也可能资金链断裂而提前倒闭。如果经营团队是风险中性的,其可以保持现有的经营模式,不是通过借款,而是在现有的生产线、产品和市场状况下,稳步经营,获得了足够的现金流后,再图谋进一步的发展。这样的经营理念是完全通过自身的发展来逐步壮大自己,也就是先活着,再好好地活着。这样的经营方式让企业可以保持一个较低的资产负债率,其经营过程的初期风险较小,但也可能失去先发优势。被淘汰的往往不是经营得不好,先发企业经营太好也可能被淘汰出局。

(2) 产权比率

产权比率是负债总额与股东权益总额之比例,也叫做债务股权比率。其计算公式为:

产权比率＝负债总额÷股东权益总额×100%

该项指标是反映由债权人提供的资本和股东提供的资本的相对关系,反映企业的资本结构是否稳定。产权比率高,是高风险、高报酬的财务结构;产权比率低,是低风险、低报酬的结构。如 ERP 沙盘模拟训练初始年度,长期负债为 40 W,所有者权益为 66 W,则计算出的产权比率为 60.61%，偏低，表明企业经营者其实可以通过贷款的方式来使企业获得进一步的发展。

(3) 已获利息倍数

已获利息倍数指标是指企业息税前利润与利息费用的比率（息税前利润是指损益表中未扣除利息费用和所得税之前的利润，它可以用税后利润加所得税再加利息费用计算得出），用以衡量企业偿付借款利息的能力，也叫利息保障倍数。其计算公式为：

已获利息倍数＝息税前利润÷利息费用

已获利息倍数指标反映企业息税前利润为所支付的债务利息的多少倍。只要已获利息倍数足够大，企业就有充足的能力偿付利息。如何合理确定企业的已获利息倍数，在实际经营过程中，是将企业的这一指标与其他企业，特别是本行业的平均水平进行比较，来分析决定本企业的指标水平。对于ERP沙盘模拟训练中所涉及的企业，它们初始年度的企业财务状况都是统一的，第1年度初期的息税前利润为 7 W，利息费用为 4 W，可以计算出已获利息倍数为1.75，该指标从目前来看，应该还是合理的。但随着企业业务的展开，贷款费用的增加会相应地增加每一年度的利息费用；生产线的扩展、市场的开拓、产品的研究、ISO资格认证等费用在初期也必将显著增加，从而使已获利息倍数这个指标变小，甚至让利润为负。这表明企业财务状况非常紧张，利息支付压力将会很大。

8.1.2 营运能力分析

营运能力反映的是企业在资产管理方面效率的高低，这方面的财务指标有应收账款周转率、存货周转率、资产周转率等。

1. 应收账款周转率

应收账款周转率是反映应收账款周转速度的指标，也就是年度内应收账款转为现金的平均次数，它说明应收账款流动的速度。其计算公式为：

应收账款周转率＝销售收入÷平均应收账款

一般来说，应收账款周转率越高，平均收现期越短，说明应收账款的收回越快。如ERP沙盘模拟训练的初始年度的销售收入为 320 W，应收款的期初数为 150 W，期末为 0，计算出的应收账款周转率为 4.27，即应收账款的平均周转天数为 84.31 天（360÷4.27＝84.31）。该指标和企业在每个年度初期所获得的订单的账期密切相关。

2. 存货周转率

存货周转率是衡量和评价企业购入存货、投入生产、销售收回等各环节管理状况的综合性指标。它是销售成本被平均存货所除而得到的比率。计算公式为：

存货周转率＝销售成本÷平均存货

一般来讲，存货周转速度越快，存货的占有水平越低，流动性越强，存货转化为现金、应收账款的速度越快。如ERP沙盘模拟训练的初始年度的销售成本为 120 W，存货的期初数为 170 W，期末为 160 W，计算出的存货周转率为 0.72，即存货的平均周转天数为 500 天（360÷0.72＝500）。存货周转率的期初数据反映出存货的周转速度是很慢的。这可能和企业初始经营时候的生产线大多为手工生产线有极大关系（用手工生产线进行生产，从原料到产成品，至少都要一个年度的时间），另外，初期的订单量较少也是原因之一（足够的订单才能够让产成品转化为应收账款或者现金）。

3. 资产周转率

资产周转率是销售收入与平均资产总额的比值。其计算公式为：

资产周转率＝销售收入÷平均资产总额

该项指标反映资产总额的周转速度。周转越快，反映销售能力越强。如 ERP 沙盘模拟训练的初始年度的销售收入为 320 W，资产的期初数为 1 050 W，期末数为 1 070 W，计算出的资产周转率为 0.30，资产周转率的期初数据反映出企业总资产的周转速度是很慢的。当然，周转慢的原因是在企业经营初始年，市场开拓、产品研发以及生产能力等都处于投入期，企业的销售量很低，从而资产周转率较低也是符合企业的生命周期的，但如果企业在经营的以后年度中该指标没有得到改善的话，企业的经营状况必然会恶化。

8.1.3 盈利能力分析

盈利能力就是企业赚取利润的能力。不论是股东、债权人还是企业的经营管理人员，都非常重视和关心企业的盈利能力。反映企业盈利的指标很多，通常使用的主要有销售利润率、资产利润率、净资产收益率等。

1. 销售利润率

销售利润率是指净利润与销售收入的百分比，其计算公式为：

销售利润率＝净利润÷销售收入×100％

销售利润率反映了每 100 元销售额得到的净利润是多少。如 ERP 沙盘模拟训练的初始年度的销售收入为 32 W，实现的净利润为 2 W，计算出的销售利润率为 6.25％。该指标随着企业的发展，应该会进一步增加。

2. 资产利润率

资产利润率是企业净利润与平均资产总额的百分比。资产利润率的计算公式为：

资产利润率＝净利润÷平均资产总额×100％

该指标反映的是企业资产利用的综合效果。该指标越高，表明资产的利用效率越高，说明企业在增加收入和节约资金方面取得了良好的效果。资产利润率是一个综合指标，其反映了债权人和股东投入的两个方面资产的收益的情况。如 ERP 沙盘模拟训练的初始年度的净利润为 20 W，资产的期初数为 1 050 W，期末为 1 070 W，计算出的资产利润率为 1.9％。

3. 净资产收益率

净资产收益率是净利润与平均净资产的百分比，也叫净资产报酬率或权益报酬率。其计算公式为：

净资产收益率＝净利润÷平均净资产×100％

该指标反映的是公司所有者权益的投资报酬率。如 ERP 沙盘模拟训练的初始年度净利润为 20 W，所有者权益的期初数为 640 W，期末为 660 W，计算出的净资产收益率为 3％。

8.2 综合财务分析

学生掌握基本的财务指标是对经营成果进行分析的基础。而要反映经营过程中的问题，就必须综合运用财务指标，将各个财务指标隔离开来进行单独的分析。本部分通过杜邦财务分析、可持续增长率、本量利分析，并借助于案例向学生介绍财务指标的综合运用。

8.2.1 杜邦财务分析

杜邦财务分析系统是由美国杜邦公司创造的，又称为杜邦系统，如图 8.1 所示。

从杜邦架构图可以看出,杜邦财务分析体系是将权益净利率这样一个核心指标不断分解而形成的一个财务分析系统。从公式中看,决定权益净利率高低的的因素有三个方面:销售净利率、资产周转率和权益乘数。权益乘数主要受资产负债比率的影响。负债比率大,权益乘数就高,说明企业有较高的负债程度,能给企业带来较大的杠杆利益,同时也给企业带来较大的风险。销售净利率高低的因素分析,则需要从销售额和销售成本两个方面进行。资产周转率是反映运用资产以产生销售收入能力的指标。对资产周转率的分析,需要对影响资产周转的因素进行分析,即除了对资产的各构成部分从占用量上是否合理进行分析外,还可以通过对流动资产周转率、存货周转率、应收账款周转率等有关资产组成部分使用效率的分析,判断影响资产周转的主要问题出在哪里。

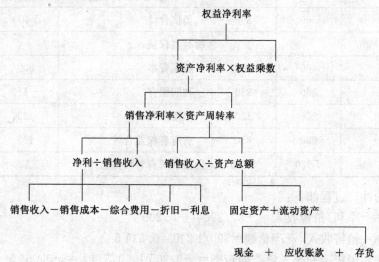

图 8.1 杜邦财务分析构架图

例 8.1 某参赛组第三年编制的利润表和资产负债表(表 8.1、表 8.2)如下。

表 8.1 利润表

项 目	上年数	本年数
销售收入	350	390
直接成本	150	90
毛利	200	300
综合费用	290	120
折旧前利润	−90	180
折旧		100
支付利息前利润	−90	80
财务收入/支出	100	110
其他收入/支出	−40	−50
税前利润	−230	−80
所得税		
净利润	−230	−80

表 8.2 资产负债表

资产	期初数	期末数	负债和所有者权益	期初数	期末数
流动资产:			负债:		
现金	170	210	长期负债	600	600
应收款	80		短期负债		600
在制品	110	40	应付账款		
成品	170	100	应交税金		
原料	30	40	一年内到期的长期负债	200	600
流动资产合计	560	390	负债合计	1 400	1 200
固定资产:			所有者权益:		
土地和建筑	400	400	股东资本	500	500
机器与设备	360	330	利润留存	−150	−380
在建工程	200	120	年度净利	−230	−80
固定资产合计	960	850	所有者权益合计	120	40
资产总计	1 520	1 240	负债和所有者权益总计	1 520	1 240

杜邦分析的计算过程如下:

销售净利率=净利/销售收入=−80/390=−0.205 1

资产周转率=销售收入/资产总额=390/1 240=0.314 5

资产净利率=销售净利率×资产周转率=−0.205 1×0.314 5=−0.064 5

权益乘数=1/(1−资产负债率)=1/(1−120/124)=31

权益净利率=资产净利率×权益乘数=−0.048 4×31=−1.5

从以上的计算可以看出,该组目前的经营状况是不容乐观的。造成权益净利率为−1.5的原因在于,销售净利率没有实现正的增长,资产周转率也太低,特别要注意的指标是权益乘数,从这个指标可以看出,资产负债率过高,从而使财务风险加大,这将不利于经营业绩的稳定增长。

8.2.2 可持续增长率

可持续增长率是指不增发新股并保持目前经营效率和财务政策的条件下,公司销售所能增长的最大比率。可持续增长率的假设条件如下:

① 公司目前的资本结构是一个目标结构,并且打算继续维持下去。
② 公司目前的股利支付率是一个目标支付率,并且打算继续维持下去。
③ 不愿意或者不打算发售新股,增加债务是其唯一的外部筹资来源。
④ 公司的销售净利率将维持当前水平,并且可以涵盖负债的利息。
⑤ 公司的资产周转率将维持目前的水平。

可持续增长率的思想,不是说企业的增长不可以高于或低于可持续增长率。问题在于管理人员必须事先预计并且解决在公司超过可持续增长率之上的增长所导致的财务问题。超过部分的资金只有两个解决办法:提高资产收益率,或者改变财务政策。提高经营效率并非总是可行的,改变财务政策是有风险和极限的,因此超常增长只能是短期的。

通常,可持续增长率的计算公式为:

可持续增长率＝股东权益增长率

＝(本期净利/本期销售)×(本期销售/期末总资产)×(期末总资产/期初股东权益)×(期初权益期末总资产乘数)

＝(留存率×销售净利率×权益乘数×资产周转率)/(1－留存率×销售净利率×权益乘数×资产周转率)

ERP沙盘模拟试验的训练中,要求各个参与团队经营至少5年的时间。在这5年的时间里,经常出现的事件是当经营到第2、3年的时候,由于资不抵债(权益为负)或者不能偿还到期债务而倒闭。而这些事件的发生,其实就是一个企业的可持续增长问题。ERP沙盘模拟试验最终要对各组的经营业绩进行评测,评测涉及厂房、生产线、市场开发、产品开发、市场地位以及权益等诸多方面。要在激烈的竞争中取得优势,各个经营团队必然要对自己的经营效率(体现于资产周转率和销售净利率)和财务政策(体现于资产负债率和收益留存率)进行调整。

具体而言,如在企业经营的初期,企业所拥有的产品线比较单一(一条半自动线和三条手工线),市场开发也是仅仅局限于本地市场,产品的研究仅仅是P1产品。企业要获得长足发展,必须抢占发展的先机,要进行超常规的发展。在策略上,一方面就是提高经营效率,即要提高资产周转率和销售净利率。销售净利率的提高要求开发并实现利润率较高的产品销售,同时要减少不必要的费用开支;而对于资产周转率的提高,就必须要提升销售额,要通过合理的广告分布来获得足够的生产订单。在另外一个方面,经营者还需要对自己的财务政策作出调整,即资产负债率和收益留存率的调整。结合ERP沙盘模拟实训来看,企业发展初期现金的持有量是42W,但是就实际的资金需求来看,其实是非常有限的,通过长期贷款或者短期贷款来获得发展资金是企业发展初期必然要进行的事情,这就必然涉及资产负债率的增加(企业没有股利分配的要求,故收益留存率是100%),资产负债率增加可以让企业超常发展,但超常发展也必然对企业的资金管理提出很高的要求,企业在进行贷款业务的时候,必须要进行准确的预算。这样的一个过程其实反映了ERP沙盘模拟训练中需要不断思考的两个问题:企业如何才能够活下来? 如何才能够活得更精彩?

下面结合一组参赛队伍的经营数据,运用可持续增长率指标来对其经营状况进行分析。

例8.2 在参加ERP模拟比赛中的第C组,其5年的经营利润表和资产负债表如表8.3所示。

表8.3 企业经营利润表 单位:

年　度	初始元年	第1年	第2年	第3年	第4年	第5年	第6年
销售收入	0	0	943	1 207	1 961	4 159	4 789
直接成本	0	0	400	520	860	1 700	2 020
毛　利	0	0	543	687	1 101	2 459	2 769
综合费用	0	155	315	373	337	744	1 050
折旧前利润	0	−155	228	314	764	1 715	1 719
折　旧	0	0	0	120	120	300	300

续表 8.3

年　度	初始元年	第1年	第2年	第3年	第4年	第5年	第6年
支付利息前利润	0	−155	228	194	644	1 415	1 419
财务费用	0	0	68	147	199	310	291
税前利润	0	−155	160	47	445	1 105	1 128
所得税	0	0	1	12	111	276	282
年度净利润	0	−155	−159	−35	334	829	846
销售净利润率	0	0	−16.86	−2.9	17.03	19.93	17.67

可以看出,在实际经营过程中,实际增长率和可持续增长率经常是不一致的。

这关键在于分析两个指标之间产生差异的原因是什么,并从中探讨经营业绩和财务政策有何变化。

(1) 经营政策的变化

经营政策的变化主要体现在销售净利率和总资产周转率这两个指标上,销售净利率在前三年为负,在第四年开始为正,但总体都是一个增加趋势;从第一年的销售没有销售收入,到第二年的盈利 16.86 元,但第三年的盈利 2.9 元,表明每 1 元的销售利润一直还是在变化。而总资产周转率指标也是表现良好,呈现比较好的增长趋势。

(2) 总体指标的变化

在 C 组五年的经营过程中,其可持续增长率在第一年呈现负数,第二年开始为正增长;实际增长率则一直为正增长,除了第三年的增长率小外,其他年度增长都是较为平缓(这要考虑销售收入基数增大这一因素)。可持续增长率出现这样的变化,最为主要的影响因素是财务杠杆,提示经营者在经营的过程中要控制风险。负债相对于权益来说,比例过高,这将不利于企业的可持续发展,经营者应该控制负债水平,同时要通过开拓市场扩大销售,提高权益。可以看出,C 组在第四年和第五年的经营情况就得到了极大改善,已经慢慢步入良性发展的轨迹。

8.2.3　本量利分析

本量利相互关系的研究,以成本和数量的关系研究为基础,它们通常被称为成本性态研究。所谓成本性态,是指成本总额对业务量的依存关系。业务量是指企业的生产经营活动水平的标志量。它可以是产出量也可以是投入量;可以是实物度量、时间度量,也可以是货币度量。当业务量变化后,各项成本有不同的性态,大体上可以分为三种:固定成本、变动成本和混合成本。固定成本是不受业务量影响的成本;变动成本是随业务量增长而正比例增长的成本;混合成本介于固定成本和变动成本之间,可以将其分解为固定成本和变动成本两个部分。

1. 损益方程式

利润＝销售收入－总成本

　　　＝单价×销量－变动成本－固定成本

　　　＝单价×销量－单位变动成本×产量－固定成本

当产量和销量相同的时候,则有:

利润＝单价×销量－单位变动成本×销量－固定成本

这个方程式是明确表达本量利之间数量关系的基本工程式,它含有 5 个相互联系的变量,给定其中 4 个,便可求出另一个变量的值。

计算销量的方程式:

销量＝(固定成本＋利润)/(单价－单位变动成本)

计算单价的方程式:

单价＝(固定成本＋利润)/销量＋单位变动成本

计算单位变动成本的方程式:

单位变动成本＝单价－(固定成本＋利润)/销量

计算固定成本的方程式:

固定成本＝单价×销量－单位变动成本×销量－利润

2. 边际贡献方程式

(1) 边际贡献

边际贡献是销售收入减去变动成本以后的差额,即:

边际贡献＝销售收入－变动成本

如果用单位产品表示:

单位边际贡献＝单价－单位变动成本

(2) 边际贡献率

边际贡献率是指边际贡献在销售收入中所占的百分率。

边际贡献率＝边际贡献/销售收入×100%

＝(单位边际贡献×销量)/(单价×销量)×100%

＝单位边际贡献/单价×100%

(3) 加权平均边际贡献率

当涉及多个产品的时候,则可以使用加权平均边际贡献率来计算。

加权平均边际贡献率＝Σ各产品边际贡献/Σ各产品销售收入×100%

3. 盈亏临界分析

盈亏临界点是指企业收入和成本相等的经营状态,即边际贡献等于固定成本时企业所处的既不盈利也不亏损的状态。

(1) 盈亏临界点销售量

盈亏临界点销售量＝固定成本/(单价－单位变动成本)

又由于:单价－单位变动成本＝单位边际贡献

所以,上式又可写成:盈亏临界点销售量＝固定成本/单位边际贡献

(2) 盈亏临界点销售额

盈亏临界点销售额＝固定成本/边际贡献率

(3) 盈亏临界点作业率

盈亏临界点作业率是盈亏临界点销售量与企业正常销售量的比值。所谓正常销售量,是指正常市场和正常开工情况下企业的销售数量,也可以用销售金额来表示。

盈亏临界点作业率＝盈亏临界点销售量/正常销售量×100%

(4) 安全边际率

安全边际是指正常销售额超过盈亏临界点销售额的差额,它表明销售额下降多少企业仍不致亏损。安全边际率则是指安全边际与正常销售额(或当年实际订货额)的比值。

安全边际＝正常销售额－盈亏临界点销售额

安全边际率＝安全边际/正常销售额（或实际订货额）×100%

安全边际和安全边际率的数值越大，企业发生亏损的可能性越小，企业就越安全。安全边际率指标是相对指标，便于不同企业和不同行业的比较。企业安全性的经验数据如表8.4所示。

表8.4 安全性检验标准

安全边际率	40%以上	30%～40%	20%～30%	10%～20%	10%以下
安全等级	很安全	安 全	较安全	值得注意	危 险

本量利分析在ERP沙盘模拟实训具有较强的实用价值。各个团队在进行企业经营的时候，往往是凭主观臆断来进行经营决策，没有结合所给出的市场预测资料和自己目前的资产状况来进行指标分析，从而让自己的经营陷入被动的局面。如在广告投入的时候，不能确定自己所能给出的最大广告投入量；在制订了广告投入的市场分布和计划要实现的利润后，却并不清楚在各个细分市场应该获得的订单数量是多少。而借助于本量利分析工具，对所提供的数据分析后，将可以获得以上决策所需的指标。

例8.3 某组在经营的第三个年度拿到了3个订单，1号订单为本地市场，6个P1，账期为1Q，销售额为270 W；2号订单为国内市场，2个P2，账期为2Q，销售额为160 W；3号订单为国内市场，2个P3，账期为2Q，销售额为160 W。其拥有5条生产线，3条全自动线（在第二年建设完工，原值160 W，已提折旧50 W），其中2条生产P3产品，1条生产P2产品；2条手工生产线（原值70 W，已提折旧50 W）生产P1产品。其综合管理明细表为：管理费（支付人工工资）为40 W，广告费为70 W，保养费（各个生产线的设备维护费）为50 W，所开拓市场的维持费用10 W，P3产品的研发费用为40 W（P2在第二年已经开发完毕，P3在第三年的第二季度开发完毕）。另外，P1产品的单位变动成本为20 W（1个原料R1和10 W的加工费用），P2产品单位变动成本为30 W（1个原料R1、1个原料R2和10 W的加工费用）。

对于以上资料，如何来进行本量利的分析呢？从提供的资料来看，本量利分析所需要的销售收入和变动成本的数据都是很具体的，关键是如何来确定分析所需要的固定成本数据。该案例的固定成本包括三个部分：固定产品成本、固定销售费用和固定管理费用。固定产品成本由生产线的折旧来进行归集，固定销售费用则由综合管理费用明细表中的广告费和市场准入开拓两项组成，除这两项之外的综合管理费用则组成了固定管理费用的数据。

计算分析如下：

销售收入＝P1销售额＋P2销售额＋P3销售额

＝270 W＋160 W＋160 W＝590 W

固定产品成本＝全自动生产线折旧额＋手工线折旧额＝[11/3]×30 W＝90 W

式中：[ ]表示取整。

固定销售费用＝广告费＋市场准入开拓

＝70 W＋10 W＝80 W

固定管理费用＝管理费＋保养费＋产品研发

＝40 W＋50 W＋40 W＝130 W

变动成本＝20 W×6＋30 W×2＋40 W×2＝260 W

总成本＝变动成本＋固定产品成本＋固定销售费用＋固定管理费用
　　　＝260 W＋90 W＋80 W＋130 W＝560 W
利润＝销售收入－总成本＝590 W－560 W＝30 W
该条件下的加权边际贡献率为：

$$2.5/4.5×27/59＋5/8×16/59＋4/8×16/59＝55.93\%$$

该条件下的盈亏临界点销售额：
盈亏临界点销售额＝固定成本/边际贡献＝(90 W＋80 W＋130 W)/55.93%＝540 W
现有销售额情况下的安全边际率为：
安全边际率＝安全边际/正常销售额(或实际订货额)/100%
　　　　＝(590 W－540 W)/590×100%
　　　　＝8.47%

结合企业安全性的经验数据，企业经营目前仍然处于危险状态。

在ERP沙盘模拟试验中，企业生产出的各种产品的单位变动成本是已知的(P1产品是2 W，P2产品是3 W，P3产品是4 W，P5产品为5 W)。对于各个产品的价格来说，这是变化的，不同订单的相同产品在同一市场的价格都是不一样的，但是借助所给出的市场预测表，可以分析出不同产品在不同市场上的平均价格，这个价格可以成为本量利分析的数据。借助于本量利分析，参赛各组可以确定以下决策指标：

① 在给出的广告投入量的情况下，要实现目标利润所需要达到的销售额。
② 在确定了要求实现的销售收入的情况下，最大可能的广告投入量。

例8.4　结合以上给出的案例数据，假定在经营的第三年，通过分析给出的市场预测表得出：P1产品第三年在本地、区域、国内的价格分别为45 W、50 W和50 W，P2产品第三年在本地、区域、国内的价格分别为82 W、50 W和50 W，P3产品第三年在本地、区域、国内的价格分别为82 W、50 W和50 W，现计划投入的广告费用为70 W(分别为本地市场的P1产品投入30 W、国内市场的P2产品投入20 W和国内市场的P3产品投入20 W)，若要实现40 W的利润，则需要实现的销售额是多少？并请计算在盈亏临界点时要实现的销售额。

因为本地市场P1产品、国内市场P2产品和国内市场的P3产品的广告投入量分别为30 W、20 W和20 W，故假定在本地市场P1产品、国内市场P2产品和国内市场的P3产品产生的销售额比例分别为总销售额的3/7、2/7和2/7，故计算出的加权平均边际贡献率为：
4.5　7　8　7　8　5
根据本量利分析公式可知：
销售收入＝(固定成本＋利润)/边际贡献率＝(31 W＋40 W)/55.95%＝127 W
即在本地市场P1产品需要的订单销售额为：1 270×3/7＝544 W
在国内市场P2产品需要的订单销售额为：1 270×2/7＝363 W
在国内市场P3产品需要的订单销售额为：1 270×2/7＝363 W
盈亏临界点的销售额为：
销售收入＝固定成本/边际贡献率＝31 W/55.95%＝55.4 W
即在本地市场P1产品需要的订单销售额为：554×3/7＝23.74 W
在国内市场P2产品需要的订单销售额为：554×2/7＝158.2 W

在国内市场 P3 产品需要的订单销售额为:$554×2/7=158.2$ W

例 8.5 结合以上给出的案例数据,假定在经营的第三年,通过分析给出的市场预测表得出:P1 产品第三年在本地、区域、国内的价格分别为 45 W、50 W 和 50 W,P2 产品第三年在本地、区域、国内的价格分别为 82 W、50 W 和 50 W,P3 产品第三年在本地、区域、国内的价格分别为 82 W、50 W 和 50 W,现计划投入的广告费用为 70 W(分别为本地市场的 P1 产品投入 30 W、国内市场的 P2 产品投入 20 W 和国内市场的 P3 产品投入 20 W),若要实现 1 000 W 的销售收入,并要实现利润 250 W,则最大可能的广告投入量是多少?

因为本地市场 P1 产品、国内市场 P2 产品和国内市场的 P3 产品的广告投入量分别为 30 W、20 W 和 20 W,故假定在本地市场 P1 产品、国内市场 P2 产品和国内市场的 P3 产品产生的销售额比例分别为总销售额的 3/7、2/7 和 2/7,故计算出的加权平均边际贡献率为:

4.5 7 8 7 8 7

根据本量利分析公式可知:

固定成本=单价×销量-单位变动成本×销量-利润
　　　　=销售额×加权平均边际贡献率-利润
　　　　=1 000 W×55.95%-250 W=310 W

广告费用=固定成本-固定产品成本-固定管理费用-市场准入开拓费用
　　　　=310 W-90 W-130 W-10 W=80 W

若要实现 1 000 W 的销售收入,并要实现利润 250 W,则可能的广告投入量不能超过 80 W。

8.3 企业发展潜力分析

在 ERP 沙盘模拟实训结束的时候,要求在经营的各个企业最终所有者权益的基础上,综合考虑厂房、生产线等硬件条件,以及市场开发、产品研发、ISO 认证等软环境,来给出企业的最终经营业绩。从这些指标可以看出最终的经营成果重视企业的综合发展潜力。本小节将结合沙盘模拟实训,来讲解如何来考量企业的发展潜力。

8.3.1 核心竞争力分析

美国战略学家加里·哈默尔(Gary Hamel)认为:"企业是一个知识的集体,企业通过积累过程获得新知识,并使之融入企业的正式和非正式的行为规范中,从而成为左右企业未来积累的主导力量,即核心竞争力。"企业间的竞争最终将体现在核心竞争力上。

通用电气凭借其核心竞争力,推行其"数一数二"战略,在多个领域成为了世界领先者,并保持着相当大的领先优势。核心竞争力识别工具一直是该公司管理层最重要的战略工具之一。哈默尔和普拉哈拉德(Prahalad)的核心竞争力(Core competence)模型是一个著名的企业战略模型,其战略流程的出发点是企业的核心力量。

1. 自内而外的企业战略(Inside-out Corporate Strategy)

传统的自外而内(Outside-in)战略(例如波特五力分析模型)总是将市场、竞争对手、消费者置于战略设计流程的出发点上。核心竞争力理论恰好与其相反,认为从长远来看,企业的竞争优势取决于企业能否以低成本、并以超过对手的速度构建核心竞争力。核心竞争力能够造就料想不到的产品。竞争优势的真正源泉是企业围绕其竞争力整合、巩固工艺技术和生产技能的能力,据此,小企业能够快速调整以适应变化了的商业环境。核心竞争力是具体的、固有的、整合的或应用型的知识、技能和态度的各种不同组合。

哈默尔和普拉哈拉德在他们的《企业核心竞争力》(The Core Competence Of the Corporation,1990)一文中驳斥了传统的组合战略。根据他们的观点,把战略事业单元(SBU)放在首位,是一个明显的时代错误。哈默尔和普拉哈拉德认为,应该围绕共享的竞争核心来构建企业。SBU的设置必须要有助于强化发展企业的核心竞争力。企业的中心部门(如财务)不应该作为一个独立层面,它要能够为企业的战略体系链接、竞争力构建增加价值。

参与ERP沙盘模拟训练的各个经营团队,应该将核心竞争力的构建提升到一个战略的高度。经营团队不仅仅要考虑开始第一、二、三年的生存问题,更重要的是要考虑到第四、五、六年的发展问题。而要想强化自己的发展能力,经营团队就要思考如何树立自己独一无二的核心竞争能力。核心竞争能力是一种自内而外的企业战略,这种竞争能力是企业自身在长期的发展过程中不断沉淀而积累成的一种特殊优势,这种能力不需要依靠任何外力而存在。

2. 构建核心竞争力

核心竞争力的构建是通过一系列持续提高和强化来实现的,它应该成为企业的战略核心。从战略层面来讲,它的目标就是帮助企业在设计、发展某一独特的产品功能上实现全球领导地位。企业高管在SBU的帮助下,一旦识别出所有的核心竞争力,就必须要求企业的项目、人员紧紧围绕这些竞争核心开展活动。企业的审计人员的职责就是要清楚围绕企业竞争核心的人员配置、数量以及质量。肩负企业核心竞争力的人员应该被经常组织到一起,分享思想、交流经验。

参与ERP沙盘模拟训练的各个经营团队开始的起点是完全一样的,他们面临的市场状况也是统一的。但当第六年经营结束的时候,各个经营团队所带领的企业总会产生极大的差异。有的企业建立了完善的生产线、开拓了足够多的市场;有的企业则成为了某一个细分市场的霸主;有的企业则是苟延残喘;甚至有的企业已经被淘汰、倒闭了。为什么会产生这么大的差异呢?这就在于各个经营团队在经营过程中,有没有把握住自己的核心竞争力。各个经营团队所具有的核心竞争力应该是不完全一样的,并且这种能力是瞬息万变的,甚至稍纵即逝。当某个经营团队在特定的市场环境下识别出了自己所具有的核心竞争力的时候,就必须将企业的项目、人员紧紧围绕这些竞争核心力来展开,不断地强化、积累、加深,当第六年经营结束的时候,经过六年的时间而构建成的核心竞争力就会成为这个企业安家立命的根源,而这样的核心能力也是企业的竞争对手在短期内所不能模仿的。

3. 核心竞争力的构成要素

核心竞争力并不是企业内部人、财、物的简单叠加,而是能够使企业在市场中保持和获得竞争优势的、别人不易模仿的能力。具体地讲,核心竞争力包括下列一些构成要素:

(1) 研究开发能力。即企业所具有的为增加知识总量以及用这些知识去创造新的知识而进行的系统性创造活动能力。研究开发包含基础研究、应用研究和技术开发三个层次。

(2) 不断创新能力。即企业根据市场环境变化,在原来的基础上重新整合人才和资本,进行新产品研发并有效组织生产,不断开创和适应市场,实现企业既定目标的能力。所谓创新,包含技术创新、产品创新和管理创新三个方面的内容。

(3) 组织协调各生产要素有效生产的能力。这种能力不仅仅局限于技术层面,它涉及企业的组织结构、战略目标、运行机制、文化等多方面,突出表现在坚强的团队精神和强大的凝聚力、组织的大局观和整体协调以及资源的有效配置上。

（4）应变能力。客观环境时刻都在变化，企业决策者必须具有对客观环境变化敏锐的感应能力，必须使经营战略随着客观环境的变化而变化，即因时、因地、因对手、因对象而变化。

核心竞争力的构成要素是参与ERP沙盘模拟训练各团队经常思考的问题，也是使其饱受困扰的问题。ERP沙盘模拟训练，要求各经营团队面对本地、区域、国内、亚洲以及国际等五个市场，要进行P1、P2、P3以及P4等产品的研发，要进行ISO 9000的质量认证和ISO 14000的环境认证，要进行全自动生产线、柔性生产线的构建，甚至在经营过程中还要进行资金筹集、投放的财务管理。诸多的经营要素，哪些才能成为核心竞争力呢？其实，各个经营团队要认识到，核心竞争力是企业一种综合素质的构建，是企业在长期的经营过程中所积累沉淀而成的。单纯依赖开发某个市场、研发某个产品来创建可持续的核心竞争力，这样的想法都是不现实的。各个经营团队应该在充分调动自己的研究开发能力、创新能力、组织协调能力、应变能力的基础上，分析每一个经营年度的市场产品状况，同时考虑竞争对手产品市场策略，灵活机动地进行市场开发、产品研发、生产线构建以及相应的资金管理，这些方面是一个紧密的系统，经营团队要从全局角度来适时调整。

4. 核心竞争力识别

企业核心竞争力识别工具如图8.2所示，它可以帮助我们认识企业自身所蕴涵的核心竞争力。方法很简单：企业的内部资源中，"与竞争对手相似的或比较容易模仿的"就属于一般的必要资源，"比竞争对手好的或不容易模仿的"就属于企业独一无二的资源；在企业的能力中，与"竞争对手相似的或比较容易模仿的"就是一般的基本能力，而"比竞争对手好的或不容易模仿的"能力就是企业的核心竞争力了。

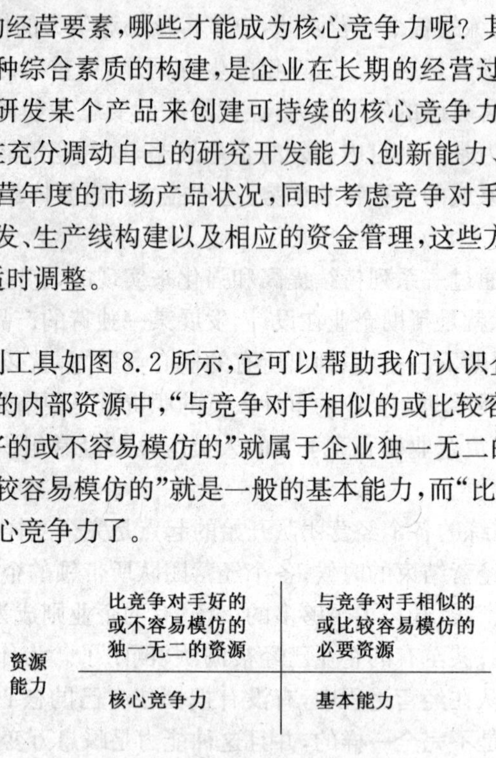

	比竞争对手好的或不容易模仿的独一无二的资源	与竞争对手相似的或比较容易模仿的必要资源
资源		
能力	核心竞争力	基本能力

图8.2 企业核心竞争力识别工具

企业在识别核心竞争力时，需要区别资源和能力这两个概念。如果企业具有非常独特的价值资源，但是却没有将这一资源有效发挥，那么，企业所拥有的这一资源就无法为企业创造出竞争优势。另外，当一个企业拥有竞争者所不具有的竞争能力时，那么，该企业并不一定要具有独特而有价值的资源才能建立起独特的竞争能力。

ERP沙盘模拟的各个经营团队识别自己所带领企业核心竞争力的时候，一定要保持清醒的头脑，某个阶段的领先优势并不代表就具有了核心竞争力。判断所经营企业是否具备了核心竞争力，需要考虑自己的竞争对手的情况，以及企业的领先优势是否是建立在独一无二的资源基础上，这里的资源是广义上的资源，除了物质形态的资源，还包括非物质形态的资源，如管理能力、市场开拓能力、理财能力等。

如某经营团队通过努力，相对于其他企业先建立了柔性生产线，此处的优势就并不意味着该经营团队构建了属于自己的核心竞争力，在以后年度里，其他的经营团队也可以通过不断投入资金来建立自己的柔性生产线。但如果经营团队意识到自己的核心竞争力可能是规模优势的时候,就可以借助于自己的先入优势,循序渐进地投入资金扩展产能,同时有序地去开拓不同层次的市场,随着这种优势的保持并不断扩大,四、五个经营年度后,经营企业经过长时间积累起来的优势将有可能成为这个经营团队的核心竞争力。

8.3.2 SWOT 分析

SWOT 分析即企业的优势(Strengths)、劣势(Weaknesses)、机会(Opportunities)和威胁(Threats),分析由著名的麦肯锡咨询公司创建。SWOT 分析实际上是对企业内外部条件各方面内容进行综合和概括,进而分析组织的优劣势、面临的机会和威胁的一种方法。SWOT 分析可以帮助企业把资源和行动集中在自己的强项和有最多机会的地方。

优劣势分析主要是着眼于企业自身的实力及其与竞争对手的比较,而机会和威胁分析将注意力放在外部环境的变化及对企业的可能影响上。在分析时,应把所有的内部因素(即优劣势)集中在一起,然后用外部的力量来对这些因素进行评估。

1. OT

随着经济、社会、科技等诸多方面的迅速发展,特别是世界经济全球化、一体化过程的加快,以及全球信息网络的建立和消费需求的多样化,使企业所处的环境更为开放和动荡。这种变化几乎对所有企业都产生了深刻的影响。正因为如此,环境分析成为一种日益重要的企业职能。环境发展趋势分为两大类:一类表示环境威胁,另一类表示环境机会。环境威胁指的是环境中一种不利的发展趋势所形成的挑战,如果不采取果断的战略行为,这种不利趋势将导致公司的竞争地位受到削弱。环境机会就是对公司行为富有吸引力的领域,在这一领域中,该公司将拥有竞争优势。

ERP 沙盘模拟实验中的各个经营团队将面临本地、区域、国内、亚洲、国际 5 个市场环境。这 5 个市场对 P 系列的 4 个产品在数量上具有不同程度的需求,对产品质量的要求(主要考虑的是 ISO 9000 和 ISO 14000 两项认证)也会体现差异性。这些变数对各个经营团队既是机遇,也是挑战,这就需要他们在充分考虑竞争对手的竞争策略的基础上,对市场状况作出实时反应。确定企业要进入的市场、要研发的产品,有所为又有所不为。市场是充满变数的,各个经营团队只有充分分析市场状况,采用灵活机动的战术,才有可能去赢得先发优势。

2. SW

识别环境中有吸引力的机会是一回事,拥有在机会中成功所必需的竞争能力是另一回事。每个企业都要定期检查自己的优势与劣势,这可通过"企业经营管理检核表"的方式进行。企业或企业外的咨询机构都可利用这一方式检查企业的营销、财务、制造和组织能力。每一要素都要按照特强、稍强、中等、稍弱和特弱划分等级。

当两个企业处在同一市场或者说它们都有能力向同一顾客群体提供产品和服务时,如果其中一个企业有更高的盈利率或盈利潜力,那么,我们就认为这个企业比另外一个企业更具有竞争优势。换句话说,所谓竞争优势是指一个企业超越其竞争对手的能力,这种能力有助于实现企业的主要目标——盈利。但值得注意的是,竞争优势并不一定完全体现在较高的盈利率上,因为有时企业更希望增加市场份额,或者多奖励管理人员或雇员。

由于企业是一个整体,并且由于竞争优势来源的广泛性,所以,在作优劣势分析时必须从整个价值链的每个环节上将企业与竞争对手作详细的对比,如产品是否新颖,制造工艺是否复杂,销售渠道是否畅通,以及价格是否具有竞争性等。

如果一个企业在某一方面或几个方面的优势正是该行业企业应具备的关键成功要素,那么,该企业的综合竞争优势也许就强一些。需要指出的是,衡量一个企业及其产品是否具有竞争优势,只能站在现有潜在用户的角度上,而不是站在企业的角度上。

企业在维持竞争优势过程中,必须深刻认识自身的资源和能力,采取适当的措施。因为一个企业一旦在某一方面具有了竞争优势,势必会吸引竞争对手的注意。一般来说,企业经过一段时期的努力,建立起某种竞争优势,然后就处于维持这种竞争优势的态势,竞争对手开始逐渐做出反应;而后,如果竞争对手直接进攻企业的优势所在,或采取其他更为有力的策略,就会使这种优势受到削弱。而影响企业竞争优势的持续时间,主要有三个关键因素:

(1) 建立这种优势要多长时间?
(2) 能够获得的优势有多大?
(3) 竞争对手作出有力反应需要多长时间?

如果企业分析清楚了这三个因素,就会明确自己在建立和维持竞争优势中的地位了。在ERP沙盘模拟训练中,各个经营团队如何来识别自己的竞争优势和劣势呢?从上文的介绍中,我们可以看出,某个企业的优势和劣势其实是和竞争对手相比较而存在的,离开了竞争对手来谈优势和劣势是没有任何现实意义的。参与ERP沙盘模拟的各个经营团队相互之间就是竞争对手,有的经营团队所带领的企业有先进的柔性生产线,有的企业已经开发出了工艺要求较高的产品P4,有的企业广告投入比控制较优等,经营的各个企业在发展过程中体现出的优势将呈现出极大的广泛性,但终极的竞争优势的确立,则是依靠建立在一两个关键优势上面的总体优势(企业不可能也没有必要在所有方面都确立优势,关键优势所带来的强势地位可以推动和其他经营企业的合作,来有效弥补自己的经营劣势,如经营过程中出现的OEM现象就是体现),这一两个关键优势在时间上能够持久保持,并能够充分弥补其经营劣势上所带来的不良影响。

8.3.3 波特五力分析

波特五力分析模型又称波特竞争力模型。波特五力分析模型是迈克尔·波特(Michael Porter)于20世纪80年代初提出的,对企业战略制订产生全球性的深远影响。用于竞争战略的分析,可以有效分析客户的竞争环境。五力分别是:供应商的讨价还价能力、购买者的讨价还价能力、潜在竞争者进入的能力、替代品的替代能力、行业内竞争者现在的竞争能力。

五种力量模型将大量不同的因素汇集在一个简单的模型中,以此分析一个行业的基本竞争态势。五种力量模型确定了竞争的五种主要来源,即供应商和购买者的讨价还价能力,潜在进入者的威胁,替代品的威胁,以及来自同一行业的公司间的竞争。一种可行战略的提出首先应该包括确认并评价这五种力量,不同力量的特性和重要性因行业和公司的不同而变化,如图8.3所示。

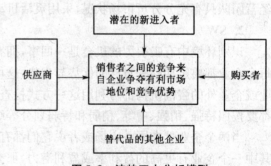

图 8.3 波特五力分析模型

企业可以采取尽可能地将自身的经营与竞争力量隔绝开来,努力从自身利益需要出发影响行业竞争规则,先占领有利的市场地位再发起进攻性竞争行动等手段来对付这五种竞争力量,以增强自己的市场地位与竞争实力。表8.5显示了波特五力模型与一般战略的关系。

波特的五力分析模型是一个很好的分析工具,但在实践运用中一直存在许多争论。该模型的理论是建立在以下三个假定基础之上的:

① 制定战略者可以了解整个行业的信息,显然现实中是难以做到的。

② 同行业之间只有竞争关系,没有合作关系。但现实中企业之间存在多种合作关系,不一定是你死我活的竞争关系。

③ 行业的规模是固定的,因此,只有通过夺取对手的份额来占有更大的资源和市场;但现实中企业之间往往不是吃掉对手,而是与对手共同做大行业蛋糕来获取更大的资源和市场。同时,市场可以通过不断地开发和创新来增大容量。

表8.5 五力模型适用战略类型

行业内的五种力量	一般战略		
	成本领先战略	产品差异化战略	集中战略
进入障碍	具备杀价能力以阻止潜在对手的进入	培育顾客忠诚度以挫伤潜在进入者的信心	通过集中战略建立核心能力以阻止潜在对手的进入
买方侃价能力	具备向大买家出更低价格的能力	因为选择范围小而削弱了大买家的谈判能力	因为没有选择范围使大买家丧失谈判能力
贷方侃价能力	更好地抑制大卖家的侃价能力	更好地将供方的涨价部分转嫁给顾客方	进货量低,贷方的侃价能力就高,但集中差异化的公司能更好地将供方的涨价部分转嫁出去
替代品的威胁	能够利用低价抵御替代品	顾客习惯于一种独特的产品或服务因而降低了替代品的威胁	特殊的产品和核心能力能够防止替代品威胁
行业内对手的竞争	能更好地进行价格竞争	品牌忠诚度能使顾客不理睬你的竞争对手	竞争对手无法满足集中差异化顾客的需求

对于 ERP 沙盘模拟课程,波特的竞争力模型的意义在于,五种竞争力量的抗争中蕴含着三类成功的战略思想,那就是大家熟知的:成本领先战略、差异化战略、集中化战略。经营团队在经营的过程中,必须从这三种战略中选择一种作为企业主导战略。要么把成本控制到比竞争者更低的程度;要么在企业产品和服务中形成与众不同的特色,让顾客感觉到你提供了比其他竞争者更多的价值;要么致力于服务某一特定的细分市场或某一特定的地理范围,提供某一特定的产品种类。这三种战略架构上差异很大,成功地实施它们需要不同的资源和技能,如有的经营团队选择区域或者国内作为自己的细分市场,有的经营团队选择 P3 或 P4 产品作为自己的研发和生产重点,而有的企业在所有的市场和所有的产品上都会涉及,这些实际的经营策略没有绝对的好坏之分,要具体结合五种竞争力量的抗衡情况来分析。

8.3.4 波特价值链分析

由美国哈佛学院著名战略学家迈克尔·波特提出的"价值链分析法"(如图 8.4 所示),把企业内外价值增加的活动分为基本活动和支持性活动。基本活动涉及企业生产、销售、进料后勤、发货后勤、售后服务；支持性活动涉及人事、财务、计划、研究与开发、采购等。基本活动和支持性活动构成了企业的价值链。

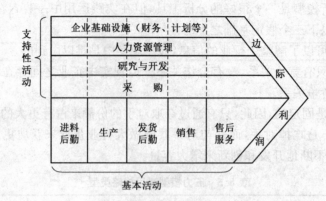

图 8.4　波特价值链

不同的企业参与的价值活动中，并不是每个环节都创造价值，实际上只有某些特定的价值活动才真正创造价值，这些真正创造价值的经营活动就是价值链上的"战略环节"。企业要保持的竞争优势，实际上就是企业在价值链某些特定的战略环节上的优势。运用价值链的分析方法来确定核心竞争力，就是要求企业密切关注组织的资源状态，要求企业特别关注、培养并取得在价值链的关键环节上的最重要的核心竞争力，以形成和巩固企业在行业内的竞争优势。企业的优势既可以来源于价值活动所涉及的市场范围的调整，也可以来源于企业间协调或合用价值链所带来的最优化效益。

价值链列示了总价值，并且包括价值活动和利润。价值活动是企业所从事的物质上和技术上的界限分明的各项活动，这些活动是企业创造对买方有价值的产品的基石。利润是总价值与从事各种价值活动的总成本之差。

价值活动分为两大类：基本活动和支持性活动。基本活动是涉及产品的物质创造及其销售、转移和售后服务的各种活动。支持性活动辅助基本活动，并通过提供采购投入、技术、人力资源以及各种公司范围的职能支持基本活动。

涉及任何产业内竞争的各种基本活动有五种类型：

① 进料后勤。与接收、存储和分配相关联的各种活动，如原材料搬运、仓储、库存控制、车辆调度和向供应商退货。

② 生产作业。与将投入转化为最终产品形式相关的各种活动，如机械加工、包装、组装、设备维护、检测等。

③ 发货后勤。与集中、存储和将产品发送给买方有关的各种活动，如产成品库存管理、原材料搬运、送货车辆调度等。

④ 销售。与提供买方购买产品的方式和引导他们进行购买相关的各种活动，如广告、促销、销售队伍组建、渠道建设等。

⑤ 服务。与提供服务以增加或保持产品价值有关的各种活动，如安装、维修、培训、零部件供应等。

在任何产业内所涉及的各种支持性活动可以被分为四种基本类型：

① 采购。指购买用于企业价值链各种投入的活动，采购既包括企业生产原料的采购，也

包括与支持性活动相关的购买行为,如研发设备的购买等。

② 研究与开发。每项价值活动都包含着技术成分,无论是技术诀窍、程序,还是在工艺设备中所体现出来的技术。

③ 人力资源管理。包括涉及所有类型人员的招聘、雇佣、培训、开发和报酬等各种活动。人力资源管理不仅对基本和支持性活动起到辅助作用,而且支撑着整个价值链。

④ 企业基础设施。企业基础设施支撑了企业的价值链条。

ERP沙盘模拟实训中,各个经营团队通过对企业价值链进行分析,可以明确公司运行的哪个环节可以提高客户价值或降低生产成本,从而准确地分析价值链各个环节所增加的价值。沙盘模拟设置了五个职位:CEO、财务总监、生产总监、营销总监、采购总监。生产总监、营销总监进行的是企业生产、销售、售后服务等基本活动;CEO、财务总监、采购总监进行的是企业人事、财务、计划、研究与开发、采购等支持性活动。无论是基本活动还是支持性活动,都是企业确立最终优势的一个重要环节,各个环节之间需要密切的配合。

如营销与生产之间,营销总监在参加每个经营年度的订货会的时候,必须向生产总监了解清楚这个年度的各个系列产品的产能的情况,在充满变数的订货会上取得主动;生产和采购之间,采购总监必须和生产总监进行充分的沟通,了解当前年度各个季度的各个系列产品的生产情况,这样才能够合理地进行原料采购;财务总监也需要和其他角色进行沟通,以便从容安排资金调度、合理进行筹融资;CEO则主要负责人力资源管理,确定各个角色的职能,让他们各司其职,同时配合其他职位做好市场开拓、产品研究等支持性工作。从以上分析可以看出,ERP沙盘模拟实训过程中,价值链的思想得到了较为充分的应用,各个环节应协调配合,尽可能地减少无效动作,才有可能在激烈的竞争中不断地确立优势。

【本章小结】

经营成果分析着眼点在于让学生运用财务学的理论知识来分析并解决其在经营过程中所遇到的问题。本章从基本财务指标、综合性财务分析和企业发展潜力分析三个方面展开进行了介绍,基本财务指标、综合性财务分析是从财务学的角度来分析的,着眼于定量,其中基本财务指标是综合性财务分析的基础;企业发展潜力分析则是从管理学的视角来进行分析,着眼于定性。各个部分的分析除了理论的介绍外,还引入了大量案例,充分考虑到课程的实践性较强的特点。

【复习思考题】

(1) 偿债能力的分析包括哪些具体财务指标,运用各个指标的注意事项是什么?
(2) 营运能力的分析包括哪些具体财务指标,运用各个指标的注意事项是什么?
(3) 盈利能力的分析包括哪些具体财务指标,运用各个指标的注意事项是什么?
(4) 杜邦财务分析的原理是什么?如何通过财务报表提取数据来进行杜邦财务分析?
(5) 可持续增长率分析的核心思路是什么?请结合可持续增长理论,谈谈你对经营过程中所面临的负债经营、市场开发、产品研发以及生产线构建等方面的看法。
(6) 本量利分析的原理是什么?具体运用时要注意哪些问题?
(7) 如何借助核心竞争力分析、SWOT分析、波特价值链分析、波特五力分析等工具来对企业发展潜力进行分析?

第三篇

ERP 沙盘竞赛案例与实战策略

第 9 章　ERP 沙盘实战案例

"不谋全局者不足谋一隅,不谋万世者不足谋一时"。企业经营面对的是一个变化的、充满竞争的市场,在这个市场中,提供给每位经营者的资源是相同的,规则是相同的,不同的是每位经营者的策略、方法,正是因为经营策略和方法的不同,导致出现了几家欢乐几家愁的结果。个中滋味,只有参与其中才能体会。

但一次的成功不代表永远的成功,一次的失败也不代表永远的失败。我们允许犯错误,但不允许犯同样的错误。所以,我们要学会总结。本章正是基于这样的目的,对一个真实的案例进行分析,以期达到抛砖引玉的效果。

【本章重点】

- 案例展示
- 参赛队伍经营策略分析

9.1　案例基本情况介绍

本案例选自用友软件股份有限公司某分公司组织的大学生 ERP 沙盘对抗赛,经过层层比赛,最终选出 18 支队伍参加总决赛。经过抽签,分别确定自己所在的组别。这里,我们将这 18 支队伍按照比赛所在的组别,分别称为 U01 组、U02 组、U03 组、U04 组、U05 组、U06 组、U07 组、U08 组、U09 组、U10 组、U11 组、U13 组、U14 组、U15 组、U16 组、U17 组、U19 组、U20 组。

各个小组的初始状态均只有现金 600 W,之后一切均要依赖于各位经营者的运作。

面对的市场情况如下:

(1) 本地市场将会持续发展,对低端产品的需求可能要下滑,伴随着需求的减少,低端产品的价格很有可能走低。后几年,随着高端产品的成熟,市场对 P3、P4 产品的需求将会逐渐增大。由于客户对质量意识的不断提高,后几年可能对产品的 ISO9000 和 ISO14000 认证有更多的需求,如表 9.1 所示。

表 9.1(a)　本地价格表

本地价格	第一年	第二年	第三年	第四年	第五年	第六年
P1		51.93	50.1	50.83	51.83	51.33
P2		75.18	71.57	71.94	71.9	68.26
P3		86.81	82.77	82.05	84.44	74.17
P4		99.46	95.65	99.88	100.5	93.92
P5		116.8	113.08	108.39	114.17	104.83

表 9.1(b)　本地需求量表

本地需求量	第二年	第三年	第四年	第五年	第六年
P1	67	67	42	58	45
P2	45	45	35	40	23
P3	31	31	21	16	23
P4	13	13	25	16	26
P5	15	15	18	12	23

(2) 区域市场的客户相对稳定,对 P 系列产品需求的变化很有可能比较平稳。价格趋势也应大致一样。该市场容量有限,对高端产品的需求也可能相对较小,但客户会对产品的 ISO9000 和 ISO14000 认证有较高的要求。如表 9.2 所示。

表 9.2(a)　区域价格

区域价格	第二年	第三年	第四年	第五年	第六年
P1	52.56	50	50.76	51.36	50.71
P2	75.46	69.4	70.11	70.22	65.28
P3	86.11	84.9	84.56	85.19	74.68
P4	101.92	101.25	97.5	97.2	95.42
P5	117	113.12	110.6	110.75	102.88

表 9.2(b)　区域需求量

区域需求量	第二年	第三年	第四年	第五年	第六年
P1	43	47	34	56	31
P2	37	48	35	37	29
P3	35	29	25	21	19
P4	12	12	14	15	24
P5	14	17	20	12	26

(3) 因 P1 产品带有较浓的地域色彩,估计国内市场对 P1 产品不会有持久的需求。但 P2 产品因更适合于国内市场,估计需求一直比较平稳。随着对 P 系列产品的逐渐认同,估计对 P3 产品的需求会发展较快。但对 P4 产品的需求就不一定像 P3 产品那样旺盛了。当然,对高

价值的产品来说,客户一定会更注重产品的质量认证。如表 9.3 所示。

表 9.3(a)　国内价格

国内价格	第二年	第三年	第四年	第五年	第六年
P1		51.3	50.54	50.41	50.1
P2		71.67	69.84	70.31	65.63
P3		81.31	80.18	86.62	74.55
P4		97.15	96.18	110	93.07
P5		113.5	111.67	112	104.12

表 9.3(b)　国内需求量

国内需求量	第二年	第三年	第四年	第五年	第六年
P1		23	35	41	42
P2		21	25	29	27
P3		36	17	16	20
P4		13	17	9	15
P5		12	21	13	16

（4）亚洲市场一向波动较大,所以对 P1 产品的需求可能起伏较大,估计对 P2 产品的需求走势与 P1 一致。但该市场对新产品很敏感,因此估计对 P3、P4 产品的需求量会发展较快,价格也可能不菲。另外,亚洲市场的消费者很看重产品的质量,所以没有 ISO9000 和 ISO14000 认证的产品可能很难销售。如表 9.4 所示。

表 9.4(a)　亚洲市场价格

亚洲市场	第二年	第三年	第四年	第五年	第六年
P1			50.41	50.31	50.05
P2			69.55	72.23	65.87
P3			76.88	87.17	75.33
P4			97.05	96.86	92.53
P5			113.74	110	103.88

表 9.4(b)　亚洲需求量

亚洲需求量	第二年	第三年	第四年	第五年	第六年
P1			32	39	40
P2			22	22	31
P3			25	12	18
P4			22	14	19
P5			19	24	17

表 9.4(c)　国际市场价格

国际市场	第二年	第三年	第四年	第五年	第六年
P1				50.24	50.26
P2				67.67	65.91
P3				87.29	76.16
P4				98.04	95.13
P5				114.85	100.56

表 9.4(d)　国际需求量

国际需求量	第二年	第三年	第四年	第五年	第六年
P1				25	31
P2				30	33
P3				14	19
P4				23	15
P5				13	16

(5) P 系列产品进入国际市场可能需要一个较长的时期。对 P1 产品已经有所认同，但还需一段时间才能被市场接受。同样，对 P2、P3 和 P4 产品也会很谨慎地接受，需求发展较慢。当然，国际市场的客户也会关注具有 ISO 认证的产品。

本次比赛采用的是用友公司开发的沙盘盘面和沙盘工具，比赛规则借鉴了用友公司与沙盘相配合的经营规则，经营期为 6 年。18 支队伍经营风格各异，经营策略各不相同，最终经过异常残酷的比赛，U07 组技压群雄，以总分 9 574 分夺得冠军；U06 组以总分 9 406 分夺得亚军；U01 组以 8 225 分夺得第三名。各组的最终经营情况和综合得分情况如表 9.5 所示。

表 9.5　各组综合得分表

用户名	利润	权益	得分	小组排名	市场老大
U01	1 180	2 788	8 225	3	国内
U02	863	2 109	6 538	6	
U04	797	2 056	4 852	8	
U05	865	2 000	6 200	7	
U06	1 032	2 570	9 406	2	亚洲
U07	1 123	2 720	9 574	1	本地、区域
U09	622	2 326	7 118	5	
U10	456	1 297	4 021	9	国际
U11	1 066	2 332	8 162	4	
U15	248	892	2 301	11	
U16	612	1 313	3 834	10	

9.2 各组运营情况展示

9.2.1 校区精英赛各小组第六年资产

表9.6 各小组资产表

用户名	U01	U03	U05	U06	U07	U08	U11	U15	U17	U19	U20
类型	系统	系统	系统	系统	系统	系统	系统	系统	系统	系统	系统
现金	439	165	696	513	728	1 303	347	288	1 076	1 205	1 289
应收款	3 524	3 295	0	3 201	3 266	636	1 690	1 901	1 637	2 476	0
在制品	840	0	0	0	0	380	410	610	0	0	0
产成品	160	0	1650	0	60	120	250	160	80	0	150
原料	80	120	10	0	160	50	10	100	240	130	200
流动资产合计	5 043	3 580	2 356	3 714	4 214	2 489	2 707	3 059	3 033	3 811	1 639
厂房	0	1 075	0	800	400	0	400	0	0	800	1 600
机器设备	1 220	0	45	2 190	2 010	130	1 120	1 880	1 300	1 320	1 740
在建工程	0	150	0	0	0	0	0	0	0	0	0
固定资产合计	1 220	1 225	45	2 990	2 410	130	1 520	1 880	1 300	2 120	3 340
资产总计	6 263	4 805	2 401	6 704	6 624	2 619	4 227	4 939	4 333	5 931	4 979
长期贷款	4 249	1 677	2 004	2 958	2 975	1 465	1 604	1 704	1 783	3 204	4 368
短期贷款	187	1 284	0	1 692	1 456	167	1 396	1 992	1 349	897	0
特别贷款	0	0	0	0	0	0	0	0	0	0	0
所得税	78	214	0	126	179	97	57	3	39	116	0
负债合计	4 514	3 175	2 004	4 776	4 610	1 729	3 057	3 699	3 171	4 217	4 368
股东资本	600	600	2 600	600	600	600	600	600	600	600	2 600
利润留存	915	387	−1 779	950	877	−56	400	632	444	767	−1 144
年度净利	234	643	−424	378	537	346	170	8	118	347	−845
所有者权益合计	1 749	1 630	397	1 928	2 014	890	1 170	1 240	1 162	1 714	611
负债和所有者权益总计	6 263	4 805	2 401	6 704	6 624	2 619	4 227	4 939	4 333	5 931	4 979

表 9.7 第六年末各组的利润表

用户名	U01	U03	U05	U06	U07	U08	U11	U15	U17	U18	U19	U20
销售收入	4 963	4 213	106	3 889	5 180	2 287	3 030	3 343	3 386	3 813	3 748	0
直接成本	2 300	1 860	50	1 720	2 310	1 100	1 460	1 440	1 570	1 740	1 740	0
毛利	2 663	2 353	56	2 169	2 870	1 187	1 570	1 903	1 816	2 073	2 008	0
综合费用	1 763	1 008	280	1 236	1 607	571	794	1 375	1 051	1 219	1 026	560
折旧前利润	900	1 345	−224	933	1 263	616	776	528	765	854	982	−560
折旧	180	240	0	150	170	30	280	210	320	280	200	180
支付利息前利润	720	1 105	−224	783	1 093	586	496	318	445	574	782	−740
财务费用	408	248	200	279	377	143	269	307	288	281	319	105
税前利润	312	857	−424	504	716	443	227	11	157	293	463	−845
所得税	78	214	0	126	179	97	57	3	39	73	116	0
年度净利润	234	643	−424	378	537	346	170	8	118	220	347	−845

9.2.2 各组的市场地位及得分

表 9.8 各组市场地位

用户名	利润	权益	得分	小组排名	市场老大
U01	1 180	2 788	8 225	3	国内
U02	863	2 109	6 538	6	
U04	797	2 056	4 852	8	
U05	865	2 000	6 200	7	
U06	1 032	2 570	9 406	2	亚洲
U07	1 123	2 720	9 574	1	本地,区域
U09	622	2 326	7 118	5	
U10	456	1 297	4 021	9	
U12	1 066	2 332	8 162	4	国际
U15	248	892	2 301	11	
U16	612	1 313	3 834	10	

表9.9 各组综合得分计分表

项目	系数	U01 数量	U01 分数	U03 数量	U03 分数	U05 数量	U05 分数	U06 数量	U06 分数	U07 数量	U07 分数	U8 数量	U8 分数	U11 数量	U11 分数	U15 数量	U15 分数	U17 数量	U17 分数	U18 数量	U18 分数	U19 数量	U19 分数	U20 数量	U20 分数
自动线	8	12		8				16		12		1		12		15		8		12				12	
柔性线	10			3						4						1		4		2		4			
本地市场	7	7		7		7		7		7		7		7		7		7		7		7		7	
区域市场	7	7		7		7		7		7		7		7		7		7		7		7		7	
国内市场	8	8		8		8		8		8		8		8		8		8		8		8		8	
亚洲市场	9	9		9		9		9		9		9		9		9		9		9		9		9	
国际市场	10	10		10		10		10		10		10		10		10		10		10		10		10	
ISO9000	8	8		8		8		8		8		8		8		8		8		8		8		8	
ISO14000	10	10		10		10		10		10		10		10		10		10		10		10		10	
P1开发	7	7		7		7		7		7		7		7		7		7		7		7		7	
P2开发	8	8		8		8		8		8		8		8		8		8		8		8		8	
P3开发	9	9		9		9		9		9		9		9		9		9		9		9		9	
P4开发	10	10		10		10		10		10		10		10		10		10		10		10		10	
P5开发	11	11		11		11		11		11		11		11		11		11		11		11		11	
系数得分		200	198		232	240	112								200		234		240		220		176		200	
综合系数		3	2.98		3.32	3.4	2.12								3		3.34		3.4		3.2		2.76		3	
所有者权益		1749	1630		1928	2014	890								1170		1240		1162		1295		1714		611	
实际得分		5247	4857.4		6401	6847.6	1886.8								3510		4141.6		3950.8		4144		4730.6		1833	
相关扣分																										
总成绩		5247	4857.4		破产	6847.6	1886.8								3510		4141.6		3950.8		4144		4730.6		1833	
名次		3	4		2	1	10								9		7		8		6		5		11	

说明:由于U03组在第六年破产,这里没有计算该组的得分。

9.3 经营策略分析

表面的经营数字和过程实际上是各个模拟经营企业(小组)不同的经营策略、经营过程竞争的结果。本节将剖析各个模拟经营企业采取的策略,解析其经营成果。

9.3.1 U06 组：委屈的亚军

U06 组最后夺得亚军,应当说非常委屈。从策略上看,该组前期经营趋于稳健,度过困难的前两年后,规模发展,最后赢得胜利。首先,我们根据前面利润表提供的数据,分析该组的销售、毛利和净利润的变化情况,具体如表 9.10 所示。

表 9.10 U06 组销售收入

年度	初始元年	第 1 年	第 2 年	第 3 年	第 4 年	第 5 年	第 6 年
销售收入	0	0	969	1 588	2 033	3 215	3 889
直接成本	0	0	420	660	840	1 410	1 720
毛利	0	0	549	928	1 193	1 805	2 169
综合费用	0	180	515	415	564	897	1 236
折旧前利润	0	−180	34	513	629	908	933
折旧	0	0	0	70	100	30	150
付利息前利	0	−180	34	443	529	878	783
财务费用	0	0	0	162	114	160	279
税前利润	0	−180	34	281	415	718	504
所得税	0	0	0	34	104	180	126
年度净利润	0	−180	34	247	311	538	378

从表中可以看出,该组在第一年没有销售收入,净利润为负,第二年利润也非常少。第三年开始,销售收入、毛利和净利润同步稳定增加,呈现良性发展的态势,说明从第三年开始,企业逐步进入稳步发展的时期。下面我们结合前面提供的资料,对该组的筹资、投资、生产等策略进行分析,希望从该组的经营中吸取成功的经验和失败的教训。

1. 筹资策略

企业要进行各种开发和投资,必须要有资金作保证。该案例中,由于前两年市场单一、产品单一,各组销售产品取得的收入相对比较少,在这种情况下,企业要进行无形资产和固定资产投资,扩大产能,必须想办法筹集资金。经营过程中,该组采用的筹资方式主要有三种,长期贷款、短期贷款和贴现。从资产负债表中,我们可以看出该组的举债筹资情况,如表 9.11 所示。

表 9.11 U06 组六年筹资策略

项目	年份	第一年	第二年	第三年	第四年	第五年	第六年
长期贷款			804 W	100 W	220 W	220 W	1 614 W
短期贷款	一季度				209 W	922 W	922 W
	二季度				209 W	209 W	209 W
	三季度		229 W	229 W	209 W	209 W	209 W
	四季度		227 W	229 W	352 W	352 W	352 W

2. 无形资产经营策略

从上表中可以看出,该组在第一年没有进行任何贷款,第二年最大限度贷入 804 W 长期贷款,借入了 456 W 短期借款,第三年借入 100 W 长贷和 458 W 短贷后,从第三年开始,企业通过循环借入 220 长贷和循环短期借款,较好地解决了资金的困难。那么,该组的筹资策略是否科学合理呢?企业经营,起步阶段是最困难的,面临着资金紧张、市场狭窄、产品单一、生产线落后等问题。要解决市场、产品、生产线等投资问题,需要资金。但该组在第一年没有进行任何贷款,迫于资金的压力不得不暂停投资生产线,这样,企业就丧失了提前发展的机会。所以,从筹资的时机上来看,该组错过了最好时机。但是,从筹集资金的结构上来看,比较合理。在第二年,最大限度地贷入长期贷款,之后利用短期贷款解决流动资金不足的问题,基本保证了资金的需要。无形资产投资包括产品研发、市场开拓和 ISO 资格认证投资,该组的无形资产投资策略如表 9.12 所示。

表 9.12 U06 组产品研发周期与时间

产品研发				
名称	研发费	周期	剩余时间	完成时间
P5	20 W/季	4 季	—	第 1 年 4 季
P2	10 W/季	3 季	—	第 2 年 2 季
P3	10 W/季	4 季	—	第 4 年 4 季
P1	10 W/季	2 季	—	第 5 年 2 季
P4	15 W/季	4 季	—	第 6 年 4 季
ISO9000	20 W/年	1 年	—	第 2 年 4 季
ISO14000	30 W/年	1 年	—	第 2 年 4 季

下面我们分别对该组的无形资产投资策略进行分析。

产品研发。产品研发有的放矢、逐步推进,但研发时间拖后,错过了及时增强竞争实力的时机。第一、二年分别投入 80 W、30 W 开发 P5 和 P2 产品,在第二年开发完成 ISO9000、ISO14000 认证。P3 产品在第四年第一季度开始研发,第四季度末完成,第五年投入生产。

市场开发。从该组的市场开发投资可以看出,本组的目标市场主要定位在本地和国内市场,目标市场明确。但投资出现了一些失误,导致市场单一,产品销售不畅。该组开发出了所有的市场,但企业真正发挥作用的只有本地、国内和国际市场,其余市场虽然开发完成,但是没有销售产品,没有达到开发市场的最终目的。从第四年开始就可以拿相应的产品,应当说比较合理。

3. 固定资产投资策略

固定资产投资包括厂房和生产线的投资。

厂房:企业在经营期间,如果资金不足,可以通过出售厂房融资;待资金宽裕的时候,再将厂房购回。

生产线:从资产负债表中固定资产和在建工程的变化情况,我们可以分析出该组生产线的购置情况。

从该组生产线的投资情况来看,在第一年没有购买生产线。从第二年开始,该组陆续在大厂房新建手工生产线和全自动生产线。到第六年第二季度结束,大厂房的生产线改建完成,这样,到第六年结束,该组共有16条全自动生产线。生产线的建设没有盲目地一哄而上,较好地缓解了资金的压力。也正因为生产线建设稳步推进,企业的销售收入、毛利和净利润出现了同步增长的局面。

4. 市场营销策略

企业的营销主要围绕产品和市场进行。

从提供的利润表我们可以分析出该组产品销售变化情况,如表9.12所示。从表中可以看出,企业在不同时期,产品销售策略是不相同的。第二年,由于企业的其他产品尚未开发出来,企业主要生产、销售P2、P5产品,第四年后,企业产品才开始转向P1、P3、P4。企业产品要实现销售,必须借助一定的营销策略。沙盘企业中,企业的营销策略主要是围绕广告策略进行的。成功的广告策略应当是以较少的广告投入实现较多的产品销售。

综合来看,U06组采取稳步推进的经营策略,但在头两年显得过分保守,在资金的筹集、生产线的购买和市场的开发上面都显得非常缓慢,错失了快速发展、提前发展的机会。该组最后的所有者权益为1 928 W,在整个小组中处于第二位,但由于该组资金控制比较好,没有借高利贷,没有任何扣分,经过综合计算,综合总得分9 406分,处于第二位获得亚军。

9.3.2 U11组:现实与理想相差太远

U11组的经营风格与U06组完全相反,采取的是激进式的经营策略,大力借款,大力开发

表9.13 U11组产品研发周期和时间

产品研发				
名称	研发费	周期	剩余时间	完成时间
P3	10 W/季	4季	—	第1年4季
P2	10 W/季	3季	—	第1年4季
P4	15 W/季	4季	—	第4年1季
P5	20 W/季	4季	—	第6年1季
P1	10 W/季	2季	—	第6年3季
ISO9000	20 W/年	1年	—	第2年4季
ISO14000	30 W/年	1年	—	第3年4季

产品和市场,集中精力购建全自动生产线,但由于产能扩大过快,导致资金需求过多,出现了资金困难,后期主要靠高利贷和贴现勉力维持经营。应该说,这是一种比较典型的理想主义经营模式,这种经营模式在前期过度开发和扩张产能,如果资金控制不好,容易出现资金断流的风险,所以采用这种模式关键在于控制好资金,并做到产品、市场的协调发展。首先,我们根据前面利润表提供的数据,分析该组的销售、毛利和净利润的变化情况,如表9.14所示。

表9.14 U11组销售收入

年度	初始元年	第1年	第2年	第3年	第4年	第5年	第6年
销售收入	0	0	914	1 098	1 839	2 363	3 030
直接成本	0	0	420	500	850	1 080	1 460
毛利	0	0	494	598	989	1 283	1 570
综合费用	0	160	245	355	417	577	794
折旧前利润	0	−160	249	243	572	706	776
折旧	0	0	0	120	180	240	280
付利息前利	0	−160	249	123	392	466	496
财务费用	0	0	30	98	180	229	269
税前利润	0	−160	219	25	212	237	227
所得税	0	0	15	6	53	59	57
年度净利润	0	−160	204	19	159	178	170

从上表可以看出,第二年该组销售额达到了914 W,毛利达到494 W,净利润达到204 W,但随后则发展非常缓慢。那么,是什么原因导致该组的销售收入、毛利和净利润没有同步增长呢?要弄清楚这个问题,我们必须结合该组的投资策略进行分析。

1. 筹资策略

首先,我们通过资产负债表可以分析出该组的筹资情况,如表9.15所示。

表9.15 U11组资产负债表

项目 \ 年份		第一年	第二年	第三年	第四年	第五年	第六年
长贷			464 W	570 W	370 W	200 W	
短贷	一季度					209 W	399 W
	二季度	199 W	367 W	249 W	249 W	317 W	790 W
	三季度	209 W	69 W	199 W	207 W	207 W	207 W
	四季度		249 W	129 W	129 W		

从上表我们可以看出,该组在第一年第二、三季度进行短期贷款。从第二年开始,长、短结合贷款,企业产能飞速发展,企业的所有者权益排名第一,但由于广告投入过低,产品大量积压。第三年开始企业缓慢发展,只上了两组自动线,同时企业生产折旧费却越来越高。为此,

企业不得不为了维持正常的经营大量举债,这虽然解决了资金的困难,但同时增大了企业的财务费用,严重吞噬了企业的利润。该组的利润表显示:第三至六年,其财务费用分别为:98 W、180 W、229 W、269 W。巨大的财务费用支出,不仅导致企业的所有者权益上升很慢,而且由于新的生产线投入不足,进一步造成生产能力下降。

2. 无形资产投资策略

该组的无形资产投资策略如表 9.15 所示。从企业的投资策略可以看出,企业在第一年一举开发了 P2 和 P3 两种产品,开拓了所有的市场,特别是上了四条自动生产线,仅这两项投资就投入资金 720 W,而在第一年,企业没有收入,为此,不得不通过贷款维持经营。由于开发费用和贷款利息直接作为当期的费用,计入当期利润,企业的所有者权益迅速减少,影响了企业的贷款额度。而且,该组可能忽略了一个问题,企业将两种产品开发出来以后,要生产就需要购买材料,买材料需要占用较多的资金,这对企业的资金也是一个非常大的影响。从企业的无形资产投资我们可以看出,该组希望提前利用扩大的生产能力,生产多种产品,进入多个市场,先声夺人,提前提高企业的实力。但是,百密一疏,企业忽略了资金,没有预算到资金的不足以及解决的办法,这是企业失败的最根本原因。

3. 固定资产投资

厂房:该组没有利用出售厂房来筹集资金,在资金极度紧张的情况下,利用厂房筹集资金比高利贷对企业更有利。

生产线:该组的生产线建设与企业产品的开发出现了一定失误。该组生产线投资情况,第一年,购买了三条全自动生产线,出售了两条手工生产线。为了进一步扩大产能,该组第二年在小厂房扩建了一条全自动生产线,并力图通过产能的扩大来增加收入,弥补费用的增加。从生产线投资的数量来说,应当是比较匹配的。那么,企业的问题出现在什么地方呢?通过仔细分析,我们发现:第一,生产线建设速度过快,没有预计可能出现的资金困难。在第一年,企业进行了各种开发,改造了大厂房的三条生产线,已经占用了很多的资金,而企业真正扩大产能,将产能转化为收入是在第三年,也就是说,企业要在第三年才能逐步实现收入的增加。但是,由于借入了高额的贷款,导致财务费用急剧增加,要生产 P2 和 P3 产品,还需要垫支较多的材料资金。第二,生产线投资建设的时间与产品开发出现了一定的失误。由于企业的产品开发在第二年的第三季度才完成,但第一年企业的生产线就投资完成,在第二年空置了两个季度,形成了资金的占用,不是很合理。第三,在资金压力比较大的情况下,盲目扩充生产线是企业失败的根本。第二年,该组还仍然没有意识到巨大资金需求,仍然很乐观地按照既定策略运行。

最终,该组最初的雄心壮志却由于资金的问题而导致失败。前面我们分析了,该组的销售收入和毛利从第三年开始每年都比较多,但是,巨大的费用支出,吞噬了企业的利润,导致净利润增长缓慢。所以,企业在进行决策时,应当综合全面分析,通盘考虑,一方面扩大收入,另一方面努力控制和降低企业的费用,使企业的利润与收入同步增长。

9.3.3 U07 组:成功的冠军

U07 组作为本次比赛的冠军,采取的是激进但不冒进的经营策略,合理预算资金,大胆开发产品和市场,及时扩大产能,通过科学的营销策略,及时销售产品,增加收入,增加利润,取得了比较好的市场效果。经营过程中,虽然资金出现了一点困难,但通过借入高利贷解决了资金的问题,最后取得了成功。我们还是先看一下该组的销售收入、毛利与净利润变化情况,如表9.16所示。

表9.16 U07组销售收入

年度	初始元年	第1年	第2年	第3年	第4年	第5年	第6年
销售收入	0	0	966	1 711	2 655	3 428	5 180
直接成本	0	0	470	810	1 230	1 540	2 310
毛利	0	0	496	901	1 425	1 888	2 870
综合费用	0	250	330	382	684	838	1 607
折旧前利润	0	−250	166	519	741	1 050	1 263
折旧	0	0	0	140	170	180	170
付利息前利	0	−250	166	379	571	870	1 093
财务费用	0	0	34	89	181	262	377
税前利润	0	−250	132	290	390	608	716
所得税	0	0	0	43	98	152	179
年度净利润	0	−250	132	247	292	456	537

从上表可以看出,企业在第一年没有销售收入,净利润为负数。第二年,企业的销售收入和毛利迅速增加并开始盈利。从第二年开始,企业的销售收入、毛利、净利润平稳增长,说明企业基本步入正轨。下面我们分析该组经营的成功之处。

表9.17 U07组产品开发

名称	开拓费	周期	剩余时间	完成时间
本地	10 W/年	1年	—	第1年4季
区域	10 W/年	1年	—	第1年4季
国内	10 W/年	2年	—	第2年4季
亚洲	10 W/年	3年	—	第3年4季
国际	10 W/年	4年	—	第4年4季

表9.18 U07组生产线投资

项目	年份	第一年	第二年	第三年	第四年	第五年	第六年
长期贷款				354 W	390 W	860 W	1 371 W
短期贷款	一季度		329 W	369 W	720 W	729 W	729 W
	二季度	89 W	343 W	345 W	345 W	349 W	349 W
	三季度	129 W	129 W	129 W	129 W	129 W	129 W
	四季度	249 W	249 W	249 W	249 W	249 W	249 W

从该组的产品开发与生产线投资情况可以看出,该组第一年全力开发 P2、P3 产品,对所有的市场进行了开发。为了使产品开发完成后迅速投入生产,在大厂房第一年第一季度新建两条柔性生产线、第二季度新建两条全自动生产线,完工的时间与产品研发完工的时间完全一致,尽早实现产能、市场的最大化,为后期抢夺市场,提升企业综合竞争力创造了有利条件。其他组也有这种投资策略,基本上都以失败而告终,但该组采用这种策略却能取得成功,为什么呢?这是因为该组把握了以下几个关键:一是通过科学的资金预算和严格的资金控制,有效解决了资金短缺的问题。该组通过预算,提早采取了应对资金短缺的措施。除了长期持续采用短贷筹集资金外,还配套运用长期贷款,缓解了资金的压力。二是企业采取了错位竞争的营销策略,把握住市场机会,及时将产品销售出去,及时收回垫支的成本。三是产品开发、市场开发、生产线的建设同步协调进行。该组在第一年的第一季度投资新生产线,做到产品开发完成的时间与生产线完工的时间相一致,既保证了产品的生产,也不会由于生产线的空置而积压资金。为控制费用支出、实现产品销售创造了条件,为取得市场老大地位提供了机会。该组对于自己的重点产品和重点市场非常明确,在第二、三年,该组的重点产品是 P3、P4。从该组的筹资情况可以看出,由于在第一年大力开发产品和构建生产线,并在第二年全力生产 P3、P5 产品,这对资金的需求非常大,稍有疏忽,就容易导致资金短缺。为了解决流动资金的问题,第一年共贷了 467 W 的短贷。第二年借入了 1 050 W 的短贷。在第三年,借了 354 W 的长贷,1 092 W 短贷,极大地缓解了第三年的资金压力。但是,由于过多的资金支出,该组还是在第三年到第五年出现了资金短缺的问题,不得不通过新贷还旧贷来度过难关,这也在一定程度上为企业最后的总成绩带来了负面的影响。

本组的经营一直比较稳健,第一年新建两条柔性生产线、两条自动线后,第三年没有改建生产线。第四年第一季度上了三条手工线,第三季度上了一条自动线扩大产能,第五年全面扩建生产线,第一季度新建两条柔性线,第二季度新建两条自动线,第三季度改建三条自动线。第六年则新建六条自动线,实现所有生产线的升级换代。当然,该组在第一年是否应当建这两条全自动生产线,可能值得仔细推敲。总之,U07 组能取得最后的胜利,首先在于决策的正确,其次在于科学地控制资金,第三在于准确地把握市场,控制企业的发展节奏。

9.4 ERP 沙盘实战案例

9.4.1 各组第一年经营情况

表 9.19 各组第一年综合费用表

用户名	U01	U02	U03	U04	U05	U06	U07	U08	U09	U10	U11	U13	U14	U15	U16	U17	U19
销售收入	0	0	0	0	0	0	0	0	0	0	0	0	0	0	0	0	0
直接成本	0	0	0	0	0	0	0	0	0	0	0	0	0	0	0	0	0
毛利	0	0	0	0	0	0	0	0	0	0	0	0	0	0	0	0	0
综合费用	190	256	261	210	180	200	170	264	270	210	220	325	280	240	260	210	508
折旧前利润	−190	−256	−261	−210	−180	−200	−170	−264	−270	−210	−220	−325	−280	−240	−260	−210	−508
折旧	0	0	0	0	0	0	0	0	0	0	0	0	0	0	0	0	0
支付利息前利润	−190	−256	−261	−210	−180	−200	−170	−264	−270	−210	−220	−325	−280	−240	−260	−210	−508
财务费用	0	0	0	0	0	0	0	0	0	0	0	0	0	0	0	0	0
税前利润	−190	−256	−261	−210	−180	−200	−170	−264	−270	−210	−220	−325	−280	−240	−260	−210	−508
所得税	0	0	0	0	0	0	0	0	0	0	0	0	0	0	0	0	0
年度净利润	−190	−256	−261	−210	−180	−200	−170	−264	−270	−210	−220	−325	−280	−240	−260	−210	−508

表 9.20 各组第一年资产负债表

用户名	U01	U02	U03	U04	U05	U06	U07	U08	U09	U10	U11	U13	U14	U15	U16	U17	U19
类型	系统	系统	系统	系统	系统	系统	系统	系统	系统	系统	系统	系统	系统	系统	系统	系统	系统
现金	139	250	151	108	120	147	197	271	370	177	116	295	2120	98	990	390	932
应收款	0	0	0	0	0	0	0	0	0	0	0	0	0	0	0	0	0
在制品	0	40	0	0	0	0	0	60	60	0	0	30	0	0	0	0	400
产成品	0	0	0	0	0	0	0	0	0	0	0	0	0	0	0	0	0
原料	0	0	0	0	0	0	0	0	0	0	0	0	0	0	0	0	0
流动资产合计	139	290	151	108	120	147	197	331	430	177	116	325	2120	98	990	390	1332
厂房	0	70	0	0	0	400	400	0	0	400	0	0	0	0	0	0	0
机器设备	0	100	0	0	0	0	0	105	300	400	0	150	0	0	0	0	560
在建工程	500	100	700	800	300	600	700	100	300	400	700	800	0	700	1150	0	0
固定资产合计	500	170	700	800	300	1000	1100	205	600	800	700	950	0	700	1150	0	560
资产总计	639	460	851	908	420	1147	1297	536	1030	977	816	1275	2120	798	2140	390	1892
长期贷款	0	0	0	0	0	0	0	0	700	0	0	900	1800	0	1800	0	1800
短期贷款	229	116	418	518	0	747	867	200	0	587	436	100	0	438	0	0	0
特别贷款	0	0	0	0	0	0	0	0	0	0	0	0	0	0	0	0	0
所得税	0	0	0	0	0	0	0	0	0	0	0	0	0	0	0	0	0
负债合计	229	116	512	518	0	747	867	200	700	587	436	1000	1800	438	1800	0	1800
股东资本	600	600	600	600	600	600	600	600	600	600	600	600	600	600	600	600	600
利润留存	0	0	0	0	0	0	0	0	0	0	0	0	0	0	0	0	0
年度净利	−190	−256	−261	−210	−180	−200	−170	−264	−270	−210	−220	−325	−280	−240	−260	−210	−508
所有者权益合计	410	344	339	390	420	400	430	336	330	390	380	275	320	360	340	390	92
负债和所有者权益总计	639	460	851	908	420	1147	1297	536	1030	977	816	1275	2120	798	2140	390	1892

9.4.2 各组第二年经营情况

表 9.21 各组第二年综合费用表

用户名	U01	U02	U03	U04	U05	U06	U07	U08	U09	U10	U11	U13	U15	U16	U17	U19
管理费	40	40	40	40	40	40	40	40	40	40	40	40	40	40	40	40
广告费	43	80	135	102	32	140	157	34	139	118	96	64	90	135	77	150
维护费	74	47	70	80	30	60	70	54	60	88	86	95	70	115	280	128
损失	50	0	0	0	0	62	0	0	0	0	0	0	0	0	0	0
转产费	0	0	0	0	0	0	0	0	0	0	0	0	0	20	0	0
租金	70	60	40	40	40	40	40	50	40	80	80	60	40	70	40	160
市场开拓费	20	30	30	30	30	30	30	30	30	30	30	30	30	30	30	30
产品研发费	10	50	10	50	40	10	10	20	50	0	0	10	20	40	10	30
ISO认证费	0	30	0	30	50	0	30	30	30	0	30	0	30	0	0	50
信息费	0	0	0	0	0	0	0	0	0	0	0	0	0	0	2	0
合计	307	337	325	372	262	382	337	258	389	356	362	279	320	450	479	588

表 9.22 各组第二年利润表

用户名	U01	U02	U03	U04	U05	U06	U07	U08	U09	U10	U11	U13	U15	U16	U17	U19
销售收入	353	375	1060	969	366	698	862	159	970	918	1 038	623	846	1 254	707	2 287
直接成本	150	160	510	420	150	310	360	80	440	420	460	270	360	530	310	1 040
毛利	203	215	550	549	216	388	502	79	530	498	578	353	486	724	397	1 247
综合费用	307	337	325	372	262	382	337	258	389	356	362	279	320	450	479	588
折旧前利润	−104	−122	225	177	−46	6	165	−179	141	142	216	74	166	274	−82	659
折旧	0	20	0	0	0	0	0	30	60	0	0	30	0	0	0	160
支付利息前利润	−104	−142	225	177	−46	6	165	−209	81	142	216	44	166	274	−82	499
财务费用	11	4	64	48	0	95	96	30	111	101	38	109	45	202	0	274
税前利润	−115	−146	161	129	−46	−89	69	−239	−30	41	178	−65	121	72	−82	225
所得税	0	0	0	0	0	0	0	0	0	0	0	0	0	0	0	0
年度净利润	−115	−146	161	129	−46	−89	69	−239	−30	41	178	−65	121	72	−82	225

表 9.23 各组第二年资产负债表

用户名	U01	U02	U03	U04	U05	U06	U07	U08	U09	U10	U11	U13	U15	U16	U17	U19
类型	系统	系统	系统	系统	系统	系统	系统	系统	系统	系统	系统	系统	系统	系统	系统	系统
现金	363	163	109	25	562	271	217	272	221	185	5	125	99	168	225	37
应收款	209	375	522	663	366	440	332	0	349	526	723	275	558	704	494	1 040
在制品	210	180	180	200	50	150	140	100	140	280	200	230	120	190	200	640
产成品	70	0	0	0	0	0	0	100	40	0	0	0	0	0	130	0
原料	20	10	0	0	0	50	0	50	0	0	0	60	0	0	0	0
流动资产合计	872	728	811	888	978	911	689	522	750	991	928	690	777	1 062	1 049	1 717
厂房	0	0	0	800	300	600	400	0	540	610	770	920	700	1 150	0	0
机器设备	605	270	700	800	300	600	700	375	540	610	770	920	700	1 150	0	400
在建工程	0	0	0	0	350	0	400	0	0	0	0	0	0	0	0	0
固定资产合计	605	270	700	800	650	600	1 100	375	540	610	770	920	700	1 150	0	400
资产总计	1 477	998	1 511	1 688	1 628	1 511	1 789	897	1 290	1 601	1 698	1 610	1 477	2 212	1 049	2 117
长期贷款	644	0	484	213	1 254	0	0	0	990	0	304	900	0	1 800	154	1 800
短期贷款	538	800	527	956	0	1 200	1 290	800	0	1 170	836	0	996	0	587	0
特别贷款	0	0	0	0	0	0	0	0	0	0	0	0	0	0	0	0
所得税	0	0	0	0	0	0	0	0	0	0	0	0	0	0	0	0
负债合计	1 182	800	1 011	1 169	1 254	1 200	1 290	800	990	1 170	1 140	900	996	1 800	741	1 800
股东资本	600	600	600	600	600	600	600	600	600	600	600	1 100	600	600	600	600
利润留存	−190	−256	−261	−210	−180	−200	−170	−264	−270	−210	−220	−325	−240	−260	−210	−508
年度净利	−115	−146	161	129	−46	−89	69	−239	−30	41	178	−65	121	72	−82	225
所有者权益合计	295	198	500	519	374	311	499	97	300	431	558	710	481	412	308	317
负债和所有者权益总计	1 477	998	1 511	1 688	1 628	1 511	1 789	897	1 290	1 601	1 698	1 610	1 477	2 212	1 049	2 117

表 9.24 各组第二年广告投放

组	本地					区域					国内				
	P1	P2	P3	P4	P5	P1	P2	P3	P4	P5	P1	P2	P3	P4	P5
U01	40														
U02		15	15												
U03	10		40	31			13	35	36						
U04	16	16	33	31		10			51						
U05	31														
U06	31			43		10			56						
U07				62		10			53						
U08								34							
U09		35	32				36	36							
U10		41	19				21	37							
U11		37	19				23	17							
U13	30	32					32								
U14		30	58		58	10	38	36		58					
U15	34	30		45	10		40			10					
U16		50				20	31								
U17		24					16		37						
U19	40	60				30	50		15						

138

9.4.3 各组第三年经营情况

表 9.25 各组第三年综合费用表

用户名	U01	U04	U05	U06	U07	U08	U09	U10	U11	U13	U15	U16	U17	U19
管理费	40	40	40	40	40	40	40	40	40	40	40	40	40	40
广告费	96	258	60	103	200	35	150	199	155	60	110	133	170	120
维护费	74	80	65	60	70	54	76	88	102	95	70	115	280	128
损失	0	0	160	0	0	282	20	0	0	0	0	0	15	0
转产费	0	0	0	0	0	0	0	0	0	0	0	0	0	0
租金	70	80	40	40	40	50	80	120	120	60	40	70	40	160
市场开拓费	20	20	20	20	20	20	20	20	20	0	20	20	20	20
产品研发费	40	20	20	0	20	20	10	0	10	40	0	60	20	0
ISO认证费	30	0	0	0	0	0	0	0	0	0	0	0	0	0
信息费	0	0	0	0	0	0	0	0	0	0	0	0	0	0
合计	370	498	405	263	390	461	396	467	447	295	280	438	585	468

表 9.26 各组第三年利润表

用户名	U01	U04	U05	U06	U07	U08	U09	U10	U11	U13	U15	U16	U17	U19
销售收入	936	1 615	884	1 079	1 283	0	1 303	1 553	1 658	357	1 074	1 652	1 445	2 262
直接成本	420	720	380	470	560	0	600	700	760	160	450	680	640	1 080
毛利	516	895	504	609	723	461	703	853	898	197	624	972	805	1 182
综合费用	370	498	405	263	390	-461	396	467	447	295	280	438	585	468
折旧前利润	146	397	99	346	333	-461	307	386	451	-98	344	534	220	714
折旧	130	160	60	120	140	90	120	140	160	190	140	230	0	160
支付利息前利润	16	237	39	226	193	-551	187	246	291	-288	204	304	220	554
财务费用	174	166	135	127	149	40	172	134	152	121	50	277	43	321
税前利润	-158	71	-96	99	44	-591	15	112	139	-409	154	27	177	233
所得税	0	0	0	0	0	0	0	0	24	0	9	0	0	0
年度净利润	-158	71	-96	99	44	-591	15	112	115	-409	145	27	177	233

表 9.27 各组第三年资产负债表

用户名	U01	U04	U05	U06	U07	U08	U09	U10	U11	U13	U15	U16	U17	U19
类型	系统	系统	系统	系统	系统	系统	系统	系统	系统	系统	系统	系统	系统	系统
现金	65	114	296	407	143	48 641	172	112	112	101	239	216	370	329
应收款	0	743	416	156	497	0	463	654	985	0	646	793	577	1 101
在制品	210	200	120	150	140	0	180	300	280	140	100	250	200	560
产成品	240	0	90	0	0	390	0	0	0	380	30	60	50	120
原料	20	0	20	0	0	190	0	0	0	100	0	0	0	0
流动资产合计	535	1 057	942	713	780	49 221	815	1 066	1 377	721	1 015	1 319	1 197	2 110
厂房	0	0	0	0	400	0	0	0	0	0	0	0	0	0
机器设备	475	640	590	480	560	285	490	470	680	730	560	920	0	240
在建工程	0	450	0	150	300	0	0	300	300	0	0	0	0	0
固定资产合计	475	1 090	590	630	1 260	285	490	770	980	730	560	920	0	240
资产总计	1 010	2 147	1 532	1 343	2 040	49 506	1 305	1 836	2 357	1 451	1 575	2 239	1 197	2 350
长期贷款	644	601	1 254	933	204	0	990	120	704	900	244	1 800	334	1 800
短期贷款	229	956	0	0	1 293	0	0	1 173	956	250	696	0	378	0
特别贷款	0	0	0	0	0	50600	0	0	0	0	0	0	0	0
所得税	0	0	0	0	0	0	0	0	24	0	9	0	0	0
负债合计	873	1 557	1 254	933	1 497	0	990	1 293	1 684	1 150	949	1 800	712	1 800
股东资本	600	600	600	600	600	-503	600	600	600	1 100	600	600	600	600
利润留存	-305	-81	-226	-289	-101	-591	-300	-169	-42	-390	-119	-188	-292	-283
年度净利	-158	71	-96	99	44	49 506	15	112	115	-409	145	27	177	233
所有者权益合计	137	590	278	410	543	49 506	315	543	673	301	626	439	485	550
负债和所有者权益总计	1 010	2 147	1 532	1 343	2 040	49 506	1 305	1 836	2 357	1 451	1 575	2 239	1 197	2 350

表 9.28 各组第三年广告投放

组	本地					区域					国内				
	P1	P2	P3	P4	P5	P1	P2	P3	P4	P5	P1	P2	P3	P4	P5
U01		17	17				31	31							
U02			34	36				35	40				35	40	
U03	16		38	57				15	15				16	35	
U04		11	11				11	38	58				10	57	
U05	11			17		11		11							
U06	37			65		13			46					18	
U07						17			35				36	33	35
U08															
U09		20	19		10		36	20				19	36		
U10		32	14		20		53	33				16	51		
U11		24	17				37	17				36	24		
U13		10				15	40		50	10		10			10
U15		30					35					31			
U16		32		20			34		60			10			
U17		46					10	30				10	30		
U19		10	30				10								

9.4.4 各组第四年经营情况

表 9.29 各组第四年综合费用表

用户名	U01	U03	U04	U05	U06	U07	U09	U10	U11	U13	U15	U17	U19
管理费	40	40	40	40	40	40	40	40	40	40	40	40	40
广告费	56	164	296	72	159	212	145	227	196	0	194	282	203
维护费	74	100	125	65	75	100	38	118	132	95	134	560	88
损失	0	0	0	10	0	0	392	0	0	75	0	0	50
转产费	0	0	0	0	0	0	0	0	0	0	0	0	0
租金	70	80	120	40	80	40	80	120	120	60	120	80	160
市场开拓费	0	10	10	10	10	10	0	10	10	0	10	10	10
产品研发费	20	30	40	0	40	40	0	40	40	0	0	0	40
ISO认证费	0	0	0	0	0	0	0	0	0	0	0	0	0
信息费	0	0	0	0	0	0	0	0	0	0	0	0	0
合计	260	424	631	237	404	442	695	555	538	270	498	972	591

表 9.30 各组第四年利润表

用户名	U01	U03	U04	U05	U06	U07	U09	U10	U11	U13	U15	U17	U19
销售收入	896	1 861	2 519	938	1 435	1 892	465	1 980	2 242	0	1 528	2 135	2 244
直接成本	410	900	1 160	410	660	830	210	900	1 020	0	630	920	1 050
毛利	486	961	1 359	528	775	1 062	255	1 080	1 222	0	898	1 215	1 194
综合费用	260	424	631	237	404	442	695	555	538	270	498	972	591
折旧前利润	226	537	728	291	371	620	−440	525	684	−270	400	243	603
折旧	130	140	160	130	120	140	70	140	180	190	140	0	110
支付利息前利润	96	397	568	161	251	480	−510	385	504	−460	260	243	493
财务费用	75	139	345	136	149	223	182	202	200	13	58	51	249
税前利润	21	258	223	25	102	257	−692	183	304	−473	202	192	244
所得税	0	65	53	0	0	50	0	32	76	0	51	19	49
年度净利润	21	193	170	25	102	207	−692	151	228	−473	151	173	195

表 9.31 各组第四年资产负债表

用户名	U01	U03	U04	U05	U06	U07	U09	U10	U11	U13	U15	U17	U19
类型	系统	系统	系统	系统	系统	系统	系统	系统	系统	系统	系统	系统	系统
现金	907	199	2	343	162	384	73	13	42	9 388	219	434	586
应收款	0	1 165	921	474	420	665	45	952	1 505	0	1 029	1 044	1 033
在制品	80	260	280	120	200	180	60	360	330	0	340	320	320
产成品	440	100	0	160	0	0	190	0	0	580	0	50	0
原料	30	0	0	0	0	0	100	0	0	220	0	0	0
流动资产合计	1 457	1 724	1 203	1 097	782	1 229	468	1 325	1 877	10 188	1 588	1 848	1 939
厂房	0	0	0	0	0	400	0	0	0	0	0	0	0
机器设备	345	720	930	460	510	720	145	630	800	540	700	0	55
在建工程	0	300	450	0	450	0	0	400	300	0	0	0	600
固定资产合计	345	1 020	1 380	460	960	1 120	145	1 030	1 100	540	700	1 848	655
资产总计	1 802	2 744	2 583	1 557	1 742	2 349	613	2 355	2 977	10 728	2 288	1 848	2 594
长期贷款	644	784	794	1 254	334	334	990	454	904	900	784	544	1 800
短期贷款	0	1 076	976	0	1 230	1 215	0	1 175	1 096	0	676	627	0
特别贷款	0	0	53	0	0	0	0	0	0	10 000	0	0	0
所得税	0	65	53	0	0	50	0	32	76	0	51	19	49
负债合计	644	1 925	1 823	1 254	1 230	1 599	990	1 661	2 076	10 900	1 511	1 190	1 849
股东资本	1 600	600	600	600	600	600	600	600	600	1 100	600	600	600
利润留存	−463	26	−10	−322	−190	−57	−285	−57	73	−799	26	−115	−50
年度净利	21	193	170	25	102	207	−692	151	228	−473	151	173	195
所有者权益合计	1 158	819	760	303	512	750	−377	694	901	−172	777	658	745
负债和所有者权益总计	1 802	2 744	2 583	1 557	1 742	2 349	613	2 355	2 977	10 728	2 288	1 848	2 594

表9.32 各组第四年广告投放

组	本地					区域					国内					亚洲					国际				
	P1	P2	P3	P4	P5	P1	P2	P3	P4	P5	P1	P2	P3	P4	P5	P1	P2	P3	P4	P5	P1	P2	P3	P4	P5
U01		15	13									15						13							
U03			35	36					14				15	35				13	16						
U04			38	58		10	16	38	57					57				10	38						
U05		16	10					10					10												
U06				38					20			16	51	35			17	15	56						
U07	31	32	21	62		10	17	37	19			17	18	63	38	10	33	33	17						
U09		34	14				47	33		31															
U10		35	18		10	10	18	24		32	15	10			10	10	10			10					
U11	12	31			20	13	31																		
U15	31			56		18			44			15		10	35										
U16	26	46	35				37	53																	
U17		10					10																		
U19																									

9.4.5 各组第五年经营情况

表 9.33 各组第五年综合费用表

用户名	U01	U03	U04	U05	U06	U07	U10	U11	U13	U15	U17	U19
管理费	40	40	40	40	40	40	40	40	40	40	40	40
广告费	60	218	336	145	243	268	362	236	0	163	284	135
维护费	74	130	170	65	120	380	158	162	95	134	560	100
损失	0	0	0	60	0	22	160	0	0	0	0	0
转产费	20	0	0	0	0	0	0	0	0	0	0	0
租金	30	120	160	40	80	120	160	160	60	160	120	160
市场开拓费	0	0	0	0	0	0	0	0	0	0	0	0
产品研发费	0	20	0	0	0	0	30	0	0	50	20	0
ISO 认证费	0	0	0	0	0	0	0	0	0	0	0	0
信息费	0	0	0	0	0	0	0	0	0	0	0	0
合计	224	528	706	350	483	830	910	598	195	547	1 024	435

表 9.34 各组第五年利润表

用户名	U01	U03	U04	U05	U06	U07	U10	U11	U13	U15	U17	U19
销售收入	1 083	2 873	3 205	1 392	2 293	2 636	2 786	2 607	0	1 910	2 355	1 976
直接成本	460	1 340	1 450	610	1 090	1 120	1 280	1 180	0	790	1 030	860
毛利	623	1 533	1 755	782	1 203	1 516	1 506	1 427	0	1 120	1 325	1 116
综合费用	224	528	706	350	483	830	910	598	195	547	1 024	435
折旧前利润	399	1 005	1 049	432	720	686	596	829	−195	573	301	681
折旧	130	200	250	130	150	200	200	240	190	220	0	0
支付利息前利润	269	805	799	302	570	486	396	589	−385	353	301	681
财务费用	64	181	408	147	224	235	285	217	90	138	84	219
税前利润	205	624	391	155	346	251	111	372	−475	215	217	462
所得税	0	156	98	0	65	63	28	93	0	54	54	116
年度净利润	205	468	293	155	281	188	83	279	−475	161	163	346

表 9.35 各组第五年资产负债表

用户名	U01	U03	U04	U05	U06	U07	U10	U11	U13	U15	U17	U19
类型	系统	系统	系统	系统	系统	系统	系统	系统	系统	系统	系统	系统
现金	328	469	26	188	273	3	224	4	19 103	398	104	378
应收款	408	1 664	1 025	1 014	791	1 308	793	1 829	0	1 056	1 682	1 479
在制品	140	340	450	120	320	420	460	480	0	340	320	320
产成品	330	0	0	60	50	0	80	200	580	90	20	40
原料	20	0	0	0	0	0	0	0	220	0	0	0
流动资产合计	1 226	2 473	1 501	1 382	1 434	1 731	1 557	2 513	19 903	1 884	2 126	2 217
厂房	800	0	1 130	330	810	400	830	860	350	480	0	0
机器设备	215	820	800	0	150	520	500	600	350	800	600	625
在建工程	150	600	0	330	960	600	1 330	1 460	20 253	1 280	600	600
固定资产合计	1 165	1 420	1 930	1 712	2 394	1 520	2 887	3 973	20 253	3 164	2 726	1 225
资产总计	2 391	3 893	3 431	1 712	2 394	3 251	2 887	3 973	20 253	3 164	2 726	3 442
长期贷款	644	1 374	994	1 254	304	734	904	1 264	900	1 454	584	1 234
短期贷款	249	1 076	1 286	0	1 232	1 516	1 178	1 436	0	718	1 267	1 001
特别贷款	0	0	0	0	0	0	0	0	10 000	0	0	0
所得税	0	156	98	0	65	63	28	93	0	54	54	116
负债合计	893	2 606	2 378	1 254	1 601	2 313	2 110	2 793	10 900	2 226	1 905	2 351
股东资本	1 735	600	600	600	600	600	600	600	11 100	600	600	600
利润留存	−442	219	160	−297	−88	150	94	301	−1 272	177	58	145
年度净利	205	468	293	155	281	188	83	279	−475	161	163	346
所有者权益合计	1 498	1 287	1 053	458	793	938	777	1 180	9 353	938	821	1 091
负债和所有者权益总计	2 391	3 893	3 431	1 712	2 394	3 251	2 887	3 973	20 253	3 164	2 726	3 442

表 9.36 各组第五年广告投放

组	本地					区域					国内					亚洲					国际				
	P1	P2	P3	P4	P5	P1	P2	P3	P4	P5	P1	P2	P3	P4	P5	P1	P2	P3	P4	P5	P1	P2	P3	P4	P5
U01	10	10																10							
U03	15	15	14	35							10		34	14				10	13				15	15	
U04	17	16	16	58	10			38	34				38	38	10			10	38				15	38	10
U05		16	16	18			16	16	38	10		16	16	38			16					16			
U06				62	35	13	17	33	21	35		34	45	18	35		17	17	19	12		46	54	62	35
U07		15	14			17	17	17	19		10	35	18		31		23	15	35			34	13	35	
U10	10	17	18		31				65		15	31					10	34			10		23	17	
U11	12	10			20	13				10															
U15									34	32	10	44			35			11		17	10	58			10
U16	23			66		17	32	31																	
U17																									
U19										11					11			11					10		34

147

9.4.6 各组第六年经营情况

表9.37 各组第六年综合费用表

用户名	U03	U04	U06	U07	U10	U11	U17	U19
管理费	40	40	40	40	40	40	40	40
广告费	336	428	295	200	406	390	215	118
维护费	190	260	165	440	208	222	620	405
损失	111	0	0	0	0	63	40	0
转产费	0	0	0	0	0	0	0	0
租金	40	120	100	120	160	120	40	80
市场开拓费	0	0	0	0	0	0	0	0
产品研发费	60	30	30	70	60	0	80	0
ISO认证费	0	0	0	0	0	0	0	0
信息费	0	0	0	0	0	0	0	0
合计	777	878	630	870	874	835	1 035	643

表9.38 各组第六年利润表

用户名	U03	U04	U06	U07	U10	U11	U17	U19
销售收入	3 175	4 161	2 649	3 504	3 618	4 955	2 871	3 060
直接成本	1 570	1 970	1 340	1 650	1 790	2 220	1 270	1 410
毛利	1 605	2 191	1 309	1 854	1 828	2 735	1 601	1 650
综合费用	777	878	630	870	874	835	1 035	643
折旧前利润	828	1 313	679	984	954	1 900	566	1 007
折旧	260	340	240	200	220	280	0	120
支付利息前利润	568	973	439	784	734	1 620	566	887
财务费用	223	378	121	263	302	321	234	353
税前利润	345	595	318	521	432	1299	332	534
所得税	86	149	80	130	108	325	83	134
年度净利润	259	446	238	391	324	974	249	400

表9.39 各组第六年资产负债表

用户名	U03	U04	U06	U07	U10	U11	U17	U19
类型	系统	系统	系统	系统	系统	系统	系统	系统
现金	1 119	648	563	1 064	332	752	10	48
应收款	1 994	2 059	1 907	1 889	2 098	3 687	2 076	2 140
在制品	0	0	0	0	0	0	0	0
产成品	0	0	0	0	0	0	50	0
原料	20	10	0	0	0	0	80	80
流动资产合计	3 133	2 717	2 470	2 953	2 430	4 439	2 216	2 268
厂房	1 200	400	0	400	0	400	800	800
机器设备	1 160	1 690	1 020	920	1 110	1 180	600	1 830
在建工程	0	0	0	0	0	0	0	0
固定资产合计	2 360	2 090	1 020	1 320	1 110	1 580	1 400	2 630
资产总计	5 493	4 807	3 490	4 273	3 540	6 019	3 616	4 898
长期贷款	2 785	1 524	1 144	1 298	1 144	2 104	1 196	2 272
短期贷款	1 076	1 635	1 235	1 516	1 187	1 436	1 267	1 001
特别贷款	0	0	0	0	0	0	0	0
所得税	86	149	80	130	108	325	83	134
负债合计	3 947	3 308	2 459	2 944	2 439	3 865	2 546	3 407
股东资本	600	600	600	600	600	600	600	600
利润留存	687	453	193	338	177	580	221	491
年度净利	259	446	238	391	324	974	249	400
所有者权益合计	1 546	1 499	1 031	1 329	1 101	2 154	1 070	1 491
负债和所有者权益总计	5 493	4 807	3 490	4 273	3 540	6 019	3 616	4 898

表 9.40 各组第六年广告投放

组	本地					区域					国内					亚洲					国际				
	P1	P2	P3	P4	P5	P1	P2	P3	P4	P5	P1	P2	P3	P4	P5	P1	P2	P3	P4	P5	P1	P2	P3	P4	P5
U01		10				10					10						10								
U03		12	13	35				14	33			15	10	14			30	34	13			30	31	30	
U04			19	38				32	38		10		12	51	10			38	52	33	10		10	58	10
U06				18				18	19				38	47				37	30				42	47	
U07				70									18		37				36	37					
U10		15	33	15			30	14				34	45	35			17	13	57			46	31	21	
U11		17	34	39			12	17			10	14	15	19	18		32	35	19	18	10	34	15	19	
U15							17		25	18	10	10		33		10	23				10	10			
U17	17	25		17		13					10	15	11												
U19	10			11	11			11			10									11	10		11	11	11

【本章小结】

ERP沙盘模拟经营旨在通过模拟企业完整的运营过程，使参与者从思想深处构建一盘棋的大局观，真正理解经营的实质。本章从实战的角度，对案例中的相关经营小组得失从经营的角度进行了分析。

【复习思考题】

（1）如何从企业投放的广告费上分析企业的市场策略？
（2）如何从资产负债表上分析企业的投资策略？
（3）结合自己的体会，你认为如何分析企业可能面临的资金问题？
（4）结合自己的体会，谈谈如何解决面临的资金问题。
（5）结合自己的体会，谈谈在制定投资策略时应当考虑的问题。
（6）结合自己的体会，你认为企业如何才能尽早扩大市场，提高销售收入？
（7）结合自己的体会，你认为企业在经营过程中，应当注意哪些问题？
（8）结合自己的体会，你认为团队成员中，谁更重要？如何经营团队？

第10章 企业经营成功之道

企业经营的目的是在有限的时间内实现企业价值最大化。企业价值最大化，一方面是通过增加销售收入、控制费用支出、增加净利润来实现；另一方面，是使企业可持续发展的能力最大化，也就是说，通过经营，应使企业的资金充裕，厂房、设施设备先进，市场开发充分，产品品种丰富，市场占有程度高，企业信用好等。

ERP沙盘模拟经营与现实企业经营一样，真正要经营好，需要付出艰辛的努力，需要有大智慧和高技巧，需要理性的分析和正确的决策，需要团队的精诚团结和鼎力合作，需要认真细致、踏踏实实做好每一项工作。

前面我们结合案例，对企业的经营策略进行了分析，但企业经营是一项系统工程，好比一台运转的机器，要正常地运转，需要各个部件的协调配合，哪怕是一个不起眼的螺丝钉出现问题，都可能导致整部机器不能正常运转。所以，要在沙盘经营中取得好成绩，需要多方面的协调配合。CEO要统揽全局，科学指挥，制订科学的发展规划，加强过程监管，加强队伍的情绪控制，预防差错的发生。

本章将对企业经营中应当注意的问题进行总结，旨在提示沙盘企业经营者，乃至实际企业经营者在经营过程中应当把握的关键点。

【本章重点】

- 战略规划
- 财务预算
- 资金筹集
- 市场营销
- 生产制造

10.1 战略规划

沙盘企业经营的成败,与企业的战略规划密切相关。规划,从某种程度上来说,就是使自己的团队知道自己要做什么、什么时候做、怎样做、做或不做对企业有什么影响。在实际经济生活中,战略规划涉及的面很宽,但对于沙盘企业而言,主要包括市场和 ISO 认证开发规划、生产线投资规划、产品开发规划、产品生产规划等几个方面。为了提高规划直观性,我们可以借助"企业战略规划表"(见表 10.1)。

表 10.1 企业战略规划表

年份 项目	第一年				第二年				第三年				第四年			
	1	2	3	4	1	2	3	4	1	2	3	4	1	2	3	4
产品开发																
市场开发																
ISO 认证																
生产线投资																
厂房																
贷款																

通过"企业战略规划表",可以明确企业在某年某个季度开展的工作。战略规划从时间上划分,包括中长期规划和短期规划。中长期规划一般在五年以上,短期规划一般为一年。沙盘企业的规划应当重视短期规划,因为短期规划更具体,也更接近实际。短期规划应当在每年年初进行。

10.1.1 市场开发和 ISO 投资认证

1. 市场开发规划

市场开发在企业经营发展中扮演着重要角色。

我们知道,如果产品只在一个市场销售,则产品的销量会非常有限;如果所有的企业将同类的产品放在同一个市场销售,竞争就会非常惨烈。所以,企业要扩大产品销售,必须扩大产品的销售市场。在沙盘企业,产品的销售市场包括本地市场、区域市场、国内市场、亚洲市场和国际市场 5 个市场,每个市场开发周期不同,开发费用也不同。

企业在确定市场开发时,不应当盲目认为市场越多越好。在企业的产品品种丰富、产量比较多的情况,市场越多、产品销售渠道越多,产品也越容易实现销售;但企业资金紧张,产品产量又少,如果盲目开发市场,不仅会导致资金更紧张,而且开发出来的市场不能得到充分的利用,就是说会出现有市场没有产品销售的情况,如果是这样的话,企业的市场开发策略就是不妥当的。

那么,企业在开发市场时应当考虑哪些因素呢?

首先,要研究每个市场的销售特点及发展趋势。不同的市场在不同的阶段,其产品需求量和价格是不一样的。为此,应当研究每一个市场不同产品的需求量和价格水平,比较在相同年份相同产品在不同市场的情况。确定出企业在不同年份应当进入的市场,从而确定出本企业要进入的重点市场以及市场开发的时间。

其次，要估计竞争对手可能进入的市场，避强趋弱。在市场上，随时都面临着激烈的竞争。为此，企业应当根据对手的产品开发、市场开发情况分析对手可能重点开发的市场，在市场开发上尽可能占到先机，如果可能，避开竞争激烈的市场。当然，竞争的激烈程度也是相对而言的，比如，如果本企业的产品丰富，企业可以通过丰富的产品占领市场，争当市场老大，抢得先机。

第三，要考虑本企业的产品策略，确定企业的目标市场。对于不同的产品，在不同的阶段、不同的市场，其价格和市场需求量是不同的。为此，在制订本企业的市场开发战略时，应当结合企业的产品战略进行考虑。比如，企业重点生产的产品是P4，如果P4产品的需求量主要集中在区域、国内和亚洲市场，国际市场需要量很小，那么，企业就应当回避国际市场，重点占领区域、国内和亚洲市场。

第四，要考虑本企业的资金情况，量力而行。对于一个企业来说，总是希望市场越多越好。但是，开发市场是需要投资的。如果开发了市场，而该市场又没有发挥应有的作用，则开发就是失败的。市场开发要考虑企业的资金情况，不仅仅是本年的资金情况，还应当考虑资金投入了市场开发之后可能对本年资金使用的影响，对本年净利润的影响，而净利润又影响所有者权益，所有者权益最终要影响下年的贷款额度。所以，市场开发支出不仅仅是开发市场的问题，还包含了对各个方面的可能影响。

一般而言，企业根据产品情况，应当开发3个以上的市场。如果资金许可，应尽可能早开发。当然，如果企业的资金控制不好，在某个年份出现了严重的资金短缺，则应当暂时停止开发，毕竟生存是第一位的。

2. ISO认证开发规划

ISO认证包括ISO 9000和ISO 14000认证。通过开发ISO认证，企业可以取得具有ISO条件的产品订单。但一般而言，ISO认证条件只在部分市场有要求，所以，企业是否开发ISO认证，需要结合企业的市场开发情况来定。比如，企业主要进入的是本地、区域和国内市场，通过市场预测表我们可以预测，在这三个市场对于ISO认证条件要求不高，在资金偏紧张的情况下就可以暂时不开发。

同样，如果企业主要占领的是亚洲和国际市场，这两个市场虽然对ISO认证有要求，但时间比较靠后，比如在后两年才有要求，则企业可以推迟开发，这样，既不影响产品的销售，同时又没有过早占用资金，提高了资金的使用效率。所以，企业在进行ISO认证开发规划时，主要应当考虑资金情况、企业的目标市场和开发时间三个方面的问题。

10.1.2 生产线投资规划

企业要增加利润，必须增加利润高的产品的销售，而销售量的增加必然涉及产品的生产，要生产就必然涉及用什么生产线生产的问题。所以，生产线投资属于生产的问题。生产线包括手工、半自动、全自动和柔性四种，每种生产线的安装周期、安装费用、转产周期和转产费用各不相同，这里就涉及企业应当购买什么生产线、购买多少、什么时候购买的问题。一般情况下，如果资金和市场许可，企业应尽可能购买全自动生产线并配置1~2条柔性生产线，并且安装完成的时间越早越好。

企业在生产线投资时，应当考虑以下几个方面的问题：

第一,企业的资金情况。企业在进行购买生产线的决策时,首先应当考虑的就是企业的资金情况。这里的资金情况不仅仅是当期的资金情况,还包括后期资金的投入情况。因为购买安装生产线是分期投入的,而且生产线完工投入产品生产时,还涉及购买原材料和支付加工费等支出,所以,企业在购买生产线时应当考虑购买生产线对当期及以后各期的影响,防止由于资金紧张而中途停止安装和由于资金紧张导致完工后出现停工的情况。

为了保证资金不出现问题,企业最好的方式就是编制现金预算,而且现金预算最好是两年以上的滚动预算。

第二,产品开发完工的时间。企业在购买生产线时,应当测算生产线的完工时间。在生产线安装完工的当期,企业就能投入产品的生产才是最佳方案。如果新建生产线是用于生产新开发的产品,则要做到生产线安装完工的时间与新产品开发完成的时间相一致,否则就会出现生产线空置或滞后,造成浪费。这就要求企业在建设生产线时,首先要明确该生产线完工后生产什么产品,然后确定出生产线的建设时间。当然,为了使生产线完工后当期能投入产品的生产,还应当做好原材料的采购准备工作。

第三,是否转产。企业的生产线包括四种,每种生产线的转产期和转产费是不相同的。如果企业不准备转产,则应尽可能考虑全自动生产线;如果企业预计生产线需要转产或者为了竞争的需要而要转产,如果资金许可,则应考虑一条柔性生产线。当然,如果已经到了经营的后期,企业就应尽可能事先做好生产线产品生产的规划,尽可能不考虑生产线转产的问题。

企业在制订生产线投资决策时,除了要考虑以上几个方面的问题以外,还应当考虑折旧对当期利润的影响,以及剩余经营时间所能生产产品的产量等问题。

10.1.3 产品开发规划

在沙盘企业,产品品种越多,则在各个市场拿单的概率越大,对于提高广告费的收益率有很大帮助。而且,产品品种越多,在争夺市场老大地位时主动权越大。

同时,产品品种丰富,企业在决定新生产线的产品生产时就可以选择利润较大的品种,增加了选择的主动性和灵活性。但是,产品开发需要一定的周期,而且需要投入一定的开发费用,所以,产品的开发就存在开发什么产品、什么时候开发的问题。企业在进行产品开发决策时,应当考虑以下几个方面的问题。

第一,企业目标市场中产品的预计销量和预计利润水平。企业开发的产品只有能大量生产并能及时销售出去才能真正产生效益,否则,一般情况下,可以认为就是开发失败。而企业要将生产出来的产品销售出去,首先要考虑的就是市场的需要量,只有市场有需要,企业才能开发并生产。同时,如果市场的需要量不是很大,而所有企业都开发并生产的话,势必增加竞争,对企业也是不利的。其次要考虑目标市场产品的预计利润水平。企业应根据各个市场产品的利润水平综合作出企业产品的开发决策。

第二,竞争对手的产品开发策略。企业在进行产品开发时,应当预计竞争对手的产品开发策略,尽可能在产品上形成错位竞争。在进行决策时,可以从对手的市场开发情况、生产线状况、资金情况等方面入手,分析竞争对手的产品开发策略。

第三,企业自身的生产能力。一般情况下,企业的产品品种越丰富,企业产品生产的灵活性越强。但是,企业开发产品应当结合自己的生产能力,否则,产品开发出来以后,由于生产能力不足,导致开发出来的产品不能生产而形成资源的浪费。一般情况下,企业每种产品每年的产量至少应在5件以上,否则就没有竞争力,也不能形成规模效益。

第四,企业的资金状况。开发产品需要投入资金,为此,企业应当考虑自身的资金状况。最基本的原则就是投入了产品开发,不会导致当期和后期出现资金的断流。为此,企业应当认真做好现金预算。

10.1.4 产品生产规划

企业的产品开发出来以后,必须投入生产才能产生效益。这就涉及产品什么时候生产、生产多少的问题。一般情况下,只要企业的资金许可,就不应当停止产品的生产,即使当期产生库存,可以在后期通过扩大的市场需求销售出去。

企业在进行产品生产规划时,首先应考虑生产单件产品毛利润高的产品,如果各种产品单位毛利润比较接近,应当选择生产占用资金少的产品。其次,还应当考虑资金面的状况。在企业经营的前期,资金面往往紧张,一般不宜生产占用资金多的产品;在经营后期,如果资金宽裕,应尽可能生产单件产品毛利润高的产品,这样才能保证利润的快速增长。

10.2 财务预算

企业在经营过程中,总是会面对各种诱惑,比如市场开发、产品开发、扩充生产线等,于是,我们会带着一种良好愿望作出决策。但结果往往事与愿违,不仅良好的愿望不能实现,而且可能由于一时的冲动,导致资金紧张,出现原材料无法按时购买、开发的产品不能如期生产、生产线被迫停工,甚至可能连工资都无法支付的情况。当这些"意外"情况发生后,我们往往感到措手不及。那么,企业在前期为什么没有预见到这些问题呢?最关键的就是对资金缺乏有力的控制,缺乏对资金的科学预算。要做好资金预算,最好的方式就是编制现金预算。要编制现金预算,应当做好以下基础性工作:

第一,预计各季度的现金流入。企业的现金收入来源主要是销售产品收到的现金,除此以外还包括出售厂房、生产线收到的现金等。沙盘企业中,销售产品一般收到的是应收款,应在以后的某个季度收到现金。企业可以根据产品下线情况,结合订单情况,明确每个季度的产品销售收入以及对应的账期,从而明确每个季度有多少应收款到期、收到多少现金。同时,企业在事先规划时,可以明确出售生产线的时间,从而确定现金流入情况。

第二,明确各期应支付的固定费用。沙盘企业的固定费用包括管理费、广告费、设备维护费、厂房租金等。这些费用基本上在年初就能明确地确定下来。

第三,编制"生产计划及采购计划",确定企业在各期应投入的产品加工费。在每一年年末,企业已经基本明确了第二年产品的生产情况,包括投产的产品品种、投产数量和投产时间,企业可以根据这些资料明确各期发生的加工费支出。当然,为了防止差错的发生,企业在经营时,应当借助于"生产计划及采购计划表"来进行排产,确定各期产品的投入和产出情况。"生产计划及采购计划表"的具体编制方法详见第6章。

第四,编制"采购及材料付款计划",确定各期应当支付的材料采购费。材料采购对于企业是很重要的一个环节,采购材料必然涉及采购费用的问题,企业应当根据"生产计划及采购计划表"编制"采购及材料付款计划",从而确定各期应当支付的材料采购费用。

第五,根据开发或投资规划,确定各期开发或投资的现金流出。企业的开发或投资规划草案可以在编制现金预算之前做出,也可以结合编制现金预算同时做出。如果事先已经编制了开发或投资预案,则应当测算出该开发或投资所需要的现金,并通过编制现金预算表来测算是否在资金许可的范围内。

企业的各种开发和投资规划应当在现金允许的范围内进行,否则,就可能导致现金断流的危险。所以,从这个角度来说,企业在进行开发和投资规划时,应当充分考虑现金预算,当某种开发或投资发生现金支出后,如果出现了现金危机,而且这种危机不能通过其他融资途径来解决,或者虽然能通过其他途径来解决,但带来的风险很大,这种情况下,就应当暂时停止该项开发或投资。

第六,确定现金短缺和不足,及时筹集资金。在明确了每个季度的现金流入和现金流出情况以后,就可以确定每个季度的现金短缺或盈余。如果现金短缺,就应当考虑如何筹集资金以解决资金缺口的问题。

10.3 资金筹集

企业经营,现金为主。经营过程中,如果出现了现金断流而又不能筹集到资金,则意味着破产。所以,企业在追求利润的同时,应当充分考虑到资金的情况,既要最大限度地利用资金,发挥资金的作用,达到资产保值增值的目的;同时,又要考虑到资金使用不当给企业带来的风险。为此,要科学合理地使用资金。当企业资金断流时,可以通过不同的途径筹集资金,使企业度过暂时的资金危机;同时,企业也可以在不同的阶段,利用不同的资金筹集渠道筹集资金,为企业的快速发展提供物资上的保证。企业筹集资金的途径很多,包括贷款、出售厂房、贴现、出售生产线、借高利贷等,但由于每种方式各有特点,所以在使用时应区别对待。

1. 贷款

贷款是企业筹资的主要方式。通过贷款,企业可以解决资金短缺的困难;同时,如果企业资金运用合理,还可以取得远高于贷款利息的投资回报。所以,企业应当考虑适度的贷款。贷款包括长期贷款和短期贷款。长期贷款贷款期限长,短期内没有还款的压力,但利率较高,筹资成本高,一般适用于固定资产等长期资产的投资;短期贷款利率相对较低,但期限短,还款压力大,特别是在企业的所有者权益逐年降低而规则又不允许转贷的情况下,风险较大,一般适用于解决流动资金不足,比如购买原材料、支付加工费等。总的来说,贷款是企业筹集资金首先应考虑的方式,在不能贷款的情况下,再考虑其他的筹资方式。

2. 出售厂房

出售厂房可以筹集资金,但要在每年年末支付租金,所以,这种方式是在不能贷款的情况下才考虑的。出售厂房收到的是4个账期的应收款,不能在当期取得现金,所以,要提前考虑资金的需求情况,提前出售,否则,如果将出售厂房的应收款贴现的话,使用成本太高。一般情况下,出售厂房有两种情况,一种是主动出售,即在市场状况良好的情况下,企业资金筹集困难,但有比较好的发展前景时使用;另一种情况是被动出售,即当企业出现了现金断流,为了防止破产,不得已而采用这种方式,但这种被动出售对于企业是非常危险的。

3. 贴现

贴现是企业常用的一种筹资方式,这种筹资方式时间灵活,可以随时贴现。但贴现需要有应收款,而且使用成本高,所以,这种方式一般在资金非常困难,确实无法度过难关时采用。

4. 出售生产线

出售生产线是指由于资金严重短缺而被迫出售正在使用的生产线的一种筹资方式,应该说是一种无奈的选择。企业的生产线只能按净值出售,如果生产线净值远大于残值,企业出售生产线损失很大。而且,出售了生产线,意味着企业的生产能力下降,收入降低,对企业也是不利的。所以,这种方式只在不得已的情况下才被采用。当然,企业也可能根据规划要更新生产线而出售旧生产线,这种情况不属于资金筹集。

5. 借高利贷

借高利贷筹集资金,期限短、利率高,而且在计算最终成绩时还要扣分,所以,该筹资方式一般也不轻易采用。但是,如果企业已经由于资金短缺面临破产倒闭,借高利贷缓解资金压力也是帮助企业暂时度过难关的一种筹资方式。

10.4 市场营销

企业的产品生产出来以后,如果没有及时销售出去,就不能取得收入,而且垫支的资金也不能收回,影响企业的现金流量。所以,企业如何将产品以最好的价格、最快的时间销售出去成为企业重点考虑的一个问题。

产品销售面对的是一个变化而且充满竞争的市场,很多方面都存在不确定性,所以对市场的研究和把握非常重要。一般而言,在营销环节,应做好市场预测、制订科学合理的广告投放、科学地拿单、科学地交单等工作。具体而言,应注意以下几个方面的问题。

10.4.1 准确的市场预测,合理预计销售订单

实际经营中,企业要准确预测市场需求是非常困难的。而在沙盘企业中,由于给出了较为准确的市场预测图,所以,企业应当对市场预测图进行充分的分析,分析各个市场上产品的预计销售数量、预计销售单价、有无销售条件的限制等。

然后,为了能准确地进行广告投放,应初步预计可能的订单数量。在进行市场预测时,为了便于了解各个市场的情况,可以制定"市场需求预测表"(见表10.2)。

表 10.2 市场需求预测表

产品分类及指标	实 绩			预测	备注
	2014 年	2015 年	2016 年	2017 年	
销售					
指数					
销售					
指数					
销售					
指数					

10.4.2 收集竞争对手资料,分析竞争对手市场策略

《孙子兵法》云:知己知彼,百战不殆。企业经营面对的是一个充满竞争的市场,企业应对竞争对手进行充分的了解,从对手的市场开发、预计产品可销售量、资金状况等方面分析对手可能的市场策略。

通过分析对手的市场开发情况,明确各个市场的竞争状况,可以避免浪费广告费。比如,

在某年只有本组和D组开发了亚洲市场,而在亚洲市场,如果某种产品需求量远大于或接近两个组的产量,那么在亚洲市场就没有必要投放过多的广告费。对手的市场开发情况一般可以在市场调查时获得。

通过对对手的产量情况进行分析,可以看出各种产品在市场上的竞争激烈程度。比如,在第二年,各个对手都在生产P1,并且大多数组年初都有库存,而在第二年市场只有本地和区域市场,那么,各个对手对于P1市场的争夺一般会比较激烈。

这种情况下,从稳健的角度出发,企业不应过多地在各个市场投放广告,而应将重点放在自身的积累上,力争在每个市场取得一张订单就可以了。也就是说,不一定要得到最好的结果,但一定不要得到最坏的结果。对对手的产量分析,可以从对手的生产线、产品开发、资金状况等方面着手。可以设计一张"产品产量预测表"(见表10.3),并将分析的结果填制在预测表中。

表10.3 产品需求预测表

产品名称		A组	B组	C组	D组	……	合计
P1	期初库存						
	预计完工						
	合计						
P2	期初库存						
	预计完工						
	合计						
P3	期初库存						
	预计完工						
	合计						
P4	期初库存						
	预计完工						
	合计						

通过对竞争对手的资金情况进行调查,可以分析对手在广告投放上最大可能的投放量,有利于企业合理制订广告费投放策略。这里在分析对手的资金状况时,包括企业年初的库存现金、应收款以及企业上年末的所有者权益。因为应收款可以随时贴现,如果不考虑应收款贴现的问题,就可能导致分析失误。同时,因为企业需要资金周转,不应该将资金全部投放在广告上,如果企业将资金全部投放在广告上,下年在开始运营时就必须筹集资金。而年初筹集资金,根据运营流程一般是借入短期贷款,要借款就必然要考虑上年的所有者权益和已有的贷款额度。所以,在分析对手的资金情况时,还应当考虑对手的所有者权益情况。

10.4.3 科学制订广告策略

制订广告策略,主要是解决企业在哪些市场投放广告费、在哪些产品上投放广告费以及投放多少的问题。科学合理的广告投放可以使企业拿到满意的订单而不造成资金的浪费,提高广告收益率,提高资金的使用效率。相反,错误或不当的广告策略不仅会造成资金的浪费,还可能使企业不能拿到满意的订单而造成产品积压,降低当年的收入,影响当年的现金流量。所以,企业应制订科学合理的广告策略。企业在制订广告策略时,应当把握以下一些原则:

1. 稳健性原则

就是在认真分析市场的情况下,有目的地投放广告费,不意气用事,避免由于盲目投放广告而造成资金的浪费。在企业经营过程中,有的年份资金可能相对比较充裕,为了将积压的产品销售出去而大肆投放广告,结果反而没有达到预期的效果。企业经营是很理性的,需要科学地对待,应当尽量避免侥幸心理,也不应该有"赌"的心理。

第6章的案例中,通过市场预测表,可以分析出:第一年,市场对于P1产品的总需求量为26～30个,一般情况下,每张订单平均数量为3～5个,这样推算,市场的总订单数在6～10张。根据稳健性原则,企业投放的广告费最好为1～3万元。但由于第一年资金表面上看很充裕,加之存在争市场老大的地位,所以竞争一般比较激烈,广告投放就可能存在一些非理性的因素。在这种情况下,从稳健角度和长期发展出发,企业更不应当为了争当市场老大而盲目投放过多的广告费。

历次的经验教训证明,很多组在第一年由于大肆投放广告费,导致现金流出过多,而不得不推迟产品、市场的开发,不得不推迟生产线的改造,导致产能不能扩大而在第二年拱手将市场老大的地位让出,非常可惜。现金流出过多,也不得不在后期筹集更多的资金,同时,由于广告费用过大,导致当期利润不能相应增加,对后期的资金筹集也产生了一系列的负面影响。

2. 收益性原则

就是尽可能使广告投入收益最大化。企业投放广告费的目的是销售产品,所以企业在投放广告费时应尽可能使投放的广告产生效益,而且是最大的收益。所以,投放的广告应尽量避免浪费。

比如,企业准备销售6个P1产品,企业有两个市场,如果预计每个市场的订单为6张,而进入各个市场的企业为6家,则企业在各个市场投放的广告费最好为1～2W,这样基本可以保证每个市场可以拿到一张订单。如果投放过多,势必造成浪费。如果有三个市场进入,则每个市场各投放1W即可。

3. 全面性原则

就是企业在制订广告策略时,应充分考虑影响产品销售的各种因素。企业在制订广告策略时,要事先预计市场的销售数量和订单情况、市场的竞争激烈程度、竞争对手可能的市场策略、本企业及对手的资金情况、本企业的重点市场以及企业的实际生产经营状况,包括生产能力、材料供应等因素。只有在充分占有信息并分析信息的基础上,才能作出正确的决策。市场分析是十分复杂而且多变的,为了准确预测市场,必须进行全面分析。

4. 争取市场领导地位原则

在合理的广告投放范围内,企业应尽量争取市场领导者地位。但一定不能为了争取市场老大地位而大肆投放广告费。市场领导的地位应当是在企业实力足够的情况下取得的。企业如果产品品种多、产量大,则应利用该优势集中在某市场投放广告费,集中在该市场选单,努力取得该市场领导者地位。如果企业的产品品种比较单一,产量又比较小,则应避免为争市场领导地位而投入过多的广告费。

10.4.4 竞单技巧

企业进行了正确的广告投放只是为能拿到订单提供了条件,但实际能不能拿到最佳的订单,关键在于竞单。所谓最佳的订单就是将生产的产品全部销售,使每张订单的产品毛利最大,账期最短。当然,要拿到真正最佳的订单是一种苛求,但却是一种努力的方向。企业在拿订单时,除了拿单时随机应变外,还应当注意以下问题:

1. 事先明确企业在每个季度生产产品的各种情况

企业在竞单时,有时候会涉及有限制条件的订单,比如加急订单,如果事先没有准确计算出各期生产产品的情况,在拿单时就会陷入被动。

2. 分析对手广告投入情况,合理确定产品市场

在竞单以前,裁判会将各组广告投放情况展示出来,以便确认广告录入是否正确。企业可以利用这个时机,将各组的广告投放情况进行记录并分析,以利于企业调整竞单策略。

比如,企业分别在区域、亚洲和国际市场投放了 P3 产品的广告费,而通过分析,发现国际市场只有本企业和另外一个组在 P3 产品投放广告费,而且本企业投放的是 4 W,对方是 3 W,根据事先的推测,该产品在国际市场至少有 3 张订单,那么,说明本企业在国际市场上至少可以拿到 2 张订单。在这种情况下,企业可以出于价格或者其他有利于自己的原因放弃前面某个市场的竞单,而将竞单的机会放在国际市场上。这样企业就有了选择的机会。如果企业没有作这种分析,就可能失去比较好的竞单机会。

3. 配合企业的资金预算选单

企业在竞单时,有时候会面临选择。比如,有两张订单,销售数量都相同,不同的是账期和总价:一张账期比较长,但总价比较高;另一张订单账期比较短,但总价相对较低。那么遇到这种情况应如何选单呢?一般情况下,如果企业资金比较紧张,就应选择账期比较短,但单价相对较低的一张订单。相反,如果企业没有资金困扰的问题,则应选择总价高的订单。

4. 珍惜有限的选单机会,配合产品质量选单

企业如果是某市场的领导者,或者在某个市场投放的广告费比较多,从而有优先选单的权利,在这种情况下,企业应充分把握好优先选单的机会。如果本企业有两次以上的选单机会,应分析对手的产量和选单情况。如果本企业在本市场拿任意订单都能交单,应首先选择大单。如果通过分析,所有的对手都不能拿最大单,只有本企业可以拿,则企业应选择次大,将最大订单放在最后来选,从而保证本企业的产品销售。

如果某市场某产品有 ISO 条件限制,而只有本企业投放了 ISO 广告,则只有本企业有选择该产品的权利,那么,如果本企业有两次选单的机会,则企业应首先选择没有 ISO 条件的订单,最后选择有 ISO 条件的订单。这样,一方面可以保证本企业产品的销售,另一方面,由于对方不能选择有 ISO 条件的订单而只能放弃,从而一定程度上遏制对手的销售,也是利用合理的规则打压对手。

5. 在能争取市场领导者地位的情况下应集中市场拿单

有时候,企业在竞单时,会"意外"得到一个市场领导地位。仔细分析这种"意外",其实有其必然性。企业在投放广告费时,有时候大家会集中在某个或某几个市场,对于另外的一个或几个可能会忽略。这种情况下,企业如果在其中一个大家都比较忽略的市场投放了比较多的广告费,则应抓住机会,放弃其他的一部分市场,而将产品集中销售在该市场,争取取得市场领导者地位。在选单时,企业应选择总额大的订单,单价和账期可以放在次要位置考虑。

10.4.5 交单技巧

企业拿到的销售订单,一般没有规定具体的交单时间,这样,企业在交订单时,就可以配合企业的资金需要选择交纳哪张订单。交单科学,可以一定程度上缓解企业的资金压力,可以避免由于筹资而发生无谓的财务费用支出。在选择交单顺序时,主要应配合企业的现金预算。企业可以根据事先编制的现金预算,测算出企业在某季度某步骤需要的现金量,当交纳的订单在到期之前收现,则可避免贴现。

企业在确定销售订单的交单顺序时,应注意分析以下几个因素:

1. 账期

相同数量的两张订单,由于账期的不同,先交单和后交单会直接影响企业的现金回笼情况。在此我们分两种情况进行讨论。第一,在资金暂时不会断流的情况下(也就是不会因为这两张订单的账期差异而影响资金的正常运行),我们就可以先交账期长的订单,后交账期短的订单;第二,在资金非常紧张的情况,急需资金的回笼,我们应先交账期短的订单,可以缓解短期的资金压力,尽可能减少贴现,减少财务费用,增大所有者权益,但如果只有靠贴现才能解决资金断流的问题,应考虑先交账期长的订单。

2. 数量

我们也可能遇到这样的情况:两张订单都是同种产品,但一张订单数量较大,另一张订单数量较小。通常情况下,我们都会在每个季度能交多少订单就交多少。有些时候,我们可以考虑将订单组合分配来交订单,将产品囤积一个季度,留到下个季度再生产几个产品一起加起来把数量多的订单交了。因为订单的数量多,则它的总额肯定比数量少的总额大,有时企业很有可能因为这点差额就导致现金断流而破产,所以将订单的数量进行合理的组合进行交单也是很有必要的。

3. 总额

有的时候我们的交单纯粹就是为了贴现解决资金问题。在有两张订单的产品、数量相同但总额不同的情况下,如一张订单总额为 60 W,另一张订单总额为 63 W,由于贴现规则是贴 7 的倍数,如果我们需要 53 W 的现金才能满足资金需要,为了配合贴现,避免浪费,不管这两张订单的账期如何,都应先交 63 W 的订单,这样才能保证需要。

4. 产品

有些情况是大家都不愿意看到的,那就是生产总监将产能预算错误,出现拿回来的订单大于产能的情况,这样就只有赔单。为了把损失控制在最小的范围内,我们来看下面两种情况下到底应该怎样来处理。

第一,如果按原计划进行生产,就要赔拥有市场领导者地位的那个市场的订单,但是赔了那张订单,企业就会失去市场老大的地位,而且还要进行罚款。怎样减小损失呢? 我们可以对生产线进行转产,保证市场老大的地位不受影响,先在其他的市场赔单。

第二,如果我们本应该少一个 P2 产品,但由于那张订单的总额太大,我们可以进行生产线的转产,将生产其他产品的生产线转为生产 P2 产品。这样我们就可以尽可能减少赔款的金额。以上两种情况都是在拿回订单时就发现了要赔单的情况。这里还需要注意,如果转产还需要提前订购原材料。

10.5 生产制造

企业只有将产品生产出来,才能实现销售。企业也只有准确地计算出每个季度的产能,才能准确地拿单。于是,排产成为生产管理重要的内容。排产也就是生成"生产作业计划"的过程。企业制订生产计划的过程一般分成两部分,首先是生成"主生产计划",其次是根据"主生产计划"生成"生产作业计划"。要得到"主生产计划",一般企业是从订单,部分企业是从市场预测,产生出一个包含生产品种、数量、时间的简单生产计划。

但是,光有主生产计划是远远不够的。一个简单的主生产计划中的生产要求,要把它自动分解为复杂、具体的生产作业过程,这就是详细排产。一般来说,生产作业计划越详细,它给出的信息越丰富、越有价值,相应计算起来也就越困难。

生产作业计划越粗略,越接近主生产计划,信息越少,价值就越低。但是,一个生产过程可能有无穷多种"可行"的安排方式,因此必须从其中找出一个"最优"的计划。找出"可行"计划的难度已经很大,找出"优化"计划的难度更大,不仅要处理的约束条件错综复杂,满足约束的可行方案更是可以有无穷多种。

对企业来说,在不增加生产资源的情况下,通过最大限度地发挥当前资源能力的方式可以实现提高企业生产能力的目标。通过排产,给出了精确的物料使用和产出的时间、品种、数量信息,用这些信息可以最大限度地减少每个企业的库存量。同时,可以用来作为生产决策的依据,改进质检、成本、库存、采购、设备维护、销售、运输模块的运转方式,大大提高运转效率,提升企业整体管理水平。

对于生产总监来说,应当注意把握以下问题:

(1) 准确计算出各条生产线在每个季度产品的上线和下线情况。生产总监应在年初准确编制"产品生产及采购计划",计算出每个季度完工和上线的产品数量,并将产品完工的数据报告给销售总监,以便销售总监作出科学合理的销售策略;同时,将产品的投产情况,也就是在每个季度原材料的需求量报告给供应总监,以便供应总监及时下原材料订单,购买原材料。

(2) 准确计算每个季度需要的加工费,报告给财务总监,以便安排支出。生产总监根据计算出的每个季度产品投产数量,预计需要的加工费,并将该数据报告给财务总监,财务总监据以编制现金预算。

(3) 准确地更新和投产,防止差错的发生。在更新生产和开始下一批生产时,生产总监应按照生产线或者产品的顺序依次更新和开始下一批生产,不可随意进行,否则容易出现差错。其他成员应监督生产总监,但不能代为行使生产总监的职责。

10.6 材料采购

企业只有及时订购并采购材料才能保证生产的正常进行。科学合理地采购材料,既保证生产的需要,又不造成材料的积压,是采购总监的使命。在材料采购环节,应注意把握以下几个问题:

(1) 准确计算并下原材料订单。要准确地下原材料订单,首先必须准确计算出什么时候下原材料订单、下多少订单。采购总监根据生产总监提供的原材料需求计划,考虑原材料订货提前期,确定订货的时间。

(2) 准确计算原材料采购费用。采购总监根据采购的原材料数量确定出每个季度需要的原材料采购费用,并将该采购费用数据提供给财务总监,财务总监据以编制现金预算,及时安排资金。

(3) 准确、及时购买订购的原材料。采购总监应根据原材料订单准确、及时订购原材料,防止出现采购不及时,或者采购错误而给企业带来损失。

【本章小结】

本章重点从战略规划、财务预算、资金筹集、市场营销、生产制造和原材料采购等企业经营环节中的关键点提出了一些思路,希望抛砖引玉,引起大家的思考。

"路漫漫其修远兮,吾将上下而求索"。企业经营,没有套路,只有思路。沙盘企业经营,过程不是最重要的,结果也不是最重要的,重要的是通过参与其中,体悟到企业经营的流程,感悟企业经营的艰辛。一名求学的同学,通过沙盘企业经营,还需要明白这样一个道理:企业经营过程是一个科学决策的过程,需要借助一定的管理平台,灵活利用企业战略规划、财务管理、市场营销、生产管理、供应链管理等专业知识,需要团队成员的齐心协力,精诚合作。为此,需要将凌乱的知识进行归类整理,使之条理化、系统化。

【复习思考题】

(1) 结合自己的体会,谈谈你对企业制订战略规划的意义。
(2) 结合自己的体会,谈谈你对企业制订筹资策略的认识。
(3) 结合自己的体会,谈谈编制现金预算的意义。
(4) 结合自己的体会,你认为应当怎样编制现金预算。
(5) 结合自己的体会,谈谈企业如何进行市场调查,了解对手的产能、资金和可能的市场策略。
(6) 结合自己的体会,谈谈如何才能在市场取得满意的订单。
(7) 结合自己的体会,谈谈企业应当如何制订生产线的投资规划。
(8) 结合自己的体会,谈谈如何制订材料需求和材料采购计划。
(9) 结合自己的体会,你认为要经营好一个企业,需要注意哪些问题。

第四篇 实训项目

实训项目一：模拟公司系列实训之一
——组建模拟公司

【实训目标】

1. 培养学生初步运用管理基础知识建立现代组织的能力。
2. 培养和掌握管理者的角色和技能。

【实训内容与要求】

1. 组建模拟公司（不考虑具体项目，先选出合适人选作为发起人）。
2. 把全班分成6~8人一组，每小组选择1~2个代表进行总经理竞选。
3. 各模拟公司进行总经理竞聘，先组织集中公开演讲，演讲内容要切合本章理论与实践知识，突出竞聘目标思路。然后参照选举程序，全体成员投票选举产生总经理。
4. 在竞聘演讲的基础上，组织一次学习与交流活动。引导学生之间相互学习，取长补短。

【成果与检测】

1. 投票选出公司总经理，完成模拟公司的初步组建。
2. 每位同学上交一份总经理竞聘演讲稿或提纲。
3. 由教师和学生对各公司组建情况进行评估打分。

实训项目二：市场调查与立项

【实训目标】

1. 培养通过头脑风暴法进行决策的能力。
2. 进行市场调查形成创业项目。了解市场调查和研究的程序和步骤，掌握市场调研的方法和问卷设计的技巧以及市场信息的收集技巧和分析方法。
3. 培养市场调查和可行性报告的写作能力。

【课时安排】

4学时

【实训内容与要求】

1. 各模拟公司成员利用头脑风暴法提出各种创业项目,经各模拟公司共同表决形成一个创业项目。
2. 对形成的创业项目进行市场调查和可行性分析。
（1）分组:确定参加调查的人数;确定每组人员数,组员数一般 3 人左右为宜(各组内成员的爱好最好相似);确定每组的组长。
（2）写出市场调查报告。
（3）写出可行性分析报告。

【成果与检测】

1. 各模拟公司提交一个创业项目。
2. 各模拟公司对创业项目进行市场调查,提交一份市场调查报告。
3. 各模拟公司提交一份项目可行性报告。
4. 考核每个人所取得资料的典型性,分 A、B、C、D 四个等级评定。

大学生自助餐厅调查方案

一、调查主题

学院大学生校外饮食消费需求和供应状况调查及市场前景预测。

我们将根据学院的现状,首先针对学生饮食市场进行市场调查,依据获得的第一手资料进行整理分类,再对归类的信息进行分析,最后得出调查结果。

二、背景环境

随着南昌理工学院的进一步扩招,学院现有学生已经突破 1 万人大关,可是食堂仅有 2 个,实在是少啊。很多学生要吃一顿饭,甚至要等上半个小时。因此,就有一部分的学生选择去校外的餐厅就餐,这就为我们开办学生餐厅提供了顾客来源。有着源源不断的学生顾客,相信我们的餐厅会经营得很好!

三、调查内容

（1）南昌理工学院周边主要集中区域和经营现状、发展趋势。
（2）餐厅利润调查。
（3）大学生好感度高的菜肴品种。
（4）大学生所认同的进餐环境。
（5）受一般大学生青睐的餐厅服务氛围。
（6）酒水消费在总消费中所占的比重。
（7）餐厅附近的同业竞争对手的市场定位。

四、确定调查目标

学院是中国大学的一个代表,市场调查应以环境调查为中心,在了解学院周围餐饮业面临的新政策和发展的新趋势的情况下,进一步了解学院餐饮业需求状况(消费心理、基本情况、饮食观点等),掌握南昌理工学院周围餐饮业供应状况(竞争状态、销售努力等),为我们开办大学生自助餐厅提供有价值的参考资料。

五、调查方法及调查单位确定原则

观察法、抽样调查、访问法、问卷调查、采用二手资料。

高校餐饮业将面临的政策:二手资料(相关政策调整)、访问法。

大学生消费(消费者环境):抽样调查(100 份问卷,抽样率大约为 1‰)生源、性别、年级比例(二手资料),注意各地区生源、性别、年级比例。

行业竞争状况和利润空间(供应者环境):观察法、非随机抽样的重点调查(在消费者调查基础上确定调查单位)和抽样调查相结合(50 份问卷,抽样率大约为 40%)。

六、调查资料整理和分析方法

1. 定量分析和定性分析相结合。
2. 实地调查结果分析和二手资料研究相结合。
3. 因子分析和结合分析等多种分析方法相结合。

七、调查步骤和时间安排

第一阶段:总体方案论证、初步设计出两式调查问卷(调查项目)。
第二阶段:收集一些必需的二手资料。
第三阶段:确定调查项目、完成问卷修改和制作。
第四阶段:收集二手资料、实地调查。
第五阶段:统计调查资料、分析调查结果、撰写调查报告。

八、资金预算及项目安排

调查问卷设计与制作:100 份+50 份。
交通费用及其他费用
调查报告撰写打印费用

九、小组成员确定和工作安排

小组人数:6 人。
分工合作:
制订总体方案:1 人。
调查项目、调查问卷的设计、修改和制作:2 人负责,全部参与。
收集必需的二手资料:3 人。
实地调查:1 人,其中供应状况 1 人。

统计调查资料:2人。

分析调查结果、撰写调查报告:2人。

十、分析及调查结果

通过调查,我们将获得的大量统计数据样本进行资料整理。采用统计学的方法,利用Excel工作表格,对调查表进行统计处理。对大学生餐饮市场得出综合、客观的调查结果,进而以此为依据,对大学生餐厅的经营进行探索性研究。根据地段、定位、价格、环境、服务、广告、营销、财务控制等因素得出分析结果和市场调查报告。

范例:

创业从我们开始,利润由我们创造
——大学生自助餐厅调查报告

一、摘要

随着高校的大规模扩招,各高校学生数量大幅度增长,人均生活空间日益降低,传统的大学食堂已不能满足大学生餐饮需要,所以我们开办大学生自助餐厅成为可行之举。通过对当代大学生餐饮业消费需求和供应状况调查及市场前景预测(以南昌理工学院市场为例),进一步了解高校周围遍布的快餐店、饮食店的经营情况,为我们开办大学生自助餐厅提供发展策略借鉴。

二、序言(调查概况)

背景:随着南昌理工学院的大规模扩招,学院大学生数量大幅度增长,人均生活空间日益降低,学院的两个食堂已不能满足大学生餐饮需要,使得相当一部分学生选择去校外餐厅就餐,这就为我们开办大学生自助餐厅提供了前提。

目的:市场调查应以环境调查为中心,在了解高校周围餐饮业面临的新政策和发展的新趋势的情况下,进一步了解高校周围餐饮业需求状况(消费心理、基本情况、饮食观点等)、掌握高校周围餐饮业供应状况(竞争状态、销售努力等),为我们开办大学生自助餐厅提供有价值的参考资料。

方法:

1. 定量分析和定性分析相结合。
2. 实地调查结果分析和二手资料研究相结合。
3. 因子分析和结合分析等多种分析方法相结合。

三、调查结果统计、比较与分析

(一)市场调查活动总结

1. 12月6日下午,我们市场调查小组统一时间对南昌理工学院校外饮食市场进行了调查。对消费者的调查,共发出100份问卷,回收98份,其中合格问卷97份;对供应者的调查,共发出25份问卷,回收25份,全部合格。

2. 通过对南昌理工学院餐饮业市场的需求和供应状况进行细致的调查,我们得到了具有一定价值的数据和资料,初步反映了我们学校的餐饮业现状。如:学生食堂基本上处于垄断地位,而学生对食堂的意见很大,等等。

3. 由于时间较紧,资金有限,许多地方做得不到位。比如在问卷设计后,初步的试调查做得不够好,没有发现潜在的问题,而等到实地调查后才发现许多地方设计得不合理,但由于时间和资金的原因,我们没有再做一次。在实地调查过程中,也没有对调查方法和调查原则进行很好的控制,导致了少数不合格问卷等。但总体上还是有所收获的。

(二)南昌理工学院餐饮业市场现状

1. 消费者环境

(1)消费者就餐时最注重的是什么?

① 平时:饭菜质量口味是首选,卫生状况、价格次之。天南地北的中国人聚到一起,对于吃菜喝汤,却是一样的要求:质量要上乘,口味要好!

② 聚餐时:良好的环境氛围、合理的价格、优质的服务就至关重要了,吃的是一种氛围、喝的是一种文化。其中,价格和服务仍然是消费者考虑的重要因素,没有这些也就没有聚餐的氛围了。

(2)大学生最爱吃什么菜?

在调查结果中,很出人意料的是,消费者最喜欢吃的菜并不是粤菜,而是享有"吃在四川"美誉的川菜。看来那些本以为广东的学生最多,想当然认为大学生最爱吃粤菜的食堂经理和餐馆老板们要改改经营的方针、调整一下主要的菜系才行。

备注:调查的资料是在愿意回答并且正确回答的被调查者中统计的结果,可能不太准确。其他各菜系是指被调查者选择的其他各地风味,如安徽菜、上海菜、山西菜,等等。

(3)学生的消费水平:

既然只是消费者,在成为生产者之前,花在饮食上的费用趋于集中。从调查结果可以很明显地看出:

① 学生花在饮食上的月平均费用在250元到600元之间。

② 意愿消费额与实际消费额大致相当,只有少数同学会有"透支"与"节省",另外可以看出"透支"的不属于主流消费者。

2. 供应者环境

(1)校内市场竞争者对比:

在我们对供应者调查的过程中发现,所有的供应商都把竞争的矛头指向了食堂,食堂的经理认为别的食堂是他的主要竞争对手,而校外餐馆也一致认为学生食堂是他们最主要的竞争对手。

① 食堂在服务态度、环境氛围上略占优势。

② 两个食堂(凤翔、龙腾)由于地理位置的特殊性,从饭菜质量到价格到服务再到环境氛围都相差不大,甚至有许多的大学生消费者并不能很好地区分。

(2)学生食堂与校外餐馆:

大学生心目中,食堂和校外餐馆各自具有的优势:

① 食堂:地理位置是取胜的关键。大学生的生活节奏越来越快,更多的人除了朋友生日之类的聚会,不可能经常性地"跑个老远来照顾校外餐馆的生意"。

② 校外餐馆:饭菜口味就成为看家本领,没有太多的优越的地理位置,没有学校的政策支持和帮扶,饭菜口味和服务态度以及价格无疑成为校外餐馆的脊梁。

其实,不管就餐的环境怎么样,地理环境也好,政策环境也好,消费者最关心的还是能不能有更好的就餐去处,他们关心的是饭菜的质量、价格、服务,等等。

正由于缺乏一定的优势条件,为了可观的利润,各个餐馆的老板不得不减少雇员、降低卫生要求,令人担心的是,校外餐馆的卫生状况已经到了令消费者很害怕的地步。而学生食堂就有一套完整的卫生管理制度,如一些食堂提出的"责任到人"制度,不只注重饭菜卫生,而且对桌椅、地面、墙壁和窗户等卫生都做到时刻保持清洁。

(3) 消费者平均多久去一次校外餐馆就餐?

消费者多久光顾一次校外的餐馆?校外餐馆的市场份额不足5%,学生餐饮在很长一段时间仍然是食堂的天下。

(4) 忠诚顾客是校外餐馆的生命线。

每个餐馆都有自己的固定顾客,在被调查者中,经常在外就餐(每月三次以上)的学生有90%会固定在某几个餐馆就餐,而且校外餐馆的老板们一般都认为固定的顾客是他们生意的保障。

(5) 除了"小灶"的好口味,校外餐馆还能提供什么?

在调查中,44%的消费者在朋友聚餐、朋友生日时都会到校外餐馆就餐,另外真正每天都在校外餐馆就餐的达到4%。

(6) 你们还有哪些做得不够?

① 对食堂:抱怨连天。

对于学生食堂,由于与同学们的日常生活息息相关,学生反应很大,饭菜口味、服务态度最不满意,环境卫生、价格、员工素质都不尽如人意。看来食堂是应该在总体质量控制上动动脑筋了,除了优越的地理位置,消费者找不到更好的词来形容食堂的优势了。

② 对校外餐馆:卫生状况令人担忧。

环境卫生成了制约校外餐馆发展的瓶颈,这也是其遭后勤处拒于门外的根本原因。在被调查者中有68%的人认为校外餐馆的卫生状况差,这也是广大消费者宁愿放弃可口的饭菜而不选择校外餐馆的重要原因。

3. 后勤社会化,真的所有人都认识到了吗?

(1) 食堂:对于后勤社会化,食堂感受到的更宽松的环境和更加激烈的竞争,一些资金较雄厚的个体户已经承包了我院的食堂,一般食堂都更倾向于认为后勤社会化是一个发展的机遇。

(2) 校外餐馆:更多的个体户认为后勤社会化只是校后勤处抢夺市场的一种手段,而根本没有认识到后勤社会化是高校后勤事业改革的必然趋势。看来学校相关部门还有很多东西需要和这些个体户交流。

(3) 后勤处:不管社会化已经做得怎么样,作为学校改革的一部分,而且又是必然的趋势,后勤社会化都将一如既往地继续进行下去。

四、我院学生膳食结构实际构成与推荐构成的比较（如下图）

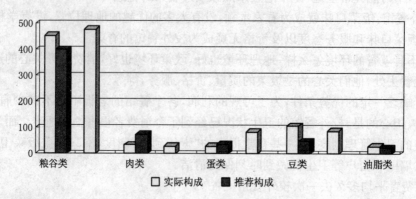

五、调查结论

校外餐馆更渴求的是一种市场的放开，是一种政策的保障，而不是一味的竞争排斥。但从学生和学校的利益来看，校外餐馆如果不解决好卫生问题，政府卫生等相关部门是不可能让他们轻易进入这块市场的。看来，我们开办大学生自助餐厅还有很多工作要做。我们的校外餐馆只有针对自己的目标顾客，搞好卫生状况，才能在竞争激烈的市场中获取生存的空间。只有不断提高控制标准，才能在完全意义上进入高校餐饮业这块诱人的市场。

六、建议措施

"民以食为天"，餐饮业一直是生意人投资的一个重要领域，也正因为此，餐饮行业的竞争也愈演愈烈，如何在竞争中求得生存和发展已成为备受关注的话题。在此，我们归纳出了几个开餐厅的秘籍，希望能对我们开办大学生自助餐厅有所帮助。

秘笈一：正确而有远见的选址

如何开一家财源滚滚的餐厅，成功者的经验是：在经营之前选择投资的地点是最重要的一步——选择有升值潜力的地段。要是地点选择不当，空有高级的装潢、美味的食物、优雅的气氛，仍吸引不了顾客进门，所谓"民以食为天"，没有"民（顾客）"，餐厅的经营不可能成功。

秘笈二：以专精俘虏顾客

餐饮业同样面临市场细分，要做到大而全，结果可能"四不像"，餐饮业投资者应考虑建立自己的菜系特色。

秘笈三：不怕点子怪，只怕没点子

餐饮业其实需要相当高明的营销艺术，将最好的构想变为噱头，关键还在于巧妙利用，任何一种新点子的诞生均属不易，要好好利用它，使它产生绝妙的功效。

秘笈四：做好售后服务，积累忠诚顾客

顾客永远是衣食父母，尤其是忠诚顾客，这不仅在于后续消费，更为重要的是他们能为你带来口碑传播，使忠诚顾客的数量越滚越大，市场也就越来越大。

七、结束语

本次调查活动旨在了解新世纪我校大学生的饮食消费状况,以及论证我们开办大学生自助餐厅的可行性。大学生是国家的栋梁之材,是推动社会不断发展进步的主力军。随着世界经济一体化的不断深入,给我们发展中国家带来的是一把双刃剑,我们的创业面临着重重困难,另一方面又处处充满机遇与挑战。作为大学生,我们当然要抓紧机遇,迎接挑战,推动社会的发展与进步,这是时代赋予我们义不容辞的责任!相信我们开办的大学生自助餐厅能够取得成功!

八、附录

大学生自助餐厅调查问卷

您好,感谢您在百忙之中参加我们组织的这项调查活动,请您准确填写资料。

1. 您的籍贯是:_____ 您比较喜欢的菜系是:_____ 年级:_____
2. 您平时就餐时主要考虑的因素是(限选三项):
   □ 饮食营养含量　　□ 价格　　　　□ 服务态度
   □ 饭菜质量口味　　□ 方便/快捷　　□ 卫生状况
   □ 餐馆或食堂名气　□ 软环境(氛围)　其他_____
3. 您认为在以下几个方面,你曾去过的食堂的良好次序是:
   饭菜质量口味_____　　　服务态度_____
   饮食环境氛围_____　　　价格合理_____
4. 您认为当前几个学生食堂中普遍存在的不足有(可多选):
   □ 高峰期服务态度差　□ 环境卫生差　□ 定价不合理
   □ 口味不能满足要求　□ 员工素质低　□ 工作效率低
5. 您每周平均有几次在校外餐馆或饭店就餐:
   □ 三次以下　□ 四至六次　□ 七至十次　□ 十次以上
6. 您在什么时候会到校外餐馆就餐(限选三项):
   □ 周末　　　□ 节假日　　　　□ 朋友聚餐
   □ 平时　　　□ 错过就餐时间　□ 食堂太拥挤
   □ 朋友生日　□ 班集体活动　　□ 无所谓
7. 若到校外就餐,您一般会在哪个餐馆就餐:_____
8. 当你和朋友聚餐时最注重的是什么:
   □ 良好的环境氛围　□ 实惠(价格合理)　□ 优质的服务
   □ 便利的位置　　　□ 健康的饮食(营养)□ 无所谓
9. 您认为校外餐馆中普遍存在的不足有:
   □ 高峰期服务态度差　□ 环境卫生差　□ 宣传力度不够
   □ 口味不能满足要求　□ 员工素质低　□ 工作效率低
10. 学生食堂和校外餐馆相比,您认为各自突出的优势是:
    学生食堂_____　　　　校外餐馆_____

A. 地理位置 　　　　　B. 学校帮扶 　　　　　C. 方便快捷
D. 价格 　　　　　　　E. 服务态度 　　　　　F. 卫生状况
G. 饭菜口味 　　　　　H. 就餐环境 　　　　　I. 无优势

11. 您认为一个大学生一个月花在饮食上的费用应是(意愿消费额)：＿＿＿＿
    A. 100 元以下 　　　B. 101～150 元 　　　C. 151～250 元
    D. 251～350 元 　　　E. 351 元以上

12. 您在刚刚过去的一个月花在饮食上大约用了多少钱：＿＿＿＿
    A. 100 元以下 　　　B. 101～150 元 　　　C. 151～250 元
    D. 251～350 元 　　　E. 351 元以上

13. 在过去的一年里,各食堂或餐馆的下列营销努力哪些对您造成积极影响：
    □ 赞助学生活动 　　□ 加大卫生监督力度 　　□ 举办饮食活动
    □ 改进饭菜口味 　　□ 提高员工素质 　　　　□ 改善就餐环境
    □ 扩大业务范围 　　□ 加大宣传力度 　　　　其他＿＿＿＿

14. 你是否经常到校外饭店就餐(　　)
    A. 是 　　　　　　　B. 有时 　　　　　　　C. 没有

15. 你一般会去什么样的校外饭店就餐(　　)
    A. 就近 　　　　　　B. 印象较好 　　　　　C. 随便

16. 你平时进饭店吃饭多数情况下是(　　)
    A. 独自一人 　　　　B. 跟朋友一起 　　　　C. 其他

17. 你到饭店一般花费多少(　　)
    A. 6～10 元 　　　B. 10～20 元 　　　C. 20～40 元 　　　D. 40 元以上

18. 你对一家饭店满意的原因是(　　)
    A. 舒适的环境 　　B. 美味的食物 　　C. 良好的服务 　　D. 其他

19. 你认为应该对饭店的哪个方面给予重视(　　)
    A. 食物 　　　　　B. 卫生状况 　　　C. 服务 　　　　　D. 其他

20. 相对而言,你更喜欢什么口味(　　)
    A. 清淡的 　　　　B. 浓重的 　　　　C. 随便

21. 你喜欢吃什么菜(　　)
    A. 粤菜 　　　　　B. 川菜 　　　　　C. 北方小吃 　　　D. 其他

22. 你认为饭店最有必要增加的是什么东西(　　)
    A. 音乐 　　　　　B. 体育新闻 　　　C. 杂志报纸 　　　D. 其他

23. 对于一家新开的饭店,起初最能吸引你前去的原因是(　　)
    A. 餐厅的特色食品 　　　　　　　　　B. 价格的优惠
    C. 有促销活动 　　　　　　　　　　　D. 环境的舒适

24. 您生活中最常用的餐品是：
    □ 中餐 　　　□ 西餐 　　　□ 自助餐 　　　□ 快餐

25. 在用餐环境中您最注重的是：
    □ 卫生环境 　　□ 服务态度 　　□ 环境氛围 　　□ 菜肴味道

26. 在下列哪种情况下您会选择校外就餐：
　　□ 商务宴请　　□ 朋友聚餐　　□ 婚宴喜事　　□ 日常便餐
27. 在用餐中您能接受的酒水价格是
　　□ 5元以下　　□ 5～8元　　□ 8～15元　　□ 15元以上
28. 您比较注重川菜中的哪种口味：
　　□ 麻辣　　　　□ 香辣　　　　□ 酸辣　　　　□ 红烧
29. 您认为您所满意的大学食堂应该是什么样的，请您用简短的话语给予形容：
　　_____
　　_____
30. 您对于我们新开餐厅还有什么好的建议：
　　_____
　　_____

最后，再次感谢您的参与！感谢您参与此次调查活动，给我们留下宝贵的意见，我们将尽量满足您的意愿。

请留下您的姓名和联系电话，届时我们将以抽奖赠餐活动作为对您的回馈。

创业项目可行性报告

一、概况

1. 申请企业的基本情况。*
2. 企业负责人、项目合伙人以及项目负责人简况。
3. 企业人员及开发能力论述：

企业负责人的基本情况、技术专长、创新意识、开拓能力及主要工作业绩。

项目主要合伙人的基本情况、技术专长、创新意识、开拓能力及主要工作业绩。

企业管理层知识结构；企业人员平均年龄；管理、技术开发、生产、销售人员比例；新产品开发情况、技术开发投入额、占企业销售收入比例。

4. 简述项目的社会经济意义、目前的进展情况、申请孵化资金的必要性。

二、技术可行性分析

1. 项目的技术创新性论述。项目产品的主要技术内容及基础原理。需描述技术路线框图或产品结构图。尽可能说明本项目的技术创新点、创新程度、创新难度，以及需进一步解决的问题，并附上权威机构出示的查新报告和其他相关证明材料，已有产品或样品须附照片或样本。产品的主要技术性能水平与国内外先进水平的比较。

2. 本产品知识产权情况介绍。合作开发项目，须说明技术依托单位或合作单位的基本情况，并附上相关的合作开发协议书。

3. 技术成熟性和项目产品可靠性论述。技术成熟阶段的论述、有关部门对项目技术成果的技术鉴定情况；本项目产品的技术检测、分析化验的情况；本项目产品在实际使用条件下的可靠性、耐久性、安全性的考核情况等。

三、产品市场调查和需求预测

1. 国内外市场调查和预测

本产品的主要用途,目前主要使用行业的需求量,未来市场预测;产品经济寿命期,目前处于寿命期的阶段,开发新用途的可能性。

本产品国内及本地区的主要生产厂家、生产能力、开工率;在建项目和拟开工建设项目的生产能力,预计投产时间。

从产品质量、技术、性能、价格、配件、维修等方面,预测产品替代进口量或出口量的可能性,分析本产品的国内外市场竞争能力;国家对本产品出口及进口国对进口的政策、规定(限制或鼓励)。

分析本产品市场风险的主要因素及防范的主要措施。

2. 产品方案、建设规模

产品选择规格、标准及其选择依据。

生产产品的主要设备装置,设备来源,年生产能力等。

四、项目实施方案

1. 项目准备

已具备的条件,需要增加的试制生产条件。目前已进行的技术、生产准备情况。

特殊行业许可证报批情况,如国家专卖、专控产品,通讯网络产品,医药产品等许可证报批情况说明。

2. 项目总体发展论述

包括项目达到规模生产时所需的时间、投资总额、实现的生产能力、市场占有份额、产品生产成本和总成本估算、预计产品年销售收入、年净利润额、年交税总额、年创汇或替代进口等情况。

五、新增投资估算、资金筹措

1. 项目新增固定资产投资估算

应逐项计算,包括新增设备、引进设备等。根据计算结果,编制固定资产投资估算表。

2. 资金筹措

按资金来源渠道,分别说明各项资金来源、使用条件。对孵化风险资金部分,需详细说明其用途和数量。利用银行贷款的,要说明贷款落实情况。单位自有资金部分应说明筹集计划和可能。

3. 投资使用计划

根据项目实施进度和筹资方式,编制投资使用计划。对孵化风险资金部分,需单独开列明细表说明。

六、经济、社会效益分析

1. 项目的风险性及不确定性分析

对项目的风险性及不确定因素进行识别,包括技术风险、人员风险、市场风险、政策风险等。

2. 社会效益分析

对提高地区经济发展水平的影响,对合理利用自然资源的影响,对保护环境和生态平衡以及对节能的影响等。

七、项目可行性研究报告编制说明

可行性研究报告编制单位名称、基本情况、负责人、联系电话。

可行性研究报告编制者姓名、年龄、学历、专业、职称、工作单位、职务。

打＊号的项,未注册企业的自然人可以不填。

附件内容:具体请参照《孵化项目可行性报告附件清单》。

孵化项目可行性报告附件清单

1. 企业法人代表身份证(复印件)＊
2. 企业营业执照(复印件)＊
3. 上月末财务损益表和资产负债表(复印件)＊
4. 大专以上人员学历证书(复印件)
5. 项目负责人身份证复印件,原工作单位或居住地提供的身份证明。主要科技人员业绩简介。
6. 能说明项目知识产权归属及授权使用的证明文件(复印件)。
7. 有关权威机构出具的"项目查新报告"和科技成果证明(复印件)。
8. 主要产品(或服务)的优势和市场需求状况。
9. 与项目和企业有关的其他证明材料(复印件)。

实训项目三:注册公司名称、制订公司章程

【实训目标】

1. 培养学生初步运用公司法的相关知识。
2. 培养学生根据实际情况解决问题的能力。
3. 了解公司的创办程序。

【课时安排】

4学时

【实训内容与要求】

1. 根据项目内容选择公司名称并到南昌市工商局备案

为了保证公司名称的正确性与有效性,让学生真正认识公司运行的正常流程,让每组学员精心设计各自的几组比较满意的公司名称,并在工商局正式备案。

2. 根据模板制订模拟公司的公司章程

为了规范本公司的组织和行为,保障公司、股东和债权人的合法权益,根据《中华人民共和国公司法》,经公司全体股东讨论,特别制定本章程。

第一章　公司的名称和住所

第一条　名称:××××有限公司(注:企业名称一般应由行政区域、字号、行业特征和组织形式四部分构成,不同企业的字号不得相同)

第二条　住所:××××××××××××××××(住所是指企业从事生产经营活动的主要场所,是企业首脑机构的所在地,应标明路名及门牌号码)

第二章　公司经营范围

第三条　本公司经营范围主要为纺织机械的制造和销售。

第三章　公司的注册资本

第四条　公司的注册资本为人民币10万元整,是在公司登记机关(工商行政管理局)登记的全体股东实缴的出资额。本公司的股东以其出资额为限对公司承担责任,公司以自己的全部资产对公司的债务承担责任。

第四章　股东的名称(或者姓名)

第五章　股东的权利和义务

为了保证现代企业制度的正确建立和公司的健康发展,公司股东在公司范围内可以充分享受权利,也必须认真履行其义务。在制定股东的权利、义务内容时,务必全面、认真地阅读公司法,尽可能在法律许可的范围内将股东的权利、义务表述得更全面、合理。

第六章　股东的出资方式、出资额和出资的期限

股东可以用货币出资,也可以用实物、工业产权、非专利技术、土地使用权作价出资。对作为出资的实物、工业产权、非专利技术或者土地使用权,必须经过评估作价。以工业产权、非专利技术等无形资产作价出资的金额不得超过公司注册资本的百分之二十。工业产权一般指专利和商标权;非专利技术指没有专利的技术成果,包括未申请专利的、未授予专利权的和专利法规定不授予专利权的技术成果。

第七章　股东转让出资的条件

第八章　公司的机构及其产生办法、职权、议事规则

第九章　公司的法定代表人

第十章　劳动管理、工资福利及社会保险

第十一章　公司的解散事由与清算办法

第十二章　其他事项

第三十六条　本公司经营期限为×年,从公司登记机关核准设立登记之日起计算。(营业期限由公司股东共同确定)

××××年××月××日

【成果与检测】

经讨论写成初稿。经全班讨论最终形成公司章程。根据团队表现考核打分。

实训项目四：建立组织结构与公司制度

【实训目标】

1. 培养组织结构的初步设计能力。
2. 培养制订制度规范的基本能力。

【课时安排】

4学时

【实训内容与要求】

1. 制订公司基本制度

具体制订哪几项制度，由各公司依本公司实际，自行决定。但既要有工商企业的制度，又要有针对这次模拟管理的制度。

2. 分别制订各领导人员的岗位权责制度

要针对各职位分别制订，内容应包括两方面：工商企业中该职务应负的责任和拥有的权力；就本次模拟而言，担任不同职务的学生在模拟过程中应负的责任和拥有的权力。

3. 制订本公司的管理方针和经营战略

（1）管理方针

应注意本公司的实际，要有自己的特点。

（2）经营战略

总体确定，到后面进行模拟游戏时再详细制订。

4. 管理制度编写要领提示

（1）内容结构

① 标题，应反映出内容与性质。
② 目的。
③ 适用范围。
④ 正文。
⑤ 实施日期及有关问题。

（2）要领把握

① 所规范的领域范围必须明确，标题与内容必须相符。
② 有可操作性的规范或约束。
③ 结构合理，条理清楚，要点突出。
④ 用语要严肃、规范、准确、简练。

5. 设置公司组织机构

运用所学知识，根据所设定的模拟公司的目标与业务需要，研究设置所需的模拟公司组织机构，并画出组织结构框图。同时，建立公司的制度规范，包括公司的企业专项管理制度、部门（岗位）责任制和生产技术标准、生产技术规程等。

【成果与检测】

检查组建模拟公司的有关文件：
(1) 企业领导制度。
(2) 总经理选举(竞聘)办法。
(3) 每个成员的竞选演讲稿。
(4) 组织结构模式及组织系统图。
(5) 公司名称与管理人员组成情况。
(6) 各职位岗位权责制度。
(7) 公司管理方针。
(8) 公司经营战略。
(9) 公司考核制度。
(10) 其他制度。

实训项目五：人员模拟招聘

【实训目标】

1. 帮助同学解开用人单位招聘的"神秘面纱"，让大家对招聘单位的招聘实施流程不再一无所知，甚至处于懵头懵脑的状态。
2. 使同学通过模拟应聘的实践，培养责任感，调节好心态，从容、自信、大方地面对用人单位。
3. 使同学在举止、神态、礼节等方面进一步完善，对面试问题的应答所常用的变通技巧得到全方位的提升，以期毕业后的应聘"软技巧"得到质的跃升。
4. 同学在活动中去体味取长补短、相互借鉴的意义。
5. 学生客串角色，学会独立思考和团队合作，提高大学生的策划与执行力。

【课时安排】

4学时

【实训内容与要求】

1. 时间
从策划宣传至实施评价，结果反馈，历时1周左右。
2. 地点
校区适宜场所。
3. 相关人员
(1) 模拟单位相关人员：有关模拟招聘部门的工作人员可由学生客串或老师担任。
(2) 活动负责人及参与协助人员：可依托团委学生会、心理协会、青协或某些班级来实施该实践活动，并进行分工。

4. 招聘流程

(1) 前期策划宣传阶段:将模拟招聘部门及其相应岗位和相关要求公布于众;该阶段中活动参与协助人员,还需加大活动意义内容等的宣传,该阶段历时3天左右。

(2) 动员报名阶段:在前期宣传到位的基础上,动员同学踊跃报名,并每人上交一份制作完整的简历,该阶段历时5天左右。

(3) 笔试、面试实施阶段:先笔试,将事先准备好的相关岗位试题交予"应聘者"作答,并及时批改,参照报名人数按一定比例择选部分"应聘者"进入面试,该阶段历时2天左右,再面试。

(4) 调查反馈阶段:制作相应问卷,进行抽样调查,该阶段历时6天左右。

5. 具体操作

(1) 宣传阶段:通过播放有关心理题材的影片和学生找工作中易出现的误区的小短剧,以张贴海报的形式并借助校园广播大力进行宣传动员,力求从听觉、视觉等多感官角度调动同学参与活动的积极性;在公布招聘要求时,需规范完整,并写出专业化的招聘公告。

(2) 解读应聘者简历。

(3) 面试筛选。

方法一:可采用结构化面试的形式。

方法二:行为性面试法。

方法三:无领导小组讨论法。

方法四:角色扮演法。

【成果与检测】

1. 写出招聘广告。
2. 选定面试方式和录用标准。
3. 根据表现打分。

实训项目六:市场营销策划书

【实训目标】

1. 培养学生初步营销策划的能力。
2. 培养市场营销策划书的写作。

【课时安排】

4学时

【模板】

通用市场营销策划书撰写大纲

1. 执行概要和要领

商标/定价/重要促销手段/目标市场等。

2. 目前营销状况

(1) 市场状况：目前产品市场/规模/广告宣传/市场价格/利润空间等。
(2) 产品状况：目前市场上的品种/特点/价格/包装等。
(3) 竞争状况：目前市场上的主要竞争对手与基本情况。
(4) 分销状况：销售渠道等。
(5) 宏观环境状况：消费群体与需求状况。

3. SWOT 问题分析

(1) 优势：销售、经济、技术、管理、政策等方面的优势。
(2) 劣势：销售、经济、技术、管理、政策（如行业管制等政策限制）等方面的劣势。
(3) 机会：市场机会与把握情况。
(4) 威胁：市场竞争上的最大威胁力与风险因素。

综上所述：如何扬长避短，发挥自己的优势，规避劣势与风险。

4. 目标

(1) 财务目标：公司未来 3 年或 5 年的销售收入预测（融资成功情况下，单位：万元）。
(2) 营销目标：销售成本毛利率达到多少。

5. 营销战略

(1) 定价：产品销售成本的构成及销售价格制订的依据等。
(2) 分销：分销渠道（包括代理渠道等）。
(3) 销售队伍：组建与激励机制等情况。
(4) 服务：售后客户服务。
(5) 促销：促销方式。
(6) 市场调研：主要市场调研手段与举措。

6. 行动方案

营销活动（时间）安排。

7. 预计的损益表及其他重要财务规划。

8. 风险控制：风险来源与控制方法。

【成果与检测】

1. 根据同学的讨论形成营销方案。
2. 最后由同学自行组织人员执笔写出一份营销策划书。
3. 由教师根据营销策划书和讨论情形评估打分。

实训项目七：融资方案

【实训目标】

1. 培养学生初步融资的能力。
2. 培养融资计划书的写作。

【课时安排】

8学时

【模板】

商业计划书提纲

×××公司(或×××项目)

商业计划书

年月

(公司资料)

地址

邮政编码

联系人及职务

电话

传真

网址/电子邮箱

目录

报告目录

第一部分　摘要(整个计划的概括)(文字在2~3页以内)

　一、公司简单描述

　二、公司的宗旨和目标(市场目标和财务目标)

　三、公司目前股权结构

　四、已投入的资金及用途

　五、公司目前主要产品或服务介绍

　六、市场概况和营销策略

　七、主要业务部门及业绩简介

　八、核心经营团队

　九、公司优势说明

　十、目前公司为实现目标的增资需求：原因、数量、方式、用途、偿还

　十一、融资方案(资金筹措及投资方式)

　十二、财务分析

　1. 财务历史数据(前3~5年销售汇总、利润、成长)

　2. 财务预计(后3~5年)

　3. 资产负债情况

第二部分　综述

第一章　公司介绍

　一、公司的宗旨(公司使命的表述)

　二、公司简介资料

三、各部门职能和经营目标

四、公司管理

1. 董事会

2. 经营团队

3. 外部支持(外聘人士/会计师事务所/律师事务所/顾问公司/技术支持/行业协会等)

第二章　技术与产品

一、技术描述及技术持有

二、产品状况

1. 主要产品目录(分类/名称/规格/型号/价格等)

2. 产品特性

3. 正在开发/待开发产品简介

4. 研发计划及时间表

5. 知识产权策略

6. 无形资产(商标/知识产权/专利等)

三、产品生产

1. 资源及原材料供应

2. 现有生产条件和生产能力

3. 扩建设施、要求及成本,扩建后生产能力

4. 原有主要设备及需添置设备

5. 产品标准、质检和生产成本控制

6. 包装与储运

第三章　市场分析

一、市场规模、市场结构与划分

二、目标市场的设定

三、产品消费群体、消费方式、消费习惯及影响市场的主要因素分析

四、目前公司产品市场状况,产品所处市场发展阶段(空白/新开发/高成长/成熟/饱和)产品排名及品牌状况

五、市场趋势预测和市场机会

六、行业政策

第四章　竞争分析

一、有无行业垄断

二、从市场细分看竞争者市场份额

三、主要竞争对手情况:公司实力、产品情况(种类/价位/特点/包装/营销/市场占有率等)

四、潜在竞争对手情况和市场变化分析

五、公司产品竞争优势

第五章　市场营销

一、概述营销计划(区域/方式/渠道/预估目标/份额)

二、销售政策的制定(以往/现行/计划)

三、销售渠道、方式、行销环节和售后服务

四、主要业务关系状况（代理商/经销商/直销商/零售商/加盟者等），各级资格认定标准政策（销售量/回款期限/付款方式/应收账款/货运方式/折扣政策等）

五、销售队伍情况及销售福利分配政策

六、促销和市场渗透（方式及安排、预算）

1. 主要促销方式

2. 广告/公关策略、媒体评估

七、产品价格方案

1. 定价依据和价格结构

2. 影响价格变化的因素和对策

八、销售资料统计和销售纪录方式，销售周期的计算

九、市场开发规划，销售目标（近期/中期），销售预估（3～5年）销售额、占有率及计算依据

第六章　投资说明

一、资金需求说明（用量/期限）

二、资金使用计划及进度

三、投资形式（贷款/利率/利率支付条件/转股——普通股、优先股、任股权/对应价格等）

四、资本结构

五、回报/偿还计划

六、资本原负债结构说明（每笔债务的时间/条件/抵押/利息等）

七、投资抵押（是否有抵押/抵押品价值及定价依据/定价凭证）

八、投资担保（是否有担保/担保者财务报告）

九、吸纳投资后股权结构

十、股权成本

十一、投资者介入公司管理之程度说明

十二、报告（定期向投资者提供的报告和资金支出预算）

十三、杂费支付（是否支付中介人手续费）

第七章　投资报酬与退出

一、股票上市

二、股权转让

三、股权回购

四、股利

第八章　风险分析

一、资源（原材料/供应商）风险

二、市场不确定性风险

三、研发风险

四、生产不确定性风险

五、成本控制风险

六、竞争风险

七、政策风险

八、财务风险(应收账款/坏账)

九、管理风险(人事/人员流动/关键雇员依赖)

十、破产风险

第九章　管理

一、公司组织结构

二、管理制度及劳动合同

三、人事计划(配备/招聘/培训/考核)

四、薪资、福利方案

五、股权分配和认股计划

第十章　经营预测

增资后3~5年公司销售数量、销售额、毛利率、成长率、投资报酬率预估及计算依据

第十一章　财务分析

一、财务分析说明

二、财务数据预测

1. 销售收入明细表

2. 成本费用明细表

3. 薪金水平明细表

4. 固定资产明细表

5. 资产负债表

6. 利润及利润分配明细表

7. 现金流量表

8. 财务指标分析

(1) 反映财务盈利能力的指标

a. 财务内部收益率

b. 投资回收期

c. 财务净现值

d. 投资利润率

e. 投资利税率

f. 资本金利润率

g. 不确定性分析：盈亏平衡分析、敏感性分析、概率分析

(2) 反映项目清偿能力的指标

a. 资产负债率

b. 流动比率

c. 速动比率

d. 固定资产投资借款偿还期

第三部分　附录

一、附件

1. 营业执照、组织机构代码证、税务登记证影本

2. 董事会名单及简历
3. 主要经营团队名单及简历
4. 专业术语说明
5. 专利证书/生产许可证/鉴定证书等
6. 注册商标
7. 企业形象设计/宣传资料(标识设计/说明书/出版物/包装说明等)
8. 简报及报道
9. 场地租用证明
10. 工艺流程图
11. 产品市场成长预测图

二、附表
1. 主要产品目录
2. 主要客户名单
3. 主要供货商及经销商名单
4. 主要设备清单
5. 市场调查表
6. 预估分析表
7. 各种财务报表及财务预估表

　＊计划书须用电脑打出,隔行打印且页面采用宽边;标题用较大的粗体字,小标题用黑体字;各大章节分页,正文须注明页码。

【成果与检测】

1. 根据同学的讨论形成融资方案。
2. 最后由同学自行组织人员执笔写出一份商业计划书。
3. 由教师根据商讨计划书和讨论情形评估打分。

实训项目八:商务谈判及流程

【实训目标】

　　商务交流与谈判水平的高低是衡量营销人员素质的一个重要标准。这门课程学习的主要目的是要改变以往那种完全依靠商务人员主观想法和个人性格特点随意进行交流、谈判的状况,从理论上和方法上使商务人员有所依据,有所提高。然后在此基础之上再根据各自的特点和具体情况,有方法、有步骤地进行富有成效的交流与商务谈判活动。因此,通过对该门课程的学习,我们应当掌握交流与谈判的基本原则和基本方法,以及在交流与谈判中所应注意到的特殊之处。教学中应结合具体的案例有针对性地运用这些原则和方法去分析问题、解决问题,做到理论与实践相结合,理论指导实践,实践检验理论。这样,对未来的营销人员的素质培养才能够达到一个更高的水平。

【课时安排】

2010年6月28日—2010年7月1日。

【实训内容与要求】

实训活动依据背景材料,由指导教师把班级学生分为4~5人一组,组建虚拟公司构成谈判的一方,并指定各小组负责人。然后以抽签的方式与另一小组结对共同完成模拟任务,并指定各小组负责人。

商务谈判综合模拟实训是在分阶段实训的基础上进行的一项全面的、全过程的商务谈判模拟实训,包括谈判前期的规划、谈判的准备、资料的搜集分析、谈判各阶段策略的运用以及合同的订立等内容。

(1) 谈判前期的规划:两个小组本着双赢的心态对待此次实训,不仅仅包括谈判成功,而且还要包括能取得一个不错的成绩。

(2) 谈判的准备:进行了两次小组会议,主要是确定小组成员与分工,进行对整个谈判过程的预测与细节的分析。

(3) 资料的搜集分析:搜集了大量的有关饮料行业、饮用水行业的背景资料,而且进行了大量的数据分析,最关键的是对谈判对手进行了比较全面的分析以及对方所可能提出的质疑点的精确回答的准备,以供谈判使用。

(4) 谈判各阶段策略的运用以及合同的订立:本着商务谈判是"合作的利己主义"的过程的观点,了解到谈判对手对此次谈判进行了十分充分的准备。合同已经准备好,就在主要商榷要点的异议上等待谈判结束填入具体数据。

谈判之前,做好各项准备,确立谈判标准即明智、有效和友善。我方派出了由主谈、项目经理、技术顾问、财务主管、法律顾问组成的谈判队伍参加了谈判。我方的谈判内容是:

(1) 建议工厂设计规模为年产量1亿瓶纯净水。

(2) 需土地30亩。

(3) 要引进德国全套纯净水生产线,生产设备需投资8 000万元,设备由A方采购。

(4) 厂房建设需1 000万元,工厂由B方负责建设。

(5) 保证销售利润率达到26.5%,并提供相关支撑材料和数据。

(6) 若总资本不足以维持生产,需投资各方设法补足。

(7) 需持股60%。

(8) 风险分担问题。

(9) 利润分配问题。

谈判开局,大家坐好后,统一介绍,互相握手,营造一个自然的气氛,双方都表示坚持双赢原则,以便谈判顺利进行。之后,我方表示要演示一组幻灯片,得到允许后我方将我公司进行了简要的介绍并对饮用水行业进行了大概地分析。

进入磋商阶段,我方询问对方如何确保26.5%的销售利润率,对方进行解释后反问我方设备价格问题,我方技术顾问从采购费用、关税、培训费以及食品安全等方面进行了解释。之后双方又围绕资本金、贷入金问题进行了磋商,并且达成协议由双方共同管理人员进行管理。经过一系列的磋商这次谈判取得圆满成功,双方握手,签订合同。

结束了商务谈判的模拟,老师对此次实训进行了总结。对我们的认真提出了表扬,当然也对我们所欠缺的地方进行了系统地分析。

【成果与推测】

不论在日常生活里,还是在商业往来中,不管你是不是商人、律师,谈判都无时不发生,小到买件日用品的讨价还价,大到各种正式非正式的商务谈判……总之,谈判每时每刻都在人们的身边,从某种程度上甚至深刻地影响着人们生活的质量和生意场上的成败得失。

随着社会经济的发展,人与人之间的经济交往日趋频繁,为了实现和满足商业利益,商务谈判迅速发展起来并成为促进贸易双方达成交易的重要环节。然而,商务谈判并不是在商务冲突出现时才进行。商务谈判是商务各方当事人追求共同商业目标,实现双方商业利益的手段。谈判的结果不是要有一方输或者赢,而是双赢。如何实现双赢才是谈判的最终目的。

商务谈判就是买卖双方为了促成买卖成交而进行的,或是为了解决买卖双方争议或争端的一种行为方式或手段。它作为关系交易成败的一种手段,涉及买卖双方的经济利益,商务谈判的目的是参与谈判的买卖各方都须通过与对方打交道或正式的洽谈,并促使对方采取某种行为或作出某种承诺来达到自己的目的,实现自己的目标。一般来说成交是达到目的的标志,签订商务合同是实现目标的体现。

商务谈判的过程主要分为准备工作、谈判和签订合同三个阶段。

整个谈判活动能否达到预期的目的,不仅要看谈判桌上有关策略和技巧的运用发挥如何,还有赖于谈判前的充分细致的准备工作,只有认真做好谈判前的准备工作,才能使谈判活动取得预期的效果。在准备阶段要做的有三点。第一,组织一个高效精悍的谈判班子,成员要有较高的素质,成员内部分工明确、协同合作;第二,搜集情报资料,这包括市场情报、相关地区的政治法律情报、谈判对手的情报等,此所谓"知己知彼,百战不殆";第三,商务谈判方案的制定,包括确定谈判的主题和目标、选择谈判时间及空间、把握对方的谈判目标。

通过这次谈判,学生对商务谈判有了更加深刻的认识。在谈判时,不要被对方的气势所迫,不要表现急于拿下,不要让自己被动,要表达自己的诚意,但是价格需要商量,而不是单方的一味压价。谈判时一定要有理有据有节,不能过于屈服。

适当掌握技巧,比如谈判的关键人物第一次谈判时先不要出现,小兵先上场,需要决策时领导出来溜一圈提出决定性意见;谈判过于紧张时,需要有人跳出来唱黑脸,这样谈判无法接受,唱白脸的这时缓和氛围;一旦无法达成协商结果时,不要顾虑太多,约定改时间再谈,不用急于定结论。

谈判时应注意以下几个方面:

1. 清楚、直观地表述思想,用数据说话。
2. 倾听。如果学会如何倾听,很多冲突是很容易解决的。
3. 充分的准备。要取得商业谈判的成功,必须在事前尽可能多地搜集相关信息。例如,对方有什么选择?事先做好功课是必不可少的。
4. 高目标。有高目标的商人做得更出色。期望的越多,得到的越多。
5. 耐心。如果谈判时对方赶时间,耐心能对他们造成巨大的影响。
6. 满意。如果在谈判中对方感到很满意,就已经成功了一半,满意意味着对方的基本要求已经达到了。

7. 让对方先开口。找出谈判方渴望达到的目的的最好方法就是劝诱对方先开口。对方希望的可能比你想要给的要低,如果你先开口,有可能付出的比实际需要的要多。

8. 第一次出价。不要接受第一次出价。如果你接受了,对方会想他们其实能再压一下价,先还价再作决定。

9. 让步。在商业谈判中,不要单方面让步。如果你放弃了一些东西,必须相应地再从对方那里得到一些东西。如果你不这样做的话,对方会向你索要更多。

实训项目九:招标与标书制作

学生食堂招标书

招标单位:扬州大学后勤服务集团饮食服务中心。

招标项目:瘦西湖校区食堂三楼2010年度经营权。

一、基本概况

瘦西湖校区食堂三楼,整个校区共6 000名左右学生,基本设施齐全。(详情可实地考察)

二、投标条件及须知

1. 投标主体

(1) 经工商注册为独立法人资格的社会餐饮企业,各项证照合法、齐全,注册资金50万元(含50万元)以上。近3年内有从事高校学生餐饮经营服务的经历,以往经营过程中无食物中毒等食品安全事故发生。

(2) 高校学生食堂餐饮企业,各项证照合法、齐全。以往经营过程中无食物中毒等食品安全事故发生。

(3) 饮食服务中心员工,注册成立独立法人资格的个体餐饮企业,注册资金10万元以上(含10万元),有承包经营学校食堂的经历,以往经营过程中无食物中毒等食品安全事故发生。

2. 投标人必须是餐饮企业的法定代表人或餐饮企业的受委托人,受委托人必须具有三年以上从事餐饮管理服务的经验。

3. 投标人必须提供以下材料:

(1) 个人简历(主要从事餐饮经营管理的经历,需加盖单位公章)。

(2) 身份证及复印件。

(3) 健康证明及复印件。

(4) 营业执照、卫生许可证原件。

(5) 受委托人提供委托授权书。

(6) 近3年从事高校学生食堂经营的业绩证明(需加盖单位公章)。

4. 投标人报名领取招标文件时需缴纳资料费100元及投标保证金10 000元,资料费不退。中标单位的投标保证金自动转为履约保证金,承包结束后无问题则无息退还。未中标单位的投标保证金在本次投标活动结束后予以退还,但在下列情况下投标保证金将不予退还:(1)在截止日期后送交投标文件的;(2)中标而拒绝签订协议的。

三、管理要求

1. 租赁者不得将食堂私自转让或委托他人经营,更不能利用校有资产搞不法经营。一经发现,招标方有权取消其租赁资格,并给予经济处罚或起诉。

2. 餐厅、操作间、室外楼梯等均属于租赁者管理范围,租赁者须保证租赁区域卫生、整洁。工作人员要遵守餐饮法规以及校纪、校规,要有良好的服务态度并监督实施,不能与师生发生争吵或冲突,如发现违规者,学校有权视情节提出处理意见。

3. 卫生检疫、工作人员体检等费用均由租赁者自理,因租赁者管理不善造成师生食物中毒,由租赁者负全部责任。

4. 整个食堂的卫生防疫、就餐环境必须达到市卫生监督所制定的标准,学校有权监督,并定时检查。

5. 保证一日三餐正点、足量、优质,做到品种多样、饭菜价格合理,能适应不同经济状况和口味的师生就餐。不准出售变质、变味以及剩饭菜,学校伙食管理委员会将定期或不定期在师生中调查饭菜质量、数量、价格以及服务情况并将有关信息通知租赁者,租赁者应虚心听取意见,采取措施及时解决不良现象。

6. 学校有权对食堂的财务状况、经营状况、成本、利润、服务质量、饭菜价格进行监督检查。

7. 食堂水、电、煤气、蒸汽由租赁者负责。操作间的大型灶具等由学校提供,低值易耗用具由租赁者自行解决。租赁期结束后,学校不承担其转让工作。

8. 租赁者经营所需其他设备由租赁人自备,特殊装修、改造,租赁人须征得扬州大学后勤服务集团同意后方可实施。租赁期结束后,集团不承担任何转让工作。

9. 租赁者必须保护好食堂所有财产,对学校提供的厨具设备、设施应及时进行保养、维修,延长其使用年限。保养、维修的费用由租赁者负责。租赁经营期满后,保证房屋、设备、设施、墙面、地面的完好,若有损坏必须承担由此产生的相关费用。

10. 生产所需所有原材料由饮食服务中心采供部统一配送,租赁者不得私自从市场采购,如发现私自采购原材料,集团将给予租赁者采购物资价值 5 倍的经济处罚。

11. 租赁者经营服务所需用工必须符合《劳动合同法》要求,依法用工。如发生用工纠纷,由租赁者自行负责。

12. 租赁者负责生产场所的消防安全工作,服从我校职能部门的统一管理,确保消防安全无事故。

四、投标书编制

1. 投标书的组成(按照以下顺序编制投标书;如属个人投标,尽可能多提供与之相关的材料)

P1. 企业概况。
P2. 法人代表或法人代表授权书。
P3. 餐饮企业营业执照复印件。
P4. 卫生许可证以及企业代码复印件。
P5. 阐述投标食堂经营方案。

P6. 经营优势和近三年的餐饮经营业绩说明。

P7. 安全承诺书。

P8. 管理骨干一览表以及资质证明材料。

2. 投标书要求

(1) 投标书要求 A4 纸编制。投标书应打印，不得有加行、涂抹或修改。如有修改必须在修改部位加盖公章。

(2) 投标书要求有两本。正本一本，副本一本。密封后在规定时间内送到后勤服务集团饮食服务中心办公室。

(3) 投标书必须在规定的时间内送达招标单位指定地点，投标书送达后，不得撤回或修改。

五、投标风险及履约保证金

1. 投标人应充分考虑到如物价起伏等因素造成的投资成本增加的后果。

2. 需交纳履约保证金人民币五万元。

3. 履约保证金使用：用于经营者违反《食品卫生法》、违反校内外有关管理条例、没有按合同经营至期满、租赁期内不正常营业、协议期内擅自分包或转包他人，给学校或师生造成各种损失的补偿。租赁者在承包期内若无上述现象，合同期满后，若无不良记录，其履约保证金无息如数奉还。

六、发标、投标、开标、评标的时间和地点

1. 发标时间：2010 年 1 月 25 日。
2. 发标地点：扬州大学荷花池校区食堂三楼饮食服务中心办公室。
3. 投标时间：截至 2010 年 1 月 27 日下午五点。
4. 开标时间：2010 年 1 月 28 日。
5. 开标地点：饮食服务中心会议室。
6. 评标：招标方组成评标工作小组，对投标文件进行评估。

七、评标原则

1. 评标按照招标要求和条件进行，整体衡量投标方的规模、经营信誉。现经营学校食堂各方面优者将在下一期租赁中优先考虑。
2. 资金保障的可靠性。
3. 技术力量及后续经营的稳定性。
4. 按时开业的可信性。
5. 最低标的额为 13 万元，价格高者优先。

八、中标通知

经学校招标工作小组审查、评估、论证后通知中标单位，双方在开标当天以签订合同的方式确定，并同时交纳风险保证金。

康民饮食集团(惠州)有限公司
KANGWIN FOOD GROUPCO(HUIZHOU)CO., LTD

食堂承包投标书

办公地址:××××××
执行单位:康民公司厨管部　　　　　　　　　　**法人代表:**×××
厨务负责人:×××
业务受理人:×××
办公电话:××××-××××××
传　真:××××-××××××
24小时客户经理电话:××××××××××
网址:××××××××
短信网址:××××××××××
中文域名:饭堂伙食承包

目　录

目录	……………………………………………………………………	第××页
第一章	公司简介 ……………………………………………………	第××页
第二章	成功案例 ……………………………………………………	第××页
第三章	公司架构 ……………………………………………………	第××页
第四章	经营设想方案及成本分析 …………………………………	第××页
第五章	采购渠道 ……………………………………………………	第××页
第六章	食品管理细则 ………………………………………………	第××页
第七章	卫生、安全、品质管理细则 ………………………………	第××页
第八章	突发事件处理措施 …………………………………………	第××页
第九章	食堂经营管理流程 …………………………………………	第××页
第十章	服务管理细则 ………………………………………………	第××页
第十一章	人力配置及岗位说明 ……………………………………	第××页
第十二章	设备使用及保洁方案 ……………………………………	第××页
第十三章	经营优势 …………………………………………………	第××页

第十四章　公司餐饮业绩 …………………………………………… 第××页
第十五章　经营保证条款 …………………………………………… 第××页
第十六章　进场日程安排及学习 …………………………………… 第××页
第十七章　资质证书 ………………………………………………… 第××页

第一章　公司简介

　　惠州市康民饮食服务有限公司于二〇〇二年三月二十日以500万的注册资金正式成立，是一家经国家工商、卫生、劳动部门核准注册并颁发营业执照、卫生许可证、税务登记证、组织机构代码证的正规企业，同时通过ISO 9001:2008国际体系认证并取得食品安全体系认证证书。本公司是专业承包食堂、食堂托管、蔬菜粮油配送、厨房设计、食堂保洁、酒店海鲜、冻品、干货统一配送等一体化的绿色餐饮企业。

　　公司成立以来，广揽烹饪人才及企业高级管理人才，现已具有雄厚的资金实力。拥有大型办公场所及物流中心，500吨的冷冻仓库，200吨的保鲜库，20多辆配送用车，自主经营的食用油加工厂及农副产品生产加工基地。公司高薪聘任资深饮食总监及营养师多名，培养和储备了一大批优秀的管理人才，以科学的管理模式，精湛的烹饪技术，为公司的稳健发展奠定了坚实的基础。我们愿秉承过往的光荣业绩，以优质的产品及至诚的服务赢取广大客户的认可与信赖，目前已和多家企业建立了良好的经营合作关系。本公司"以质量求生存，以信誉求市场，以创新求发展"的经营理念，秉承"以人为本，以食为天"的宗旨，打造膳食行业的权威品牌！公司的愿景是：携手合作，优势互补，优化资源的配置，提高贵校师生用餐的质量，增强企业的凝聚力，从而达到"双赢"。我们期望与您真诚的合作，能为您的企业再造辉煌铺平后勤工作之路！

第二章　成功案例

新世界学校	普宁	7 000人	3.5～20元/餐	合作1年	B级饭堂
信立鞋厂	惠州博罗县	2 800人	二种餐标：11元、13元	合作4年	B级饭堂
晶惠工业公司	惠州江北	3 500人	二种餐标：3.5元、5元	合作5年	B级饭堂
升晖电子厂	惠州沥林	1 000人	二种餐标：5元、7.5元	合作1年	B级饭堂
新华印刷学校	惠州淡水	800人	二种餐标：4元、9元	合作3年	B级饭堂
越峰电子	广州增城	3 500人	25元三餐	合作1年	B级饭堂
杨村复退医院	博罗杨村	230人	15元三餐	合作2年	B级饭堂
公安局戒毒所	惠阳三栋	150人	15元三餐	合作5年	B级饭堂

第三章 公司架构

```
康民饮食集团
    │
康民农产品配送中心
    │
┌────┬────┬────┬────┬────┬────┐
销售部 生产基地 物流中心 采纳部 行政部 业务部
```

销售部：蔬菜区、粮油区、副食区、餐料区
生产基地：养殖、种植
物流中心：安全检测、配送、仓管、加工、验收
采纳部：基地采购、市场采购、厂家直供
行政部：出纳、会计、公共关系、危机处理、人事总务
业务部：业务洽谈、市场开发、售后服务

科学、严谨的组织架构是康民发展的保障

第四章 经营设想方案及成本分析

以新颖的形式经营，所有师生自由用餐，丰简由人、口味自选；分为3.50元、4.00元、4.50元、5.00元、5.50元、6.00元、7.00元不同等级的套餐及面食与点心供应，师生可选择任何一种菜式，自由度大。具体经营方案如下：

一、餐费的分配形式

早餐，中式点心、西式点心、白粥、豆浆及茶水每份0.50元，炒粉、炒面、汤粉、汤面、肠粉等主食每份1.00至2.00元。

中餐及晚餐，每日供应不同标准的菜式，菜式标准分为3.50元、4.00元、4.50元、5.00元、5.50元、6.00元、7.00等多个不同等级的餐标。

另设风味小吃区，供应麻辣烫、烧烤、中式点心、西式点心、各式面食等。夜宵须根据实际需要来确定就餐人数。

二、师生就餐方式

各级师生分别执IC卡到任意就餐区域就餐；各级就餐区域均同时供应多选择的不同标准的菜式、面食及点心；师生于指定的时间及指定的就餐区域内，任意刷卡消费；承包商与厂方根据实际刷卡金额核算餐费。

三、供餐流程

1. 师生于就餐时间执IC卡进入饭堂就餐。
2. 师生自由选择所喜欢的菜式在任意餐厅就餐，餐费标准自由选定。

3. 早餐：

供应多款炒粉、炒面、炒饭、汤粉、汤面、汤饺及至少10款面点(含包子、馒头及花卷等)，另配白粥、豆浆等；师生根据所选的食物量刷卡付费。

4. 中餐、晚餐：

每个区域均有多款菜式供师生选择，另配：米饭一份、例汤一份，调味料放置于餐厅内由师生自行取用；为满足部分喜欢吃面食(如东北、陕西、河南等省份)的师生，饭堂提供了6款以上面食及10多款点心。各等级餐费分析见下表。

项目支出分析表(一)

餐费标准3.50元/份　　　　　单位：元

项　目		支出明细	支出占收入百分比
直接成本	肉类	1.00	29%
	蔬菜	0.24	7%
	食油	0.52	15%
	调料	0.10	3%
	大米	0.60	17%
间接成本	清洁费	0.04	1%
	营运费	0.04	1%
	水电	0.14	4%
	燃料	0.32	9%
	员工工资	0.32	9%
	营业利润	0.18	5%
总合计		3.50	100%

项目支出分析表(二)

餐费标准4.00元/份　　　　　单位：元

项　目		支出明细	支出占收入百分比
直接成本	肉类	1.25	31%
	蔬菜	0.25	6%
	食油	0.62	16%
	调料	0.12	3%
	大米	0.60	15%

续表

项 目		支出明细	支出占收入百分比
间接成本	清洁费	0.04	1%
	营运费	0.04	1%
	水电	0.16	4%
	燃料	0.36	9%
	员工工资	0.36	9%
	营业利润	0.20	5%
总合计		4.00	100%

项目支出分析表（三）

餐费标准 4.50 元/份　　　　单位：元

项 目		支出明细	支出占收入百分比
直接成本	肉类	1.75	39%
	蔬菜	0.26	6%
	食油	0.62	14%
	调料	0.14	3%
	大米	0.60	13%
间接成本	清洁费	0.05	1%
	营运费	0.05	1%
	水电	0.18	4%
	燃料	0.31	7%
	员工工资	0.31	7%
	营业利润	0.23	5%
总合计		4.50	100%

项目支出分析表（四）

餐费标准 5.00 元/份　　　　单位：元

项 目		支出明细	支出占收入百分比
直接成本	肉类	2.10	42%
	蔬菜	0.25	5%
	食油	0.70	14%
	调料	0.15	3%
	大米	0.60	12%

续表

项 目		支出明细	支出占收入百分比
间接成本	清洁费	0.05	1%
	营运费	0.05	1%
	水电	0.20	4%
	燃料	0.30	6%
	员工工资	0.35	7%
	营业利润	0.25	5%
总合计		5.00	100%

项目支出分析表（五）

餐费标准 5.50 元/份　　　单位：元

项 目		支出明细	支出占收入百分比
直接成本	肉类	2.40	44%
	蔬菜	0.34	6%
	食油	0.72	13%
	调料	0.10	1.8%
	大米	0.60	11%
间接成本	清洁费	0.04	0.7%
	营运费	0.04	0.7%
	水电	0.24	4.3%
	燃料	0.32	6%
	员工工资	0.42	7.6%
	营业利润	0.28	5%
总合计		5.50	100%

项目支出分析表（六）

餐费标准 6.00 元/份　　　单位：元

项 目		支出明细	支出占收入百分比
直接成本	肉类	2.50	42%
	蔬菜	0.45	7.5%
	食油	0.72	12%
	调料	0.12	2%
	大米	0.60	10%

续表

项　目		支出明细	支出占收入百分比
间接成本	清洁费	0.10	1.7%
	营运费	0.10	1.7%
	水电	0.26	4%
	燃料	0.36	6%
	员工工资	0.46	7.6%
	营业利润	0.33	5.5%
总合计		6.00	100%

项目支出分析表（七）

餐费标准7.00元/份　　　　　　单位：元

项　目		支出明细	支出占收入百分比
直接成本	肉类	2.80	40%
	蔬菜	0.40	5.7%
	食油	0.75	10.7%
	调料	0.30	4.3%
	大米	0.60	8.6%
间接成本	清洁费	0.15	2.1%
	营运费	0.15	2.1%
	水电	0.28	4%
	燃料	0.41	5.9%
	员工工资	0.71	10.1%
	营业利润	0.45	6.4%
总合计		7.00	100%

四、主要食物份量一览表

餐费标准＼主要原料分量	肉	蔬菜	食油	汤
3.5	1.80两	4两	0.5两	滚汤
4	2.50两	4两	0.8两	滚汤
4.5	3.00两	4两	0.8两	滚汤
5	3.50两	3两	1两	滚汤
5.5	4.00两	3两	1两	滚汤
6	4.50两	3两	1两	老火汤
7	5.00两	3两	1两	老火汤

第五章　采购渠道

原材料名称	供应单位	营业执照注册号	卫生许可证号	供应商地址
大米	仙桃市桃园米业有限公司	4290042111967	429004215605	仙桃市沿河大道东路38号
食用油	东莞市财茂粮油有限公司	4419006005647	19034301362	东莞市樟木头百果洞粮食批发市场二期B5.6.7号
调味品	东莞市衡胜副食品有限公司	4419006006612	1924B01555	东莞樟木头百果洞粮食批发市场二期A187-188号
粉类	东莞市道滘金丰米制品厂	4419006009323	1900A00733	东莞市道滘镇大岭丫原炮竹厂
豆芽、豆腐、河粉、酸菜	东莞市国中副食商行	4419006005646	1924B01632	东莞市樟木头镇百果洞粮食批发市场二期A151-152号
豆制品	东莞市旺发豆制品有限公司	4419006501727	1900C01264	东莞市长安镇乌沙管理区

第六章　食品管理细则

惠州市康民饮食服务有限公司	生效日期:2003.05.01	文件编号:HZKW-CGB-001
文件名称:食品管理细则表	版本:第1版	页次:总1页/第1页

品　名	检验标准	备注
大米 面粉 面条 米粉	标志:有生产厂家名址,生产日期、保质期、中文商品名称 外观:色泽洁白、无霉变、无蛀虫、无异味、无杂物、包装完好	
食用油	标志:有食用油检验合格证 外观:色泽清亮、无浑浊、无冻结现象,密封效果良好,无变质、无异味	菜油
食用盐	标志:包装完好,盐业公司生产,有防伪标志、卫生许可证号、合格证、生产日期等 外观:细腻、色泽洁白	加碘盐
调味料	标志:有生产厂家名址、生产日期、保质期、中文商品名称及条形码 外观:包装完好无泄漏	
果蔬类	外观:青菜色泽一定要新鲜,无黄叶、无腐烂状况 瓜果类无发芽、无蛀虫、无腐烂 试值检测:农药残留无超标(按GB-农残检测标准,"阴性"为不超标)	叶菜及瓜果类

第七章　卫生、安全、品质管理细则

在饮食业激烈竞争的今天，同行业的竞争焦点，不仅仅局限于膳食的品质，更在于服务态度、礼仪以及卫生，因为它关系到公司的信誉，体现企业的文化和企业水准以及员工的素质。

一、个人卫生

1. 工作人员必须取得健康证并经安全卫生培训合格后方能上岗。
2. 讲究个人卫生衣着整洁，工作时间按要求穿着工衣戴好工帽，负责分餐人员要戴口罩和一次性手套。
3. 如发现患传染病者应及时报告，并暂停工作，不能带病上岗。
4. 做到"四勤"即：勤洗手、勤剪指甲、勤理发、勤洗工作服。
5. 厨房内工作时间不准吃零食，厨房内严禁吸烟及随地吐痰。
6. 不得在洗碗池内洗涤鞋、袜等物品。
7. 工作时不能对着食物说笑、咳嗽、打喷嚏。
8. 制作熟食前用洗洁精洗手，并戴上一次性手套，不得直接用手拿熟食等物品。

二、食品卫生

1. 确保食品绝对无毒、无害，符合营养和卫生要求，具有相应的色香味等感官性状。
2. 蔬菜加工时必须"一泡、二洗、三清、四烫"，洗后菜中不得有泥沙、虫子和杂物黄叶等。蔬菜须用淡盐水浸泡30分钟以上，发现变质腐烂的菜品立即丢弃。
3. 菜要炒熟、炒透，油炸食品不能炸糊。
4. 肉类鱼类要保持鲜活。
5. 必须坚持生熟分开原则，粗加工和精加工分开，过期变质、有毒食物应及时倒掉销毁，绝不能使用。
6. 蔬菜瓜果、肉类、干货、半成品，须分类存放，并离地面15公分以上，严禁直接放于地面。
7. 销售直接入口食品，必须使用工具，切不可直接用手拿取。
8. 餐后要及时清理售菜台的卫生，切忌台面脏、乱、差。

三、厨房卫生

1. 刀、石、砧板、锅铲、盆、桶、勺等厨房用具在使用前要清洗干净，按规定摆放整齐，刀、石、砧板要生熟分开使用。
2. 切完菜，应及时清理垃圾，并清洗工作台、地面，及时清洗切肉机、切菜机。
3. 货架、油烟罩、蒸柜、炉灶、洗菜池、洗碗池应每天保证清洗干净。
4. 开封调料和未用完的米、油、菜要及时进冰柜或加盖。
5. 清除卫生死角，防止老鼠、苍蝇、蟑螂等污染食物。
6. 定期清理冰柜，保持洁净无异味。
7. 垃圾箱、污物桶要及时清洗干净，保持无异味。
8. 餐后及时清理售菜窗口及售菜台卫生，清洗盛菜盆、盒，并定点摆放整齐。及时冲洗地面、水渠,确保下水道畅通,无油污、菜渣。

四、餐厅卫生

1. 地面经常清洗,保持台净、地净,无垃圾杂物,无积水,干净清爽。
2. 桌面、台凳餐后及时清理,确保干净无残渣,无尘埃。
3. 墙壁、门窗、风扇、灯管定期清洗,无蜘蛛网。
4. 每周一次大扫除,用清洁剂洗台面、地面、门窗,尽量做到无蝇、蚊、蟑螂等。
5. 专人负责回收餐具,不得乱放。剩菜剩饭倒入指定容器,及时加盖或运走,确保餐厅无异味。

五、餐具卫生

1. 打菜勺、打饭勺,要用盆盛放,不能直接放于台面。
2. 餐具必须做到"一洗、二刷、三冲、四消毒、五保洁",餐具内外要干净,干燥无油污,无洗洁剂泡沫。
3. 餐具要集中摆放整齐,保持清洁,用白布盖好,防止虫蚁污染,未消毒餐具不得循环使用。
4. 餐具用具用完及时清洗,做到谁使用谁清洗或专人清洗。

六、切配卫生

1. 切配组在加工物料前,必须对物料进行质量检查,不加工病死、毒死、死因不明、腐败变质的禽畜肉及鱼类。
2. 在加工过程中,肉类菜类不得落地,万一不小心掉落地面,必须清洗干净才能使用,盛菜的篮筐不能直接着地,必须放置于垫板之上。
3. 蔬菜必须经过"一拣,二洁,三浸泡"过程,浸泡内时间不能少于 30 分钟,确保清洗过的蔬菜无泥沙、无黄叶、无杂物、无青虫等。
4. 所有菜类必须放置于菜架上,不得随地堆放,切配清洗好的菜类应及时送往烹调间,并加盖,以备厨师取用。
5. 禽畜鱼虾等必须把毛、鳞、甲壳清理干净,方可进一步加工,不得先加工后清理。
6. 切配完后必须把砧板清洗干净并消毒,竖起晾干。
（1）洗烫法:用完后,用刀具、硬刷将砧板面上的残渣刮干净,再用自来水冲净,然后用开水缓慢烫两遍,竖起晾干。
（2）阳光消毒法:按上法将砧板洗净然后放在阳光下晒 2 个小时,利用阳光中的紫外线对砧板进行消毒杀菌。
（3）撒盐消毒法:砧板先刷洗,除去面上残渣,然后在其上面撒上一些盐过一整夜,以起到消毒作用。
7. 下班前,搞好各自岗位卫生工作,并检查扫尾是否彻底。

七、烹调卫生

1. 各厨师应每餐对所需锅、盆、铲等工具用清洁剂彻底清洗,以保证菜肴不受污染,每锅出菜后应用清水洗锅。

2. 油、盐、调料用后剩品应及时清理并加盖,以防被污染。
3. 掉落于灶台或地面的肉菜未经清洗不得直接下锅。
4. 厨师炒菜前必须对各类菜品调料进行检查,发现质量不良应拒绝使用并报告主管。
5. 烹饪菜肴,必须煮熟煮透。
6. 厨师对当餐剩余的生、熟菜要风冷、水冷后及时放入冰柜,叶菜要摊开存放。
7. 厨师必须安排专人对冰柜进行管理,柜内物料应按顺序存放,生熟分开,半成品与成品分开,并按先进先出的原则加以使用,柜内物料须用保鲜纸封存。定期清洗冰柜,确保无异味。
8. 下班前各厨师应将自己的用具清洗干净后放置于定点位置,并彻底检查自己的工作是否全面完成。

八、仓库卫生

仓库、采购是饭堂原料供应部门,原料品质好坏,仓管员、采购员负有重要责任。为保证食品的卫生安全性,特制订如下仓库采购卫生制度,仓管员、采购员必须严格遵守。

1. 仓管员、采购员必须通过正确的途径采购材料,严禁向供货商收取任何回扣和好处费。
2. 采购的食品及其他辅料必须符合国家有关食品卫生标准和营养要求,并具有良好的感官性状,不得进购假冒伪劣产品。
3. 仓管员对所购进的食品及辅料必须严格检查,对不符合食品卫生要求及假冒伪劣产品一律拒收。
4. 货品按性质分类存放,并贴上标识,注明进货日期,做到先进先出的原则。食品要离地面、离墙,且不能和清洁用品、有强烈气味、有毒、有害化学物品一起存放。
5. 仓管员应经常对库存物料品质进行检验,对库存时间过长并超过保质期的或因其他原因出现腐败变质,生虫霉变的食品和辅料应及时报废处理,不得发出仓库使用。
6. 仓库必须长期保持清洁和干燥,不得有鼠、虫、苍蝇等,仓管员应搞好个人卫生。

九、宿舍卫生

1. 宿舍是人员居住的地方,劳累一天应有个干净、舒适的环境休息,以补充一天消耗的体力。
2. 地面、卫生间每天安排专人或轮流清扫、冲洗。地面不得有烟头杂物,卫生间内无污物、无异味。
3. 个人用品摆放整齐,鞋类在自己床位相对应床下放置,不得随意乱扔乱放,水鞋统一放于阳台外不得放于宿舍内,影响空气。

第八章 突发事件处理措施

文件编号:DGKL-A030-001　文件名:应对突发事件
目的:为了更能有效控制及处理突发事件,确保公司利益及财产安全,现制订此办法。
适用范围:各饭堂
内容说明:

1. 首先现场主管要熟悉每位员工的性格、技能、情绪的变化。

2. 了解每道菜的味型,菜色的搭配,每道菜所需的量,以及开餐时间,每批下班的人数,抓准每批出菜的量和品质,充分了解每种食材的炒制所需的时间,以备暴雨天的用餐人数增加,及时补充。

3. 做好安全培训工作,每位工作人员都要熟悉灭火器的放置和使用的方法。了解每个开关及总闸位置,如因电路过于受热发生火灾,如在就餐时间段首先关闭总闸,正确疏散就餐人员,并报告厂方和公司,同时作好灭火工作,必要时拨打119。

4. 当发生食物中毒时,首先报告厂方及公司,把中毒人员分批送往指定医院抢救,封存当日留样以便查明原因。

5. 当接到投诉时,查明原因,如因饭菜有虫、沙、杂物等,及时更换所售饭菜并接受处罚,追查相关责任人。如因口味、品质投诉,及时了解员工需求,以便改善。

6. 在用餐过程中突然差菜,应使用专门储存的应急食物如火腿、鸡蛋、腊肉、腊肠、干货等顶上。

7. 在人数不稳定之工厂或人数不稳定的当日:
(1) 灵活将下一餐菜补上,下一餐再作及时补充。
(2) 菜不能一次性炒出,须预算人数炒制,但必须作充分准备,如:菜必须完全切好,锅水已开,必要时过水准备。
(3) 灵活准备干菜类,如海带丝、粉丝等或面条。
(4) 如有多余的菜应立即统计出品种数量,并与厨务负责人联络,适当减少第二天份量,从而适当将余菜灵活搭配到第二天的菜单上,上报监督部备案。

8. 加餐或加水果不够时:
(1) 用其他材料代替,如鸡蛋、皮蛋等即吃材料补上。
(2) 用代票券(代票券须报备、索取)作替换,并指定日期时间凭票换取。

9. 开餐过程中突然受到外部污染:
(1) 受污染的饭菜必须报废并报备。
(2) 用代票券(代票券须报备、索取)作替换。

10. 突然停水停电、柴油堵塞等时:
(1) 立即与厂方有关人员联络并及时维修。
(2) 立即想其他办法补救,如到其他地方取水或到附近饭堂炒制再送回。
(3) 就餐时间发生上述事件,必须要求厂方出面推延就餐时间。

11. 柴油泄漏遇火种起火:
(1) 镇定、沉着处理。
(2) 用沙扑火(每一个饭堂都必须备有灭火沙),绝不能用水冲,以避免造成更大事故。

12. 电路起火:
(1) 立即关闭电源,绝不能马上扑救。
(2) 安全关闭电源后立即用水或用布扑救。

13. 油锅起火:
(1) 镇定、沉着处理。
(2) 关闭鼓风机。
(3) 在通常的情况下,立即放适量菜入锅即可。

(4) 火苗很大，无法控制会造成连贯性事故，必须立即用防火沙扑救，并报告厂方及公司，必要时拨打119。做好善后处理工作。

14. 刀伤、烫伤、烧伤、摔伤、电击、急病等：

(1) 视轻重情况按程序送医院治疗。

(2) 被电击者，须用沙盖住全身，留头部不盖，并通知医院派救护人员抢救，绝不能轻举妄动。

第九章　食堂经营管理流程

一、厨房规范化操作程序

食堂的经营管理流程虽然因各饭堂的实际操作环境和供餐方式的不同而有所区别，但综合厨师规范化操作程序，可以用"准备工作、操作要求、出品保障、善后操作、卫生要求"五个词来概括。

1. 准备工作：

(1) 确定好当日菜式口味与菜式搭配要求，菜式操作人员的分派，做到定人、定菜、定质量，提高厨师操作过程中的责任心。

(2) 厨师要配合仓管对菜类、配料、调料按菜单数量、菜式要求标准验收，发现问题及时处理，做到调、配料按菜式操作需求量来领取。

(3) 炉灶操作前安全检查，主要对油路与油量、电器开关与线路、消防器材的位置进行确认，熟悉操作过程中出现隐患及时排除的方法，熟悉炉灶维修。

(4) 操作前的用具，用品检查，主要是对炉灶操作用具、装菜盘、熟菜摆放区进行整理与清洁，确认调配料放到现场。

(5) 对切配质量的要求检查与监督，厨工切配质量的好坏直接影响厨师烹调质量，但在检查与监督过程中要注意搞好厨工组长与厨工之间的关系协调。

2. 操作要求：

(1) 厨师操作前要掌握好每锅菜所需的油量、配料量、食材量、香料量，操作过程中要按确定的标准投放，并合理分派好三餐与夜宵的用量。

(2) 菜式烹调方法的确定，确定味型，每周菜谱确定后厨师要认真研究探讨每天菜式味型，菜式搭配，需用的配料品种，烹调方法。

(3) 勤于观察，掌握好每餐、每批就餐人数规律，并按实际需要去操作，力求剩菜量最少。

3. 出品保障：

(1) 首先要检查菜式是否按规定的要求操作。

(2) 每盘菜看出品前厨师本人要亲自尝、定味，菜肴口味首先要达到自己满意程度。

(3) 供餐前主管、组长要参与菜品的品尝，及时向厨师提出自己的看法，便于厨师及时调整。

(4) 供餐过程中，厨师要亲自到餐厅问询用餐者对菜式的意见，做好记录并加以分析、总结，在下次的操作中加以改善。

(5) 在操作过程中按照大多数人的意见进行改善，满足大部分人的要求，这些都是出品保障的关键因素。

4. 善后操作——剩余菜类的妥善处理：

（1）过水：供餐结束后剩余肉菜类、瓜果类要及时过水来确保其新鲜度的延长。

（2）风冷：用于下餐炒熟的肉类及时风冷提早放入冰柜冷藏，来确保肉类新鲜度的延长。

（3）冷藏：用于下餐炒熟的肉类及相应蔬菜类，根据卫生标准与厨房条件进行分类冷藏。

（4）盖罩：对于剩余配料、油类及可放置于外面的菜类，应在下班前加盖沙布或网罩，避免被污染。

（5）倒弃：对于不能用于下餐的蔬菜、肉类和异变的菜类，应及时给予倒弃处理，不得用于下餐食用，避免引起食物中毒。

（6）隔离：切实做好四隔离工作，即生与熟隔离，食品与杂物、药物隔离，成品与半成品隔离，食品与天然冰隔离，避免交叉感染。

注：下班前打扫自己所负责的区域，器具放置于规定位置，衣帽、围裙挂于规定位置，不得乱扔，检查油门气筏是否关闭，经主管检查后方能下班。

5. 厨工切配规范化操作程序：

检查菜质→检查切菜工具→查看菜式切配要求→切配→清洗菜类→归类摆放→下餐菜类妥善处理。具体细节如下：

（1）厨工在切配物料前，首先对物品检查，不切配病死、毒死、死因不明、腐败变质的禽、畜肉及鱼类，不切配变质有异味的蔬菜瓜果，遇到品质问题及时报告主管。

（2）在切配过程中，肉类、菜类不得落地，万一不小心掉落地下，必须清洗干净才能使用，盛肉菜的篮筐不能直接着地，必须放于垫板上。

（3）叶菜类在切配加工前须经过"一拣、二洁、三浸泡"，浸泡时间不得少于30分钟，确保无虫、无泥沙杂物、无黄叶。

（4）瓜果类须根据菜式要求切配，要做到大小长短厚薄粗细均匀，并按厨师要求或组长要求，需过油、过水的菜先切，上午所需菜品先切，下午需要的菜品以及容易变色、变味、腐烂的上午不得斩切。

（5）切配用的刀、砧板、案台在使用后应及时清理，刀具、砧板要按照生熟分开的原则，分别放置于规定位置。

6. 蒸饭工规范化操作程序：

检查米质→检查蒸饭器具→淘洗大米→配置蒸饭用水→大米入柜→点火→检查米饭是否蒸熟→关火→分批出饭→剩余米饭妥善处理。具体细节如下：

（1）蒸饭工淘米前需对米质进行外观检查，通过看、摸、捏、闻等方式对米质进行检查，发现有异常不得使用。淘米时必须淘洗干净，做到无虫、无沙、无稻谷杂物。

（2）淘米用具每天进行清洁，保持卫生、干净，并经常放置阳光下晾晒、消毒。

（3）当天开封未用完的大米不得随意放置，需存放于干燥地点，以免变质。

（4）蒸饭盒每餐饭后及时清理，不得残留上餐剩余之饭粒。

（5）要经常检查蒸饭柜，掌握好不同蒸饭柜需要的蒸饭时间，不得太干、太稀或夹生。

（6）对变质的米饭，必须倒掉处理，绝不能再次使用。

（7）煲稀饭时须一次煲够，不得煲好后兑开水充数。

（8）每餐需对米饭进行品质检查，确认无任何不良后，方可使用。

检查方法：闻气味、看颜色、尝生熟。

(9) 每天对蒸饭柜进行清理,不能残留上餐米粒、米饭,灶具点火必须小心认真,炉灶燃烧不得冒黑烟,以免污染米饭和厨房环境。

(10) 蒸饭用具按规定摆放,不得乱扔、乱摆,并清洗自己工作区域。

7. 洗碗工规范化操作程序:

餐具回收→餐具分存→配置清洗水→加洗洁剂→初洗涤(冲去残渣)→洗涤→清洗→流水淋清→沥水入柜消毒→出柜保洁,具体细节如下:

(1) 开餐前首先检查回收区用品用具是否齐备,垃圾存放桶、餐具存放筐、洗涤液、消毒液、热水源、手套、手巾、餐具存放架等。

(2) 餐具回收时要分类存放,餐具上的残渣要倒干净。

(3) 餐具清洗前要调好清洗水,水温在50度以上,洗涤液按1:100的比例加入清洗水。

(4) 餐具要按"一洗、二清、三冲、四消毒、五保洁"的程序进行。

(5) 清洁人员下班时需要将个人用品、用具按规定位置摆放整齐,并做好区域卫生。

8. 清洁工规范化操作程序:

清洁用品准备→地、桌、凳、门、窗玻璃打扫→垃圾处理→水、灯、扇关闭,具体细节如下:

(1) 员工就餐前要做到餐厅、地面、桌面、凳面清洁干净明亮,确保餐厅"五无"即"无积水、无残渣、无油污、无尘埃蜘蛛网、无杂物"。

(2) 员工就餐时台面、地面有残渣时要及时清理,员工打饭处要安排专人清扫、拖擦,确保员工就餐时台面地面干净卫生。

(3) 员工就餐时要及时开灯、扇,就餐完毕及时关闭。

(4) 清洁工在清洁过程中拾到厂牌或其他物品时,应及时上缴主管处理,不得私自截留或敲诈员工,违者罚款。

(5) 餐厅清洁人员衣着要整洁、卫生,要礼貌服务、文明服务,对于就餐员工有需要时要尽最大努力满足,不得不理不睬。

(6) 清洁工在下班前检查门窗、灯扇是否关闭,桌凳是否对齐,物品需按规定位置摆放整齐。

第十章 服务管理细则

一、服务素质要求

礼貌服务主要表现在用语,靠说话来进行交流,恰当地运用语言表达方式,往往能取得比较理想的效果。充分运用"三声十一字",即顾客来时的欢迎声,做得不好时的道歉声,顾客离去时的道别声"三声",请、您、您好、谢谢、对不起、再见"十一字"。

二、言谈时的注意事项

1. 与顾客谈话时,不要东张西望,要看对方的"三角区"即两眼与鼻之间。
2. 与顾客谈话时音量要适度,既不要大声说话也不要靠近客人的身边小声嘀咕。
3. 顾客与自己谈话时或提意见时一定要专心听取。
4. 能用语言表达的,不要用手势,不要用手指人。
5. 顾客言词过激,不可与顾客争执,避免发生吵架事件。

6. 如顾客询问涉及个人隐私问题或提出不合理的要求，不要愤而不答，要婉言拒绝或礼貌解释。

7. 顾客有需求时，要尽最大的努力满足顾客的需求。

8. 供餐员是直接与顾客打交道的人员，上班前禁吃生葱、生蒜等刺激性味道较大的食品，工作时须戴口罩。

9. 供餐人员打菜时切忌故意拖延时间或多少不均。

10. 不卑不亢，在顾客面前保持一种正常心态，不可对顾客时冷时热感情用事。

11. 开餐前的等待服务中站立时要双手体前交叉，左手握右手腕，高度在小腹范围内，忌嘻嘻哈哈、左右摇摆、勾肩搭背、腿乱架。

12. 供餐服务前供餐人员要仔细检查餐具数量是否充足，卫生清洁度是否符合要求。

13. 打菜时餐具要轻拿轻放，打菜勺落盘的力度要适中，忌用力过大，以免引起误会。

14. 供餐过程中，要抽时间及时将供餐处清洁干净，忌供餐台脏、乱、差。

15. 供餐过程中，打菜要灵活控制。菜量较多且顾客有要求时可多打一些，菜量较少时可少打一些，但总量要够，忌不看菜式随意乱打。

16. 供餐快结束时，如供菜盘中菜量较少时，应及时合并，以增加菜量。被合并窗口的供餐员要及时对就餐员工做好引导、解释工作，忌窗口合并后对排队员工不管不问。

三、提供服务质量

1. 人员定期培训，由厨管部经理亲自负责。

2. 我司把贵校列入重点客户，从各厂调出比较优秀的员工进驻贵校，提高服务质量。

3. 提高菜品品质，保证提供一名一级厨师，两名二级厨师（此三名厨师为4星级酒店调来）。

4. 餐厅明显的地方设计公告栏及意见箱，用来公布菜单、厨务人员健康证、食品来源三证（营业执照、卫生许可证、检验报告）以及收集学生反馈意见，并针对每个意见在24小时内回复，公布于公告栏上。

第十一章 人力配置及岗位说明

现场经理1人，总厨1人，粤菜师傅2人，川湘菜师傅2人，蒸品师傅2人，营养师1人，配菜组组长1人，配菜师6人，面点组组长1人，面点师1人，面点帮工1人，服务员2人，卫生专管员1人，清洁组组长1人，洗碗工3人，清洁工3人，司机2人，仓管2人，合计33人。

一、现场经理岗位作业指导书

1. 负责食堂的全面工作，精心组织、合理调配食堂的人力、物力，把每项工作的责任落实到人。

2. 及时处理突发事件，力求减少损失，记录情况，制订措施，杜绝类似事件再次发生。

3. 主持食堂例会，及时总结经验教训，正确开展批评与自我批评，表扬好人好事，树立正气，开展比、学、赶、帮活动。

4. 掌握、了解食堂员工的思想情况和业务水平，耐心细致地做好思想工作，充分发挥每个员工的积极性和技能、业务专长。

5. 督促食堂员工严格遵守工厂和食堂纪律,执行各种规章制度。

6. 管理好食堂的设备物资,所有设备、用具、用品和物资要登记造册建立台账。保证设备、用具、用品完好无损。要定期进行检查,发现损坏或故障要及时报告,申请维修或更新,以保证正常运转,确保客户正常用餐。

7. 检查督促每个员工工作的情况,现场指挥,具体示范。

8. 负责每日就餐人数统计及相应主食等物料准备,检查和维持就餐秩序。

9. 组织好食堂员工的技术业务学习,定期组织竞赛、考核和岗位练兵,不断提高技术业务水平。

10. 与企业总务人员加强沟通,听取意见,分析情况,及时进行整改。

11. 负责食堂的安全管理、防火、防盗工作,防止事故发生,要处处、事事、时时抓安全,落实谁在岗谁负责、谁操作谁负责的原则,确保安全。

12. 完成上级领导交办的其他工作。

13. 主办或协助每日主副食料或其他物品的采购和验收。

二、杂工岗位作业指导书

1. 热情周到为企业员工服务,不断提高服务质量,以满足客人的需要。

2. 清洗消毒餐具按"一刮、二洗、三清、四消毒"的顺序操作,消毒餐具放于清洁橱内,防止再污染。

3. 服从食堂管理人员的分配,窗口分配饭菜,做到各尽其责,不随便离岗。冬季要做好饭菜保暖工作,保证用餐人员能吃到热饭、热菜、热汤。

4. 厨工应保持良好的个人卫生,工作时穿戴清洁工作衣帽,不戴戒指、耳环等首饰,不留长指甲,不涂指甲油,男性不留长发、胡子。

三、主厨岗位作业指导书

1. 在总厨的指挥下,负责对各种饭菜的加工制作,保证食品质量。

2. 严格遵守作息时间,按时开餐,不擅离职守,不串岗、不脱岗。

3. 服从分配,按质、按量、按时烹制饭菜,做到饭菜可口,保热保鲜。

4. 服务周到,礼貌待人,做到领导与职工一样,生人与熟人一样,自己与大家一样。

5. 遵守安全操作规程,合理使用操作工具,合理使用原材料,节约水、电、煤气。

6. 严格遵守《食品卫生法》及各项制度,搞好厨房、餐厅卫生,保证不让职工吃有异味食品,防止食物中毒。

7. 进入厨房须将工作服穿戴整齐,厨房内不准吸烟,不准另搞标准开小灶。

8. 自觉遵守公司各项规章制度,努力钻研业务,提高业务操作技能。

9. 服从主管调动,维护好厨房灶具、设备、协助员工餐厅服务员做好开餐准备。

四、服务员岗位作业指导书

1. 与顾客谈话时不要东张西望,要看对方的"三角区"即两眼与鼻之间。

2. 与顾客谈话时声音要适度,既不要大声说话也不要靠近客人的身边小声嘀咕。

3. 顾客与自己谈话时或提意见时一定要专心听取。

4. 能用语言表达的,不要用手势,不要用手指人。

5. 顾客言词过激,不可与顾客争执和发生吵架事件。

6. 如顾客询问不该问的问题和超出原则的要求,不要愤而不答,要婉言拒绝或礼貌解释。

7. 顾客有需求时,要尽最大的努力满足顾客的需求。

8. 供餐员是直接与顾客打交道的人员,上班前禁吃生葱、生蒜和刺激性味道较大的食品。

9. 供餐人员打菜时切忌故言拖延时间或多少不均。

10. 不卑不亢在顾客面前保持一种正常心态,不可对顾客时冷时热感情用事。

11. 开餐前的等待服务中站立时要双手体前交叉,左手握右手腕,高度在小腹范围内,忌嘻嘻哈哈、左右摇摆、勾肩搭背、腿乱架。

12. 供餐服务前供餐人员要仔细检查餐具数量是否充足,卫生清洁度是否符合要求。

13. 打菜餐具要轻拿轻放,打菜勺落盘的力度要适中忌用力过大,以免引起误会。

14. 供餐过程中,要抽时间及时将供餐处清洁干净,忌供餐台脏、乱、差。

15. 供餐过程中,打菜要灵活。控制菜量较多的顾客需要时可多打一些,菜量较少时可少打一些,但总量要够,忌不看菜式随意乱打。

16. 供餐快结束时,如供菜盘中菜量较少时,应及时合并,以增加菜量。被合并窗口的供餐员要及时对就餐员工作好引导,解释工作,忌窗口合并后对排队员工不管不问。

五、面点师岗位作业指导书

1. 食堂所有物品必须登记,注明购买日期、价格和数量等。

2. 进入仓库的物品须分类码放在货架之上,标明物品名称、数量、保质时间。

3. 除领料人和主管外,食堂其他员工不许随意进出仓库。

4. 领料人必须签名,从仓库领出的物品要让主管进行登记,领出的物品只能公用,一律不能私用。

5. 领料人必须按主管规定的时间进行领料,也要对自己所领的物品进行监督与负责。

6. 主管要对领料人进行监督,对于不该领的物品一律不领并对领料人所领的物品进行认真审核登记。

7. 主管必须定时盘点,如发现物品短缺,要立即通知食堂管理人员购买和查找原因,及时解决问题和制订相应的防范措施。

8. 仓库必须保持干净、整洁、整齐,注意防霉、防潮、防火、防鼠、防毒等工作。

六、司机岗位作业指导书

1. 公司司机必须遵守《中华人民共和国道路交通安全法》及有关交通管理的规章制度,安全驾驶车辆,并遵守本公司相关的规章制度。

2. 司机必须遵守公司的作息时间,不迟到、不早退。

3. 公司所有车辆归办公室统一管理,司机随车归口管理。

4. 司机必须保护好随车工具,不得损坏和丢失。

5. 司机应爱惜公司车辆,平时要注意车辆保养,经常检查车辆的主要部件,每月至少用半天的时间对自己所开车辆进行检修,确保车辆正常行驶。

6. 出车前要例行检查水、电、油及其他性能是否正常,发现不正常时,要立即加补或调整。

出车回来要检查存油量,发现存油量不足时,应马上到公司定点加油处加油。

7. 司机发现所驾驶的车辆有故障时,要立即检修,不会检修的要立即向主管人员汇报,并提出具体的维修意见(包括维修项目和大致的维修经费)。

8. 车辆修理所需零件的购买,必须事先请示主管领导同意后方可购买,否则费用不予报销。

9. 司机应对自己所开车辆的各种证件的有效性进行检查,出车时,一定要保证证件齐全。

10. 出车在外或出车回来的时候,一定要注意选取停放地点和位置,不能在不准停车的路段或危险地段停车。司机离开车辆时,要锁好保险锁,防止车辆被盗。

11. 晚间出车时,司机要注意休息,不得疲劳驾车,严禁酒后驾车。

12. 司机驾车一定要遵守交通规则,文明开车,不得危险驾车(包括违章或证件不全),违章造成的后果由当事人负责。

13. 上班时间内司机未被派车,应在司机室等候出车,不得随便出入其他办公室,有要事需要离开司机室时,要向主管领导申请。

14. 下班后,应将车停放在车库内,不得私自用车。

15. 司机未经主管领导同意,不得将自己驾驶的车辆随意交给他人驾驶或练习驾驶,严禁将车辆交给无证人员驾驶,任何人不得利用公司车辆学开车。

16. 司机在执行运输任务时,必须按行车单所指定的时间、地点和路线运输货物,不按指定路线运输的,且经核实无正当理由的,进行罚款处理。

第十二章 设备使用及保洁方案

1. 洗菜池:保持洁净,无菜渣。
2. 斩台:保持洁净,无菜渣。
3. 下水沟:无杂物,水流畅通。
4. 周边地板:保持洁净,无杂物。
5. 菜刀:轻拿轻放,使用后按指定位置摆放整齐。
6. 围裙:保持洁净,用后按指定位置摆放整齐。
7. 洗菜筐:用后清洁干净,按指定的位置摆放整齐。
8. 水管:用后关闭水龙头,按指定位置摆放整齐。
9. 水龙头:用后及时关闭,有损坏或漏水及时通知厂方负责人或经理处。
10. 洗菜盆:保持洁净,用后按指定位置摆放整齐。
11. 桶:表面干净,按指定位置摆放。
12. 垃圾铲:按指定位置摆放整齐。
13. 切菜机:用后及时关闭电源,用清水冲洗干净,时刻保持洁净。
14. 保持台面洁净。
15. 工作台:保持台面洁净、无油污。
16. 菜筐:放上工作台或架子,摆放整齐,不能放于地上。
17. 菜盒:放上工作台或货架,摆放整齐,保持洁净。
18. 油桶:放上工作台或货架,摆放整齐,两天清洁一次并保持洁净。
19. 不锈钢调料盅:放上工作台或货架,摆放整齐,两天清洁一次并保持洁净,每天下午

6:30后把调料加满并加细网盖好。

第十三章 经营优势

一、我们的保障体系

饭堂托管制订了合理的限额后,您就只需审核我们为您企业制订的员工就餐标准,对每餐饭菜的价格与质量进行监督,再也不需要为如何控制饭堂经营成本等事情而烦心了。

严缜的管理思路,有计划的员工上岗前培训,无微不至的服务给客户带来了保障,我公司对员工管理及素质要求非常严格,要求每个员工都树立"顾客至上"的理念。同时通过各种企业文化的灌输,教导我们的员工以"让客户满意"为奋斗目标。

把饭堂交给我公司管理后,您将能更集中精力在自己的核心业务上,将有更多的精力把自己的企业建设成为同行业的佼佼者。例如,托管前,你们的人力资源部、采购部和行政部花费了大量的时间来管理你们饭堂;托管后,此三个部门将集中自己100%的时间和精力处理公司的其他重要事宜,公司的生产、效益将得到提高。

1. 享受营养、卫生、可口的膳食

我公司专门设有营养调配、产品研发中心,聘请资深营养师对菜谱进行营养搭配及食品分析,在营养配膳的同时,更注意美食与营养的平衡,突出色、香、味、形多种多样的特点,尊重中国饮食传统及企业员工的工作性质,对菜式进行逐步改良,使得食品既美味又营养均衡,保证营养元素的摄入。

2. 食品卫生、安全

我公司以国际公认的管理系统——HACCP体系为基准,制订了食品卫生安全程序,通过该体系的引进,我公司员工均具备识别、控制和处理食品卫生事件的能力。为预防和解决好食品卫生事故,公司还采用了72小时留样制,购买相关保险措施,令客户员工在享受美食的同时感到满意放心。

我公司所有食品原料均直接自厂家生产基地采购,我们对所有供应商均经过严格的程序审核,要求供应商必须具备政府颁发的营业执照及销售许可证,更大程度上保证原料的安全卫生。

3. 采购成本低廉

公司与有关供应商建立良好的合作关系,能在采购上获得一定的优势,减少了原材料批发的中间环节,保证了供应渠道及品质的长期稳定性,从而降低了食物的投料成本,让员工得到了更多实惠,更能满足员工的饮食需求。

4. 原料统一配送

公司设立物流配送中心,饭堂所使用原料均通过物流配送中心配送,同时依靠"量体裁衣"式的设计,开发出以客户为向导,低成本、高效率的物流系统,采用电脑数据化管理,由饭堂根据生产计划制订配送计划,由公司物流配送中心直接统一配送,能保证原材料准时供应。

由于饭堂所有原材料均统一由公司物流配送中心根据配送计划按时配送,因此我们对所有原材料的供应商均经过严格的挑选与审核,挑选与审核程序如下:

(1) 收集供应商资料,并进行初级筛选。

（2）根据需要由采购评估小组到供应商生产现场评估其品质保证能力，记录在"供应商评价表"上。

（3）评估合格后，通知供应商送样品，对供应商样品进行质量认定。

（4）对大宗采购商品进行批量试用。

（5）对合格供应商供货情况进行监督，并定期考核。

5. 完善的培训

实行人力资源部与职业技术学院、旅游学校等合作与培训，再由我公司基地进行岗前入职培训，脱产及半脱产进行专业知识培训、交流学习等等，现又引进 ISO9000、5S 上岗培训，并采取多项评定监督活动，为技术支持和严格管理提供了坚实的基础和保障。

二、我们的管理体系

在过去的经营管理体系基础上，我们借鉴了国内外许多著名饭店的管理经验和模式，同时采纳了许多具有丰富厨房管理经验专家们的建议，结合市场实际情况、特点及公司自身多年的实践管理经验，摸索出一套科学的、规范的、实用的具有特色的管理体系及方法，并且实行了 5S 管理，即生产、流程、服务、卫生及安全，对出品质量和成本控制等环节进行了规范化的管理，采用这套体系，使得饭堂复杂的生产管理程序变得井井有条。

1. 优化管理

我们以积极进取的心态，摒弃固执守旧的思想，用高度的责任感和创新精神，不断检视营运方式，完善管理制度，构建权责分明、紧密配合的高效团队，建立一个更具竞争力和充满活力的企业。

2. 强化服务

我们不断强化服务意识，贯彻顾客至上的理念，以客户满意列为服务之首，使高品质的服务和高质量的产品成为我公司创造品牌价值的源泉。

我们的经营方针：开拓创新，追求卓越。

我们的经营理念：以客为尊，以信为本。

我们的经营策略：连锁经营，稳步发展。

3. 我们的经营目标

我们的服务理念是：密切配合厂家，不断追求品质的提高与菜式的创新，使员工们生活满意，管理者工作省心。

我们的服务承诺是：奉献优质服务，提供全面营养，保持清洁卫生，提高膳食质量。

4. 规范化的管理

公司统一化管理：实行 5S 管理，同时引入 ISO9000 国际质量管理体系，使质量管理程序化、规范化、标准化。

（1）原料的标准化：对所使用的原料从外观、切配、卫生、营养等方面建立严格的监管标准。

（2）加工生产的标准化：对每一道加工程序（包括原料的称取），加工的原料（如时间、温度等）都制订出详细的要求标准和操作规范。

（3）出品质量的标准化：所有出品均制订严格的质量标准，包括规格、质量、保鲜时间等，都有严格规定和相应的监管方法。

（4）卫生标准化：厨房操作人员的个人卫生和厨房的布局以及操作时的卫生均制订了科学、详细的规范标准。

5. 规范的厨房运作计划

在公司规范管理程序和厨师长的计划安排下，为贵司提供优质菜点，开创独特的餐饮风格。

（1）生产组织：在厨师长的指导下，组织原料，分工落实任务，确定岗位职责。

（2）生产控制：在班长的带领下，进行原料加工和切配处理，然后进行菜品销售。

（3）生产分析：由厨师长组织厨师进行成本分析、质量分析、销售分析，总结经验，修改不足，反馈给主管人员，再调整下一步工作、生产计划。

6. 严格的监管措施

（1）原料的采购、配送、检验措施

饭堂所有原材料均统一由公司物流配送中心根据配送计划按时配送。对所有原材料的供应商我们均经过程序进行严格的挑选与审核。

第一，供应产资料收集，初选及选择标准。

第二，根据需要由采购评估小组到供应商生产现场评估其品质保证能力，记录在"供应商评价表"上。

第三，评估合格后，通知供应商送样，对供应商样品进行质量认定。

第四，对大众采购商品应进行批量试用。

第五，合格供应商供货情况考核与定期监督。

第六，采购商品应进行批量试用。

（2）卫生管理措施

建立卫生岗位责任制，明确各食堂、各岗位的卫生职责，把责任落实到人，实行卫生工作与工资挂钩，奖优罚劣，建立卫生检查制度，实行日查、周检、月分析、季评比。以经常检查督促，来加强考核与评比。

日查：以工厂食堂为单位，由主管（或厨师长）及卫生管理员负责。

周检：每星期一上午由主管卫生人员，进行卫生质量安全大检查，发现问题及时处理。

月分析：分析综合周检的工作情况，提出建议和改进，上报公司领导。

季评比：每季度公司进行评比竞赛，优胜者给予奖金。

（3）设备管理措施

① 设备使用安全管理

a. 制作各种加工设备安全操作作业指导书，并粘贴在设备附近，随时指导和提醒工作人员按规范安全操作。

b. 员工对各种加工设备、消防器材的安全操作规程及其注意事项必须经过培训，考试合格后方可上岗。

c. 加强各种煤气、电器开关、阀门管理，采取专人负责每日检查制。

② 设备保养管理

a. 在交接时做好设备状况记录，以确保有效监督设备的使用情况。

b. 制订每周检查制度，发现设备故障及时调派维修人员进行检修。

c. 制订每月保养制度，每月定期对所有设备进行保养，并进行相关记录。

d. 个人保养负责制,将所有设备保养分配到个人,控制设备故障及检修发生率,杜绝不爱惜财产或故意损坏的行为发生。

(4) 资源管理措施

为更好地为贵司节约成本,有效控制能源消耗,在运作前三个月里,我公司将根据具体能源的使用情况,同时结合实际预测分析,与贵司共同制订一个合理的用水、用电的限额,超过部分按实际价格计算,由我公司承担。但如当月逢节假日加餐或就餐人员增加等特殊情况出现而导致能源使用增加,我公司将做好详细记录,针对实际情况与贵司协调,调整限额。

根据能源的实际使用情况,制订"节约有奖,浪费有罚"的奖罚制度,这样才能充分调动员工主动自觉地去控制能源使用,更激发员工在如何更有效地使用能源的问题上动脑筋,想办法,创新招。

(5) 食品管理措施

公司以国际公认的管理系统——HACCP(Hazard Analysis and Critical Control Pint,即危害分析关键控制点)体系为基准,发展和提高饭堂的食品安全体系。饭堂所有食品及材料的来源均受到公司采购部门的严密监控。经验丰富的采购部门员工同卫生营养专家向公司提供专业的风险评估分析以及相应的处理方案来保障客户的最大权益。我们在配合客户实际需求的基础上制订了食品卫生程序,公司全体员工均具备识别、控制和处理食品卫生事件的能力。

(6) 出品创新措施

由公司营养调配、产品研发中心的营养学专家与行政主厨根据贵司员工的工作性质及员工实际需求共同商定贵司的参考菜谱,然后由厨师长根据饭堂实际情况及季节变化调整每周菜谱,菜式不仅要求美味可口,而且更加强调营养均衡合理搭配。具体要求如下:

① 饭堂管理人每月制订调查问卷,针对服务、菜式、口味等方面对部分就餐人员进行调查,根据调查结果进行分析、判断,不断改进。

② 要求所有厨房对每一个菜式均按照公司特制的标准菜谱操作,保证菜式符合统一标准。

③ 公司对下属所有饭堂的厨师进行一定比例的不定期调换,从而保证各饭堂的菜式口味具有新鲜感。

(7) 监督管理措施

第一,合作前期由我公司营养分析师、行政总厨和区域管理经理,协助该分店的主管进现场工作指导一周,主要在卫生管理、安全管理、出品质量、营养调配、成本控制等方面进行专业指导和监督管理。

第二,公司专设检察小组,其主要职责是监督、检查评估和工作指导,定期和不定期进行卫生、服务、出品质量等方面的工作监督考核和评估。

第三,由区域经理与分店主管及行政总厨同贵司膳食委员会的管理人员定期召开膳食管理会议,听取贵司管理人员的建议,并总结、分析存在的问题。

第四,公司设立专线投诉电话和员工意见箱,积极接受投诉与监督,及时处理投诉意见和反馈信息。

第五,由我公司检察小组定期和不定期进行现场工作监督、检查和评估,安排营养分析师和行政总厨进驻收集贵司员工意见。

(8) 保险保障

我们非常注重员工的福利,购买了规定的相关保险,在与贵司签订协议的同时,我公司将针对与贵司的合作购买相关责任保险(具体执行办法与贵司协商确定),以应对食物中毒和任何危险事件的发生,保障贵司员工的权益。

三、我们的服务承诺

膳食公司与广大客户合作中,难免会出现这样或那样的纰漏,如此会导致客户对膳食公司失去信心,造成合作过程中一些不必要的猜疑。针对这一普遍的问题,康民公司向广大的客户做出以下食堂服务承诺,以维护客户群体的利益。

1. 出现与下列情况之一不符合,贵司有权随时终止合同,我司无任何附加条件离厂。

(1) 保证我公司提供的文件资料真实、合法、有效。

(2) 保证我公司提供的餐饮服务符合国家规定和项目标准。

(3) 随时接受贵司对我司经营管理情况的检查、监督和管理,并提供相关运作数据。

(4) 我司根据贵司就餐人员的口味合理安排厨师,贵司就餐人员的口味满意度达60%以上。

2. 食堂出品实行快速配送,确保菜的热度及新鲜度,服务态度力求做到让广大客户满意,如有服务态度恶劣行为可立即反馈到我司并对其给予处分和罚款。

3. 每周五我司营养师开出下周营养菜谱,份量、数量必须在双方核准后,由饭堂主管公布执行,我方自由组织和调配所需要的人员以确保完成工作任务。

4. 为迎合广大客户的不同口味,我司在经营期间,征得甲方同意,定期调换主厨。

5. 服从贵司的环保节能要求,如发现我方在经营过程中有意浪费给贵司带来损失的,贵司可给予相应的处罚。

6. 出现与下列情况之一不符,贵司有权进行罚款。

(1) 我司人员如与贵司员工意见不合,能够理制对待,处理方式合理合法,不使矛盾激化。

(2) 我司驻厂所有员工遵守贵厂的厂规、厂纪。

(3) 保证我司驻厂所有人员持有有效健康证上岗并定期接受检查。

(4) 保证我司在正常供餐的时间内贵司的每位员工都有热饭、热汤、热菜食用。

(5) 保证我司根据厂方要求准时开餐,如菜不够,可随时加做。

(6) 保证我司自合作之日起,在食堂明显的地方张贴饭堂架构图(含各位员工的照片),并明显标识客户投诉流程(含客户服务负责人姓名、电话、投诉意见箱等)。

(7) 每餐菜式进行留样,留样时间72小时。

7. 以上承诺保证自我司进入贵司经营之日起生效。如发现我司有违反承诺之处,可对我司进行处罚及追究我司的法律责任。

承诺人(名称):(盖章)

授权代表:(签字)

地址:

电话:

日期:

第十四章　公司餐饮业绩

康民饮食集团服务有限公司是一家为广大企事业单位、工厂提供职工饭堂伙食承包服务、食堂托管,兼营粮油、农副产品批发和厨具、餐具设备的综合性实业公司。

一、求实记录——我们专业的用心

1. 我司是惠州地区成立最早,规模最大,信誉最高,承包量最多的一家饮食服务有限公司。
2. 公司先后建立了大型物流配送中心;庞大的配送车队;岗前培训中心;食品卫生检测中心;营养配餐中心等。拥有400多亩自产自销的种养殖基地(包括菜场、鸡场、猪场、鸭场、鱼塘等),统一管理,连锁经营。

二、获奖情况——我们付出的回报

1. 2002年至2003年度被市消委会推介为"讲诚信、守规则"单位。
2. 2003年至2006年度被市人民政府评为"信用展示单位"。
3. 2003年至2006年被市工商行政管理局授予"重合同守信用单位"。
4. 2004年12月被中国烹饪协会评为"先进单位"。
5. 2005年至2006年8月被中国信用调查评估中心评为"中国诚信企业"。

三、公司进展——我们努力的见证

1. 1997年在南海市成立康民饮食服务部。
2. 2001年进入惠州,成立康民饮食集团(惠州)服务有限公司。
3. 2003年成立康民饮食集团(东莞)服务有限公司。
4. 2004年成立康民饮食集团(深圳)服务有限公司。
5. 2006年2月成立康民饮食集团(河源)服务有限公司。
6. 2006年11月成立康民饮食集团(广州)服务有限公司。
7. 2007年7月于惠州江北市场成立康民农产品批发配送中心。

公司自成立以来,一直秉承"做事先做人"的处世之道,以"诚信为本"为经营理念,设身处地为珠江三角洲的广大客户用心服务,受到政府的支持、客户的好评及同行的学习。

四、成绩来源于人才——我们做强的资本

1. 拥有900多名专业厨师组成的队伍,综合素质强、技术过硬、作法灵活、服务周到。其中,特二、三级厨师90多人,一、二、三级厨师近100人,专业技术人员10多人,以及一大批经验丰富的后勤管理人员。
2. 拥有100名业务开发精英,用心对本行业"未知"的客户进行服务;为各企事业单位客户的发展尽绵薄之力。
3. 拥有极为丰富的专业知识。我们专业,你们放心。

部分荣誉照片

第十五章 经营保证条款

1. 我方员工进驻时,第一时间把我司提前为贵院食堂设好的专用邮箱、用户名上报给院方负责人,并于食堂公告栏处张贴出来,它的作用是:

(1) 方便我司食堂管理人员与贵方员工、食堂管理人保持良好的沟通,以便我司在口味、出品质量、服务态度、管理流程等方面及时做出调整。

(2) 方便我司总部与现场的良好沟通与管控。

(3) 方便院方就餐人员临时变动,双方的沟通。

(4) 方便贵方人员的投诉。我司食堂管理员在此保证:上午投诉的问题,于下午15:00点前回复;下午投诉的问题,于晚上21:00点前回复。

2. 我司入驻后,食堂员工不变动的同时,另派专员协助厂方采购。

3. 所有的食材保质保鲜,当天用不完的食材统一用保鲜盒装好并贴上日期标签,保证在第二天用完。

4. 保证我司厨务人员下班后不开小灶。如查实我司厨务人员开小灶的,无条件接受贵方的处罚,且我司对于开小灶的员工进行处分,并规定其本人写好检讨书、保证书公布于食堂公告栏上。

5. 我司所请的厨师来源于四星级酒店,将提供相应的证件给贵方参考核实,其他人员由我司进行统一调配,并保证是来源于我司各饭堂最优秀的员工。

6. 公司把贵院食堂评为重点客户,入驻后公司周副总及蔡经理保证驻守至少1个月。

7. 保证我司厨务人员每餐在未供完餐前,任何人不得私自留出菜品就餐且需供餐完毕后统一进餐。

8. 保证我司厨务人员不浪费贵方食材。对仓库的所有食材领取统一过称登记做好台账,并由厨师及仓管签字确认;对餐后剩余的菜品及份量也做好登记,方便贵方负责人查账,也方便我司对员工的喜好的菜品进行调整。

9. 保证每餐进餐前所有菜品进入容器留样72小时,并贴上日期、标签。

10. 我司入驻后马上张贴食品营养搭配原则及营养搭配常识图于食堂公告栏上。

11. 保证我司厨务人员一律遵守贵方的校规、校纪,在上班期间任何人不能抽烟,如发现无条件接受处罚。

12. 保证我司厨务人员上下班列队进入校区,杜绝散漫现象发生。同时上班期间佩戴工牌,并对所有的厨务人员进行编号:01～20号的员工为餐厅的,20～26号为厨房的,27～30号为现场经理、司机、仓管、卫生专员,如此编排方便贵方人员投诉,在短时间内找出责任人。

13. 保证配菜车每餐都清洗、保洁、卫生。

14. 保证我司厨务人员下班后,有专人核查门、窗、水、电、炉头燃气关闭并登记签字确认。

15. 保证我司按时开设好菜谱并公布于公告栏上。

第十六章　进场日程安排及学习

一、×月×日

下午制作进驻日程计划。到现场索取厨具清单。

二、×月×日至×月×日

1. 上午8点,召集已到位员工落实健康证(务必保证每位员工健康证、架构图用照片到位后方可上班),此项蔡经理负责于×日下午×点前完善。

2. ×月×日上午准备员工培训资料,包含仪表着装要求,公司各类入职、离职、请假等相关流程,公司各项管理制度,特别是绩效考核制度,员工本身应具备的礼貌、礼节、个人卫生及发型要求等,饭堂各种工作流程(例如:早会制度、领料流程、菜品清洗流程、成品及半成品复核流程、收货流程、周转类工具清洗要求及返还流程、每周大清洁分工及时间、分菜流程、供餐过程中易发生的重点事项、打菜要求及自用工具摆放、损耗类物品使用标准、清洁类工具使用及清洗要求等),画好本餐厅及厨房、仓库、宿舍平面图,结合照片,便于×月×日分工。

3. ×月×日下午至×月×日晚培训室开课,所有已到员工就位,将准备好的培训课程分类、分课讲解给员工听,注意课场气氛及饮水、课间休息。下次开课前提问上次开课内容。此项工作由周副总总体负责。

三、×月×日

1. 早6点至晚7点,所有人员到现场参观学习,特别是留意整体的卫生标准、仓库管理、物品摆放及人员分工,打菜着装。

2. 准备或申购各类工具(老虎钳、螺丝刀、铁线、锤子、铝梯、电钻、各类气管接头等)以防紧急情况。

3. 准备各类饭堂企业文化相关资料(人员架构图、公告栏、绩效考核卡、健康证、各类标识牌如窗口标识)。

4. 下午2点再次进入现场,复核相关准备工作,特别是宿舍床位(拍照分床),仓库布局,明确各类物品摆放位置。

四、×月×日

1. 上午8点至下午6点开课,将准备好的厨房平面图及照片展示出来,结合工作量分工,特别留意餐厅餐具摆放,牙签、纸巾摆放。

2. 介绍本餐厅菜式及所推出的品种、开餐时间、餐后卫生要求、应注意的特别人群、饭堂人员上下班时间等。

五、×月×日

1. 在仓库领取所申购的工具，并核实工具是否符合要求、数量是否充足，通知司机安排×月×日下午3：00装车，明确装车人员，出发时间是15：30，到院时间是16：30。
2. 通知班车司机务必于×月×日3：00前到位，明确到院时间。
3. 通知公司员工食堂于×月×日3：00开餐。
4. 通知本饭堂员工大清洁后夜宵菜品及×月×日早餐用食材、员工饮用水。
5. 通知司机于×月×日5：00至9：00在现场待命。
6. 设计好一周菜单及采购单并于×月×日前送至院方审核。

六、×月×日

1. 2：30集合列队点名，要求着装整齐，再次交待大清洁分工事项。
2. 2：50收拾行李装车，装工具。领本饭堂员工大清洁后夜宵菜品。
3. 3：00吃饭。
4. 3：30发车，4：30务必到达学院门口。
5. 到达学院门口后务必就地等待，待许可后方可下车列队进入，不准坐车进入。进入校区后立即进入宿舍，并将事先准备好的宿舍用清洁工具从车上取出，进入宿舍搞卫生，按事先分好的床位铺床，严禁占用他人床位，准备就绪、接到通知前不准随意下楼。
6. 5：10联系校方人员交接。蔡经理负责检查厨房设备是否能正常工作及各类开关、阀门具体位置，留意交接人员特别交待事项，一一记录。张主管负责清点厨具，接收校方提供的就餐人数及各门锁锁匙。其他人员将工具下车，待听到交接完成指令后，按照事先的分工安排开始搞卫生，同时安排人员安装厨具及特殊区域必要的设施（如挂拖把的挂钩等）。
7. 21：30待卫生清洁完成后开始张贴各类广告牌、公告栏等企业文化设施。
8. 22：00厨师将各类调料领出，摆放至调味台，开锅试火煮制夜宵。
9. 22：40交待次日早餐事项，收拾各类清洁工具，再次复核所用工具等是否齐全，并明确到货时间。发放工具到个人并交待其归位，例如：削皮刀、菜刀、菜板、打菜勺、一次性口罩、胶皮手套、线手套、汤勺、汤桶、纸巾、牙签等。
10. 23：00厨管部领导全面复核，现场主管再次检查是否有漏洞，准备完善方可下班休息。

第十七章 资质证书

1. 营业执照原件。
2. 税务登记证原件。
3. 卫生许可证原件。
4. 企业组织机构代码证原件。
5. 食品安全体系认证证书原件。
6. ISO 9001：2008认证证书原件。

7. 荣誉证书原件。
8. 厨师证书原件。
9. 营养师证书原件。
10. B级食堂证书及合同原件。
11. 近三年经营食堂清单及合同原件。

参考文献

[1] Davenport T H. Mission Critical:Realizing the promise of Enterprise Systems[M]. Harvard Business School Press,2000.

[2] Curran T A, Andrew Ladd, SAP R/3 Business BluePrint:Understanding Enterprise Supply Chain Management[M]. The Prentice Hall PTR,2000

[3] 程控,革扬. MRPII/ERP 原理与应用[M]. 北京:清华大学出版社,2002.

[4] 周玉清,刘伯莹,周强. 解读 ERP[M]. 天津:天津大学出版社,2003.

[5] 周室屏. 企业资源计划(ERP)实施与应用[M]. 北京:电子工业出版社,2002.

[6] 用友软件股份有限公司. ERP 生产管理系统应用专家培训教程[M]. 北京:中国物资出版社,2003.

[7] 门田安弘. 新丰田生产方式[M]. 王瑞珠,译. 石家庄:河北大学出版社,2001.

[8] 陈冰. ERP 沙盘实战(大学文科实践系列教材)[M]. 北京:经济科学出版社,2006.

[9] 唐晓波. 企业资源计划[M]. 武汉:武汉大学出版社,2009,08.

[10] 邬雪芬,倪玲霖,杨勇. 创业经营沙盘模拟学习指导书[M]. 北京:清华大学,2012,08.

[11] 教育部. 关于全面提高高等职业教育教学质量的若干意见(教高[2006]16 号)[Z]. 2006-11-16.

[12] 劳动和社会保障部及国际劳工组织. 创办你的企业[M],北京:中国劳动社会保障出版社,2006.

[13] 张春萍. ERP 沙盘模拟实训方式探析[J]. 开封大学学报,2005(4).

[14] 张敏. 对经管学科实践教学改革方向的探讨[J]. 文教资料,2006(10).

[15] 刘广斌,景永平. ERP 沙盘实训教学在经管类专业人才培养中的应用[J]. 黑龙江高教研究,2010(06).

[16] 付昌萍. 高校 ERP 沙盘模拟实训教学效果分析及存在问题探讨[J]. 知识经济,2013(06).

[17] 刘迎红. 论如何应对沙盘模拟企业经营赛[J]. 现代商业. 2016(16).

[18] 王宪平. 创业教育:高等学校亟待解决的课题[J]. 高等农业教育,2005.